U0121752

易學典籍選刊

橫渠易説校注

〔宋〕張　載　撰

劉　泉　校注

中　華　書　局

圖書在版編目（CIP）數據

橫渠易説校注/（宋）張載撰；劉泉校注. —北京：中華書局，
2024.1
（易學典籍選刊）
ISBN 978-7-101-16437-4

Ⅰ.橫… Ⅱ.①張…②劉… Ⅲ.《周易》-注釋 Ⅳ.B221.2

中國國家版本館 CIP 數據核字（2023）第 222715 號

書　　名	橫渠易説校注	
撰　　者	〔宋〕張　載	
校　　注	劉　泉	
叢　書　名	易學典籍選刊	
責任編輯	王　娟	
責任印製	陳麗娜	
出版發行	中華書局	
	（北京市豐臺區太平橋西里 38 號　100073）	
	http://www.zhbc.com.cn	
	E-mail：zhbc@zhbc.com.cn	
印　　刷	三河市鑫金馬印裝有限公司	
版　　次	2024 年 1 月第 1 版	
	2024 年 1 月第 1 次印刷	
規　　格	開本/850×1168 毫米　1/32	
	印張 15　插頁 2　字數 310 千字	
印　　數	1-3000 冊	
國際書號	ISBN 978-7-101-16437-4	
定　　價	62.00 元	

目　録

前　言

《横渠易説》，亦稱《横渠先生易説》或《易説》，是張載唯一傳世的"諸經説"著作，也是張載思想的主要文獻根據。張載（1020—1077），字子厚，學者稱横渠先生，祖籍大梁（今河南省開封市），少年時代落籍於鳳翔郿縣（今陝西省寶雞市眉縣）横渠鎮。青年張載慨然有志於兵，後經范仲淹開導，並勸讀《中庸》，由此走上了治學之路。宋仁宗嘉祐二年（1057）張載登進士第，陸續做過幾任地方官，後奉召赴京任崇文院校書、同知太常禮院，晚年歸居横渠。張載嘗講學關中，又多與二程、邵雍、司馬光等論道於洛陽，晚年著書《正蒙》，盡究天人之奧，以明其"繼絶"之志。張載精研儒家經典，兼及佛道之書，但其學問根底首在《周易》和禮，次爲《論語》《孟子》。"《易》學"作爲張載之學的標識，更是古今學者的普遍共識。

一、張載的學思歷程與思想特質

（一）張載的學思歷程

張載一生治學可分爲三個時期。初期大約自其二十一歲至四十歲的二十年間，這是他奠定學術基礎，進行思想探索的時期。其中，二十·歲至三十多歲是探索的第一階段，包括在"六經"及佛老之間的徘徊與抉擇；三十歲至四十歲則是探索的第二階段，是其回歸“六經”之後的首次系統研究。四十歲至五十歲是張載治學中期，是其思想的形成期。五十歲之後，其思想趨於成熟，爲治學的後期。

張載二十一歲受讀《中庸》於范仲淹，後又深入研究佛道典籍，却無以解決心中疑難，故重新研讀“六經”。“諸經説”便是他研讀、講習“六經”文字的彙集。宋仁宗嘉祐元年（1056），三十七歲的張載赴京應試。《宋史·道學傳》記載了他“講《易》京師”、“與二程語道學之要”的事情。學者多據此推測《易説》初步成書在此年前後，或認爲已有成書，二説皆有不當。首先，依據現有文獻，張載講《易》與是否有《易説》一書之間没有必然關係。其次，此類文獻主要表明張載對《周易》的研讀和理解已經很深入，且形成了自己的見解；在此基礎上，或可推測今本《易説》的部分思想已於此時形成。第三，今本《易説》中，張載的文字精粗不一，講論類、劄記類文字較多，顯然不是一部正式的《周易》注釋著作，此點與《伊川易傳》對比即可得知。而且，張載對“六經”的研讀，主要體現爲義理闡發式的，並非系統注解類的。所以，唯一可以確定的是，張載此時對《周易》形成了一定的理解，並在不斷尋求精進，如與二程的交流以及對他二人《易》學思想的贊許。

張載五十一歲退居橫渠後，開始撰寫《正蒙》。熙寧九年（1076），撰成《正蒙》。弟子蘇昞請示，欲“區别成誦”，張載首肯，於是略效《語》《孟》類編輯定，即今傳《正蒙》十七篇。約元祐二年（1087），蘇昞邀范育作序，概有意刊行。後三年，至宋哲宗元祐五年（1090），范育序成，刊行之事則不得而知。[①] 作爲張載的核心著作，《正蒙》集中體現了其哲學觀點與思想體系。張載晚年撰構此書，是對其一生思想和文字的總結，包括"諸經説"在内的所有早中期著作，都可以視作他爲《正蒙》所作的準備。所以，《正蒙》的撰著，既是張載對舊著的整理和選用、提煉，也是他再思考和再創作的過程。《正蒙》中不乏舊説，尤以《易説》爲多。有學者據此將《正蒙》歸爲《易》學著作，顯然不甚恰當，尤其與張載弟子范育所作《正蒙序》相抵牾。

（二）張載的思想特質

張載以建構儒家義理之學爲核心，在糾正儒學内部弊端的同時，也致力於從理論和現實回擊佛道，樹立儒學的聖賢氣象。張載認爲，漢唐儒者所追求的儒學只着眼於現實人生而囿於俗見，只知徒有蒼蒼之形的氣化之天，否定了對聖人境界的追求，忽略了對形上本體的關懷，因此他感嘆道："今之人滅天理而窮人欲，今復反歸其天理。古之學者便立天理，孔孟而後，其心不傳，如荀、揚皆不能知。[②]"（《張載集》，第 273 頁）他曾作詩抒發自己的這一憂思，謂：

① 陳振孫《直齋書録解題》卷九著録"《正蒙書》十卷"，稱："范育、吕大臨、蘇昞爲前後序"。（陳振孫撰，徐小蠻、顧美華點校：《直齋書録解題》，上海：上海古籍出版社，2015 年，第 276 頁。）按：疑吕大臨曾爲《正蒙》撰序；又，也可能指吕大臨所撰《横渠先生行狀》。

② （宋）張載著，章錫琛點校：《張載集》，北京：中華書局，1978 年。以下引用均隨文夾注。

聖心難用淺心求，聖學須專禮法修。

千五百年無孔子，盡因通變老優游。（《張載集》，
　　第 368 頁）

漢唐儒學缺乏對形上本體的探索和建構，使得儒學在現實
信仰層面失去了超越性的依靠。儒者將自己的認識囚困於
狹隘的“聞見之知”，而不知有“德性所知”，更不知有“誠
明所知”，亦即“天德良知”。在這種自我限制下，儒者自不
能闡發出儒家經學文獻中所蘊含的天人之奧，而只能依靠
已經相對成熟的佛道本體論與心性論。如此，儒學日漸式
微在所難免。張載要建構一種聖學，他對儒家的詮釋亦是
一種聖學化的過程。儒學本然的是聖學，只是被人們過度
世俗化而喪失了其本有的神聖性。張載以“心解”（即通過
思慮詮釋演繹、推解，注重自我心思作用的發揮）的方式
彰顯儒家義理，建構儒家天人合一的哲學理論。在這一過
程中，必然要與佛道理論進行辨析，這是張載所要完成的
時代任務之一。

張載熟知儒學史以及先宋學術史，且都有自己的取捨
與見解。自受讀《中庸》，他曾嘗試研讀佛道典籍，然後又
回歸儒家“六經”。張載在自己的嘗試下和現實學術環境的
影響下，其詮釋經典的方式與目的相對於漢唐經學已有了
實質性的轉變。因此，張載建構的這套以天論、道論、性論、
心論，以及價值論、工夫論、教育學説和政治學説構成的理
學體系，其中很多內容都是“‘六經’之所未載，聖人之所
不言”的。

二、《横渠易説》的主要思想

　　《横渠易説》是張載治學早中期詮釋儒家經典《周易》的哲學著作。其主要内容，應該形成於張載三十歲至五十歲之間，後有所增益、修訂。其編撰成稿，或在張載欲著《正蒙》時。其成書，則或在張載去世後，出自門人之手。書中保留了張載思想的階段性認識和後期思想部分原型，具有奠基性與過渡性的特徵。從《横渠易説》到《正蒙》，是張載《易》學、哲學體系逐漸建構完備的過程。

　　（一）《横渠易説》的基本觀念

　　宋代諸儒適應時代的需求，以鋭意革新、敢於擔當的精神，使儒學的内在光輝得以重新焕發，並服務於人們的現實生活。張載亦是此潮流中的一條溪流，其中藴含了張載對漢唐經學的義理化變革和對北宋理學的哲學化建構。《横渠易説》是張載解讀《周易》的著作，也是其構建理學的基本文獻。張載研讀《周易》不側重於撰著成書，而是隨義理以闡發己見。因此，《横渠易説》有不同於漢唐注疏的詮釋主旨，即彰顯義理、天人合一、辯辟佛老三個方面。

　　張載認爲《周易》經傳是聖人所作，是天人之書，是君子之書，非卜筮之書。①《周易》是聖人爲世人所撰寫的"法律之書"，目的在於"使人知所向避"。張載提出兩種聖人

①張載指出：《繫辭》言'易'，大概是語《易》書制作之意。其言'易无體'之類，則是天易也。"（《張載集》，第186頁）"天易"是張載基於對《易經》一書的定位而提出的，指聖人通過《易經》展示出的天地之道。所以，天易便是天地之道。其他可參見《張載集》第48、180、181、197頁。

史觀：一是立法通變以抵運數，一是取義契象以足民用，强調社會的穩定與生活的品質。

張載指出傳世《繫辭》有兩處錯簡，後世學者多有贊同，但觀點略有差異且依據不盡相同。這些文字是否是錯簡，尚有待考證，然張載的質疑精神無疑顯示出其對義理探求的執著與自主求索的勇氣。

（二）《橫渠易説》的象數與義理

在《易》例上，張載繼承了王、孔的象數、義理並兼的傳統，但更側重義理闡發，並根據自己的理論要求有所創新。張載重視以義理和道德解《易》，以及《周易》與其他經典的匯通，强調以心解《易》與闡發新意。張載主要從剛柔説、取象説、爻位説三個方面對象數《易》例有所繼承與發展；從義兼象數、以德解卦、援經解《易》、以史解《易》、以心解《易》五個方面對《周易》進行義理詮釋。

1. 象數《易》例

張載對《周易》的詮釋繼承了漢魏以來的象數《易》例，尤其是王弼和孔穎達改造之後的象數《易》例，主要有三個方面：剛柔説、取象説、爻位説。

剛柔説。張載比較重視以剛柔解《易》，對此例的運用可分爲四種。第一種，直接用《彖》《象》《繫辭》的《易傳》剛柔説，如"剛中""乘剛""柔之爲道，不利遠者"等語。第二種，在剛柔的基礎上結合卦爻的含義，闡發義理，述説道德。如解蒙卦九二爻有"剛中之德"，"以下卦之中主卦德"。第三種，繼承王弼、孔穎達的剛柔説，並更爲重視。如解釋離卦卦辭“利貞，亨”。第四，張載强調剛柔相濟，獨剛孤柔均會導致悔吝或凶，此亦是“一陰一陽”之道的體現。

取象説。張載取象解《易》源自《繫辭》“觀象制器”思想，是爲了詮釋其中所藴含的道德精神、義理意藴，而取象只是一種方式和手段而已。

爻位説。六十四卦每一卦的六爻，從下至上每一爻所處的位置被稱爲爻位。以剛柔説爲基礎，爻象與爻位的搭配影響着此爻的吉凶。這在《彖》《象》對卦爻辭的解釋中有所顯示。張載解釋《周易》所用的爻位説主要有當位説、中位説、比應説、卦主説、卦變説等。

2. 義理詮釋

在借鑒王、孔玄學《易》詮釋體例基礎上，張載形成了頗有特色的義理詮釋體例。

義兼象數。張載解《易》以闡發義理爲主，但是没有完全抛棄象數。張載主要繼承了《易傳》的象數理論，同時對北宋及其以前的象數思想也有借鑒。在張載看來，象數是解讀《易》的基礎。通過《繫辭》便可以瞭解《易》的象數，所以他很重視《繫辭》。但張載不滿意於僅僅以象數解《易》，他更重視《易傳》的以德解卦。認爲只有如此，纔能更恰當地詮釋天道人事所含的義理，探究天人的本源。

以德解卦。張載提出“撰德於卦”《易》爲君子謀”等觀點，繼承了《易傳》與孔子重德的詮釋思想，體現了他對義理的追求。《繫辭下》曾三次言説九卦所具有的德性，如“《繫辭》獨説九卦之德者，蓋九卦爲德，切於人事”。

　　援經解《易》。張載解釋《周易》除了運用《周易》經傳本身的文辭和思想互釋外，還援引了儒家的其他經典，甚至對道家《老子》《莊子》也有借鑒，充分顯示了其開闊的詮釋視野。

　　以史解《易》。張載亦偶援引史事解釋《周易》。如解釋姤卦初六爻時，引入“李德裕處置閹宦”之事。又如解師卦卦辭時，引入“太公誅紂”之事。

　　以心解《易》。張載解《易》不拘泥於象數，而又能廣取衆典，這皆是其注重“心解”以求新意和造道精神的體現。張載曾作《學易》一詩，謂：

　　　　學易窮源未到時，便將虛寂眇心思。

　　　　宛如童子攻詞賦，用即無差問不知。[①]

詩中説：學習《周易》還沒有探究到本源的時候，心神思慮容易被那種虛無寂静的高深蒙蔽。就像童子苦學詩詞歌賦，使用起來看似没有問題，但是如果問他是什麽意思，他却回答不上來。觀此詩之意，可知張載此時對《周易》已經有所成就，但尚未達到直探本源、運用自如的地步。以此，推測此詩可能作於“京師論《易》”即三十七歲前後。張載强調“窮源”，注重“心思”，認爲讀書窮理要形成自己獨特的見解，要充分發揮“心”的“知覺”能力。張載詮釋經典的核心方法便是“心解”，即通過“博覽精思而深造”，以至於“心解則求義自明”，從而“濯去舊見以求新意”。

───────────

① 此詩據宋人趙與時《賓退録》卷二輯録，原無題目，以首句前兩字爲題。

（三）《横渠易説》的天人哲學

哲學思想方面，《横渠易説》主要對兩個核心問題及其範疇進行了詮釋：一是太極、兩儀的内涵及兩者的關係，一是如何實現"天人合一"。第一個問題所衍生出的是關於"天道"的理論，第二個問題所衍生出來的是關於"心性"的理論。

1.《横渠易説》的天道論

張載認爲天不只是"蒼蒼之形"，天的核心在《周易》中是"太極"。但是，"太極"一詞並不能充分代表天的全部含義。所以，張載引入了"太虚"來闡述天的實質。從太極到太虚，既是張載對漢唐以來"氣化之天"的批評，也是對先秦"天參"思想的回歸和提升。在這一過程中，張載對氣和氣化之道有很細緻的分析，並提出了極具特色的神論與化論。《横渠易説》中，張載論氣有自然之氣、化生之氣、太虚之氣之分，其中太虚之氣是本源之氣。在張載看來，氣具有介乎於形上、形下的特質，是貫通體用的關竅。道是對天地萬物的氣化，即生成、發展、消散過程的稱謂。氣化的過程是總體上處於一種"太和"的狀態，其中蘊含着天地萬物的性與形的根源。天地萬物之性，是通過"神"的方式被賦予的。張載的"神"是非宗教性的，具有神聖性和形上性的神妙能力，包括太虚之神、天道之神、鬼神之神、聖人之神四重含義。天地萬物之形，是通過"化"的方式生成的。張載認爲，萬物有象而後有形，有形者最終都會消散並回歸本源。在這一過程中，氣化分爲粗糙的"變"和精微的

“化”兩個層面。此外，張載將“化”引入人道論，强調“天之化也運諸氣，人之化也順夫時”。化，既是聖人的一種認知能力，也是賢人進階至聖人的唯一途徑。

2.《橫渠易説》的人道論

《橫渠易説》的人道論表現在心性論和工夫論兩個層面。

張載心性論以天道論爲根源，在結構和内涵上均具有相似性。性與天一致，都具有“參”的結構和特性。張載將性分爲無對待的、至善的“天地之性”，與有對待的、善惡混雜的“氣質之性”。“天地之性”是萬物成“象”之前的先天之性，“氣質之性”是萬物成“形”而後的後天之性。張載的性論，是對包括了物性和人性在内的萬物生成的共同根源的詮釋。在《橫渠易説》中，張載對“心所從來”以及心的結構的探求，對窮理與盡性及其關係的辨析，對天能與人謀及其關係的詮釋，均體現了張載的理性取向與成性主旨，以及從認知與實踐雙重路徑對“天人合一”這一問題的求索。張載求索的結果，最終體現爲具有多種形態的工夫論。

在《橫渠易説》中，其工夫論以“陰陽之道”爲天道基礎，以“仁智成聖”爲人道指向。例如蒙、頤二卦所體現的養正工夫論，融合了蒙養與頤養兩種養正之功，始於養心而成於正性，以實現發蒙躋聖、復歸天地之性的目的。人道本於天道，而又區别於天道，這是張載“天人合一”思想的兩個最基本的前提。在《橫渠易説》中，張載提出了“先識造化"、"窮神知化"、"與天地參"的"天人合一"的綱領性的路徑與方法。

三、《横渠易説》的學術史意義

《横渠易説》的學術史意義，主要表現在張載思想的形成和理學史地位兩個方面。

（一）《横渠易説》與張載思想的形成

從《横渠易説》到《正蒙》，代表着張載思想的逐漸形成與成熟。據學者統計，《正蒙》約有 100 餘條 4000 餘字與《横渠易説》相同，約占了《正蒙》四分之一，《大易篇》約 95% 的重合率。《正蒙》採自《横渠易説》之《繫辭》的文字最多。張載重視《繫辭》，亦是在《横渠易説》中明確反復言説的。

《横渠易説》與《正蒙》在文本上的關聯只是一種外在形式，真正決定二者關聯性的是其核心命題與核心範疇上的承接與延續關係。《横渠易説》的核心命題是氣與天人的關係，表現在對太極、陰陽、神化、聖人等範疇的詮釋。《正蒙》正式提出了"天人合一"的命題，表現在對基於"太虛即氣"的天、道、性、心、禮等核心範疇的詮釋。《横渠易説》的文字和思想，是《正蒙》最主要的、最重要的源頭。然而，二者也存在一定的差異。《横渠易説》的文字相對粗糙，思想的片段性突出。《正蒙》則是張載精選"諸經説"等著作，在補充修訂的基礎上，精心構造的體系化的哲學著作。其文字更爲凝練、齊整，思想的表述上更具完整性和體系性。

在張載的哲學體系中，《周易》是核心文獻。這是歷代學者的共識，被《宋史》表述爲"以《易》爲宗"。王夫之甚至認爲"張子之學，無非《易》也"。所以，以《橫渠易説》爲基，結合《正蒙》，是研究張載《易》學的主要途徑；以張載《易》學爲入手，則是研究張載哲學的根本所在。

（二）《橫渠易説》的學術影響

與在張載思想中的地位相比較，《橫渠易説》在理學史中的地位相對較低，雖然其常常與《程氏易傳》並稱爲理學《易》著的代表，或者被獨自稱作氣學《易》學的代表著作。後世學者，除了其弟子吕大臨、李復外，尚有程頤、朱震、朱熹、王夫之等受到張載《易》學思想的影響。

吕大臨《易章句》在《易》學的内容、主旨及詮釋方法、形式上，均繼承和發展了張載和程頤的思想。李復繼承了張載重視《周易》的立場和重於《易》理的解《易》方法，也融匯、吸收了周敦頤、邵雍等人的象數學派的成果，獨具風格。張載與程頤在《易》學觀點上多有相似，這或許源自於他們之間的學術交往、切磋，屬於他們共同的成就或思想特徵，並不足以充分説明相互之間的直接繼承關係。如果有，則更可能是後出的《程氏易傳》對《橫渠易説》的繼承。朱震撰有《漢上易傳》，其明確自稱己學"以《易傳》（按：指《程氏易傳》）爲宗，和會雍、載之論"。朱熹對張載《易》學的借鑒是揀選性的，其中亦包括了一些批評性的意見。（詳見本書注釋部分。）王夫之是思想家中最推崇張載的一位，通過注釋《正蒙》(《張子正蒙注》) 重新詮釋張載思想，認爲 "張子之學，上承孔孟之志，下救來兹之失，如皎日麗天，無幽不燭，聖人復起，未能有易焉者"。[①]此外，由宋至清，多數《易》著僅是個別稱引張載《易説》，間有發揮，如宋楊萬里《誠齋易傳》、明馬理《周易贊義》、清李光地《周易折中》等。

　　張載著作的傳播及思想的影響，主要是藉助於程朱學派而實現的。學術史上，真正直接研究張載並建構其自己理論體系的，張載弟子之外則首推王夫之一人，他人則多冥契而已。張載在關中創立關學，他死後關學的直系傳承中絶於其衆弟子。但因爲地緣關係，金元以來關中地區的學者依舊多對張載之學有所尊崇，以明清兩代爲主。從注釋史角度而言，明清兩代的《正蒙》注作品最多。

　　總之，《横渠易説》是張載治學的奠基之作，從《横渠易説》到《正蒙》，是張載《易》學、哲學體系逐漸建構完備的過程。張載《易》學及其哲學則爲宋明理學以及後來的中國文化，開創了諸多具有源發性的命題，影響至今。但其學術價值因爲長期受到程朱理學及氣學的遮蔽，從而產生了一些不恰當的評價。近代以來，隨着張載思想研究不斷深化，相關文獻整理工作逐步展開，包括張載著作的精校與輯佚、《正蒙》歷代注的整理及其他著作的注釋，極大地促進了張載及其關學思想的研究。因此，在推進張載哲學

①（明）王夫之著，楊堅總修訂:《張子正蒙注》，長沙：嶽麓書社，2011 年，第 11 頁。

的文獻、思想及其價值不斷深入研究的同時，我們必須更全面、更嚴謹地對此類相關問題進行修訂與拓展，以全面、健康地繼承、詮釋、發展張載及理學家們所開拓的事業。

劉　泉

2023 年 9 月修訂於北京

整理説明

一、版本

《横渠易説》的著録有十卷本、三卷本、二卷本（實爲三卷本，存二卷），十卷本今未見傳世。[①] 現存最早版本爲二卷本，即明吕柟刻本。常見版本爲三卷本，有明清《張子全書》本、《通志堂經解》本、《四庫全書》諸本。

本書以明萬曆三十四年（1606）徐必達校正輯刻《合刻周張兩先生全書》（影印國家圖書館藏本）之《張子全書》（卷九至卷十一）三卷本爲底本（簡稱"明徐本"）。此本《易説》是現存最早的三卷本，内容完整，文字清晰，刊刻精良，版本質量較好。

對校本五種：

1. 明嘉靖十七年（1538）吕柟刻本《横渠先生易説》二卷（簡稱"明吕本"）；

2. 明萬曆四十六年（1618）沈自彰刻本《張子全書》

[①] 其詳情不可知，或文字相同而分卷各異，或十卷爲全本而三卷爲殘本。菰口治、胡元玲等認爲今本《横渠易説》爲殘本。（[日]菰口治《〈正蒙〉的構成與〈易説〉研究——其文獻學的考整》，日本《東洋學集刊》1964年第12期。胡元玲《張載的易學與道學》，臺北，學生書局，2004年，第36—37頁。）《易説》宋元本雖已佚失，但當時《易》著多收録其文字。如曾穜《大易粹言》全文收録，魏了翁《大易集義》收録上下經注文，吕祖謙《周易繫辭精義》收録《繫辭》注。

所收《横渠先生易説》三卷（簡稱"明沈本"）；

3.清康熙十九年（1680）刻本《通志堂經解》所收《横渠先生易説》三卷（簡稱"通志堂本"）；

4.清乾隆三十九年（1774）抄本《摛藻堂四庫全書薈要》所收《横渠先生易説》三卷（簡稱"薈要本"）；

5.清乾隆四十三年（1778）抄本文淵閣《四庫全書》所收《横渠先生易説》三卷（簡稱"文淵經部本"）。

參校本六種：

1.清《朱文端公藏書》光緒二十三年（1897）重刊乾隆二年（1737）本《張子全書》所收《易説》三卷（簡稱"清藏書本"）；

2.清乾隆四十二年（1777）抄本文淵閣《四庫全書》本《張子全書》所收《易説》三卷（簡稱"文淵子部本"）；

3.章錫琛點校《張載集》（中華書局本）所收《易説》三卷及《正蒙》《張子語録》等（簡稱"章校本"）；

4.宋淳熙三年（1176）舒州公使庫刻本曾穜輯《大易粹言》所收《易説》文（簡稱"《粹言》"）；

5.宋淳祐十二年（1252）魏克愚紫陽書院刻本配清抄本《大易集義》所收《易説》文（簡稱"《集義》"）；

6.清《古逸叢書》影刻元至正刻本《周易繫辭精義》所收《易説》文（簡稱"《精義》"）。

本書綜合《横渠易説》宋元明清等不同版本進行校勘、彙集、參考舊注加以注釋，在校勘和義理等方面詳加研究，以期爲讀者呈現一個文字精良的版本。

二、凡例

（一）編號

爲方便查閲，今將張載注文依次編號。編號規則如下：

1. 自乾卦至未濟卦共 64 卦，故其序號依次爲 1 至 64，各卦内單獨排序，如乾卦下第一條張載注，標作“1·1”，依次至乾卦下張載注最後一條；坤卦下第一條張載注標作“2·1”，依次至坤卦下張載注最後一條；其他各卦均仿此。

2.《繋辭上》序號爲 65，其下張載注作“65·1”，依次至篇末。《繋辭下》序號爲 66，《説卦》序號爲 67，《序卦》序號爲 68，《雜卦》序號爲 69，《總論》序號爲 70，各篇内張載注編序例同《繋辭上》。

3.《彖傳》《象傳》《文言傳》因附於卦爻辭之後，故不單獨排序，同卦爻辭注之排序例。

（二）校勘

1. 補全《周易》文字。諸本《易説》所録《周易》文字均有錯亂殘缺，今酌情補正，既完善《周易》，亦有助於理解張載釋文。在《易説》對校本、參校本的基礎上，再以《宋本周易》（國家圖書館出版社 2017 年影印宋刻本）、《宋本周易注疏》（于天寶點校，中華書局 2018 年版）、《周易正義》（臺北藝文印書館 2013 年影印《重刊宋本十三經注疏》本）等爲他校本。或在注文中説明，或出校勘記。

2. 疏正《易説》體例。諸本《易説》均體例雜亂，多有張載注文與《周易》文字相錯亂者。本次整理，以簡易爲主，或移置張載注，或移置《周易》文字，移置後出校勘記。

3. 避諱字。“正”與“貞”。章校本謂“貞”，因避宋仁宗諱改作“正”，故回改。按：今存《橫渠易說》諸本中，仍有“貞”並非因避諱改字或闕筆的情況。另據師卦《彖辭》“貞，正也”及《繫辭下》“天地之道”句下張載注文“貞，正也”，可知“貞”與“正”字義相通。因此，《橫渠易說》中“正”字是否回改有待逐條辨析。因無可靠之古本證明《橫渠易說》中之“正”字係因避諱所改，故今一般不作改動。凡回改者，均據宋淳熙三年（1176）舒州公使庫刻本曾穜輯《大易粹言》所收《橫渠易說》，其書中“貞”字均因避諱闕末筆。回改不出校記。凡《粹言》作“正”字，章校本及他本作“貞”字者，出校記，一般不回改，暫存疑。其他避諱字徑改不出校。

4. 凡底本不誤而他本誤者不出校。

5. 凡底本有誤者，皆依據他本及文義考訂，於正文中改正，並在校勘記中說明。

6. 凡疑底本有誤而無可校訂者，不改底本文字，僅在校勘記中說明。

7. 凡底本不誤而他本有異文者，不改底本文字，僅在關鍵異文處出校說明。

8. 校勘記中，“諸校本”指本書所用的全部對校本、參校本，“明清校本”指本書所用明清時期的對校本、參校本，“清校本”指本書所用清代的對校本、參校本。

9. 校勘記均以腳注形式附於頁下，每頁單獨排序。

（三）注釋

1. 凡張載思想核心概念、重要命題及其他疑難字詞、名物典故等，均酌情出注及辨析；

2. 凡引《正蒙》分章（編號）、原文及歷代注爲注釋者，均見《正蒙合校集釋》（中華書局 2012 年版）。

3. 徵引他人評論僅在首次出現時注明出處及全稱，其後均用簡稱。

4. 注釋中互見的内容於括號内注明頁碼，方便快速翻檢互參。

（四）按語

分爲兩類，均以“按”標示。一類是在校勘、注釋中對相關内容進行必要考證、判定。一類是旨在對該條進行整體性解釋、説明。

（五）附録

本書收有五個方面的附録，包括兩篇張載傳記，《横渠易説》有關序跋、提要、評議，以及參考文獻，方便讀者瞭解張載其人其書其學和閲讀本書。

橫渠易説卷上

上經

乾

乾上
乾下　乾，元亨利貞。

1·1　乾之四德⁽¹⁾，終始萬物，"迎之不見其首，隨之不見其後"⁽²⁾，然推本而言⁽³⁾，當父母萬物⁽⁴⁾。

【注】

（1）四德：即元、亨、利、貞。

（2）迎之不見其首，隨之不見其後：語見《老子》第14章。首，開始，喻指元。後，結束，喻指貞。

（3）推本：探究本源。

（4）父母：喻指萬物化生的根源。

1·2　明萬物資始⁽¹⁾，故不得不以元配乾⁽²⁾；坤，其偶也⁽³⁾，故不得不以元配坤⁽⁴⁾。

【注】

（1）萬物資始：語見乾卦《彖辭》。資，依靠。

（2）配：助。《孟子·公孫丑上》："其爲氣也，配義與道；無是，餒也。"朱熹《集注》："配者，合而有助之意。"

（3）偶：配合，輔助。《尚書·君奭》："汝明勖偶王，在亶，乘兹大命。"孔穎達疏："偶，配也。"

（4）《粹言》此條出處爲《正蒙》。

1·3　天下理得⁽¹⁾，元也；會而通⁽²⁾，亨也；説諸心⁽³⁾，

利也；一天下之動⁽⁴⁾，貞也。貞者，專静也^{①(5)}。

【注】

（1）天下理得：化用《繫辭上》"易簡而天下之理得"。理，規則，法則。得，知曉，明白。

（2）會：匯合。○通：順暢。

（3）説：愉悦。○諸：之於。

（4）一：統一。○動：與静對言。

（5）專：《繫辭上》"夫乾，其静也專"，韓康伯注："專，專一也。"

1·4　不曰天地而曰乾坤，言天地則有體⁽¹⁾，言乾坤則无形⁽²⁾。故性也者⁽³⁾，雖乾坤亦在其中。

【注】

（1）有體：有形體。

（2）无形：無形體。

（3）性：指事物的根源或秉性。

初九。潛龍勿用。

九二。見龍在田，利見大人。

1·5　大而得易簡之理，當成位乎天地之中，時舍而不受命⁽¹⁾，乾九二有焉。及夫化而聖矣⁽²⁾，造而位天德矣⁽³⁾，則富貴不足以言之。

---

① "貞者，專静也"，原另提行，據明清校本及文義，合於前節。

【注】

（1）大而得易簡之理，當成位乎天地之中，時舍而不受命：參《繫辭上》"易則易知"至"而成位乎其中矣"（P300）。○大：《繫辭上》曰："有功則可大。"○易簡之理：即乾坤之理。○成位：即"乾九二正位於內卦之中，有君德矣"。（《正蒙·大易篇》第27章）○天地：乾九三與乾初九。○時舍：《文言》解"見龍在田"語，指臨時居所。○不受命：不欲受命。

（2）化而聖：指從大人境界到聖人境界。化，指"成性躋聖"（即成就天性，達到聖人境界。《正蒙·大易篇》第24、27章）之工夫。

（3）造而位天德：合《象傳》"大人造也"與《文言》"位乎天德"作一處云（冉覲祖語），指"大人德與位之皆造也"（《正蒙·大易篇》第27章）。造，至也。位，臻其域也（王夫之語）。

九三。君子終日乾乾，夕惕若厲，无咎。

九四。或躍在淵，无咎。

1·6　處陰[1]，故曰在淵[2]。

【注】

（1）陰：指爻位。

（2）在淵：指九四處於陰位。

九五。飛龍在天，利見大人。

上九。亢龍有悔。

用九。見群龍无首，吉。

《彖》曰：大哉乾元，萬物資始，乃統天。雲行雨施，品物流形。大明終始，六位時成，時乘六龍以御天。乾道變化，各正性命。保合大和，乃利貞。

1·7 雲行雨施⁽¹⁾，散而无不之也⁽²⁾，言乾發揮徧被於六十四卦⁽³⁾，各使成象。變，言其著；化，言其漸⁽⁴⁾。萬物皆始，故性命之各正⁽⁵⁾。惟君子爲能與時消息⁽⁶⁾，順性命、躬天德而誠之行也⁽⁷⁾。精義時措⁽⁸⁾，故能保合大和⁽⁹⁾，健利且正⁽¹⁰⁾，孟子所謂終始條理，集大成於聖智者歟⁽¹¹⁾！《易》曰"大明終始，六位時成，時乘六龍以御天。乾道變化，各正性命。保合大和，乃利貞"，其此之謂乎⁽¹²⁾！

【注】

（1）雲行雨施：喻指天道之變化。

（2）散：由聚集而分離。○无不之：無所不至。

（3）乾發揮：即"六爻發揮"。孔穎達疏："發謂發越也，揮謂揮散也。"發揮，指把內在的性質或能力表現出來。○徧：普遍，全部。○被：及，延及。《尚書·禹貢》："東漸於海，西被於流沙。"孔傳："被，及也。"

（4）此句釋"乾道變化"。○其：均指乾道。○著：顯著發展的過程。○漸：逐漸發展的過程。漸卦，孔穎達疏曰："漸者，不速之名也。凡物有變移，徐而不速，謂之漸也。"

（5）此句釋"各正性命"。○性命：指萬物的天賦和稟受。孔穎達疏："性者，天生之質，若剛柔遲速之別；命者，人所稟受，若貴賤夭壽之屬也。"朱熹《本義》："物所受爲性，天所賦爲命。"○正：定也。

（6）與時消息：謂事物無常，隨時間的推移而興盛衰亡。消，消亡。息，孳生。

（7）順：《釋名》："順，循也，循其理也。"指順從、順應。○躬：親身實踐。○天德：《荀子·不苟》："變化代興，謂之天德。"○誠：《廣雅》"敬也"。○之：於。

（8）時措：謂因時制宜。《禮記·中庸》謂："成己，仁也；成物，知也。性之德也，合內外之道也，故時措之宜也。"鄭玄注："時措，言得其時而用也。"孔穎達疏："措猶用也。言至誠者成萬物之性，合天地之道，故得時而用之，則無往而不宜。"

（9）保合大和：保持和諧、諧調。大和，即太和。

（10）健利且正：釋"乃利貞"。健，乾。正，貞。

（11）終始條理，集大成於聖智者：化用《孟子·萬章下》："孔子之謂集大成。集大成也者，金聲而玉振之也。金聲也者，始條理也；玉振之也者，終條理也。"

（12）此：指"終始條理，集大成於聖智者"。

1·8　"乾道變化，各正性命"，此謂六爻。言天道變化趨時者[1]，六爻各隨時自正其性命[2]；謂六位隨時正性命各有一道理，蓋爲時各不同[3]。

【注】

（1）趨時：謂努力去適應當時的具體形勢、環境與條件。

（2）隨時：順應時勢，切合時宜。○正：使端正。下同。

（3）爲：因爲，由於。○時：指時位，即時機與地位。

首出庶物，萬國咸寧。

1·9　不一⁽¹⁾，則乖競⁽²⁾。

【注】

（1）不一：不統一，即"群龍无首"。

（2）乖競：不寧。乖，《玉篇》"睽也，戾也，背也"。競，爭也。

《象》曰：天行健，君子以自强不息。"潛龍勿用"，陽在下也。"見龍在田"，德施普也。"終日乾乾"，反復道也。

1·10　道，行也⁽¹⁾，所行即是道⁽²⁾。《易》亦言"天行健"，天道也⁽³⁾。

【注】

（1）行：做，從事某種活動。

（2）所行即是道：《説文》解"道"字曰："所行道也。"

（3）天道：天所行，釋"天行"。

"或躍在淵"，進无咎也。

1·11　或躍，進退皆可⁽¹⁾；在淵者⁽²⁾，性退也⁽³⁾；故指其極而言也⁽⁴⁾。

【注】

（1）進退皆可：即《文言》所謂"上下无常""進退无恒"，時措之意也。

（2）在淵者：指四屬陰位。

（3）性退：指陰性本柔、尚守。退，謙遜、柔和貌。

（4）極：極端，指"進"，與退對言。

"飛龍在天"，大人造也。

1·12　乾之九五曰"飛龍在天，利見大人"，乃大人造位天德、成性躋聖者耳[1]。若夫受命首出[2]，則所性不存焉[3]，故不曰"位乎君位"而曰"位乎天德"，不曰"大人君矣"而曰"大人造也"[4]。

【注】

（1）乃大人造位天德、成性躋聖者耳：是大人成就了天德天性，達到了聖人境界。

（2）受命首出：指乾《象辭》"各正性命"與"首出庶物，萬國咸寧"，此特指九五。

（3）所性：指大人内心的追求。○不存：危險。《漢書·司馬相如傳》下："卒然遇逸材之獸，駭不存之地。"顏師古注："不存，不可得安存也。"

（4）大人君矣：即大人"位乎君位"，以時命言之。○大人造也：即大人"位乎天德"，以德性言之。

1·13　成性則躋聖而位天德[1]。乾九二正位於内卦之中[2]，有君德矣[3]，而非上治也[4]。九五言上治者，通言乎聖人之德[①]，聖人之性[5]，捨曰"君"而謂之"天"。見大人德與位之者[6]，皆造也。

---

① "聖人之德"，明吕本作"聖人之情"。

【注】

（1）成性則躋聖而位天德：成就天性就能達到聖人境界，並且兼具天德。

（2）正位：坤卦《文言》：“君子黄中通理，正位居體。”孔穎達疏：“居中得正，是正位也。”

（3）君德：乾卦《文言》釋九二爻之語。

（4）非上治：指未至天德。上治，李光地謂：“上字爲最上、無以復加之義，不指位言。”

（5）聖人之德，聖人之性：即天德、天性。

（6）位：王夫之謂“德效之成”，冉覲祖謂“君位”。

1·14　至健而易，至順而簡，故其險其阻，不可階而升，不可勉①而至(1)。仲尼猶天(2)，“九五，飛龍在天”，其致一也(3)。

【注】

（1）參《繫辭下》“夫乾，天下之至健也”至“德行恒簡以知阻”（第385頁）。○險：喻道之峻絶。○阻：喻道之艱至。○階：攀登，升登。

（2）仲尼猶天：語本子貢之語“夫子之不可及也，猶天之不可階而升也”。（《論語·子張》）

（3）其：指孔子與九五如天，人難以企及。○致一：猶“一致”也。

“亢龍有悔”，盈不可久也。“用九”，天德不可爲首也。

---

① “勉”，原作“逸”，依文義據《正蒙·大易篇》改。

《文言》曰：元者，善之長也；亨者，嘉之會也；利者，義之和也；貞者，事之幹也。君子體仁足以長人，嘉會足以合禮，利物足以和義，貞固足以幹事。君子行此四德者，故曰“乾，元亨利貞”。

1·15　仁，統天下之善[1]；禮，嘉天下之會[2]；義，公天下之利[3]；信，一天下之動[4]。

【注】

（1）仁：即元，“善之長也”。〇統：統攝，掌控。

（2）禮：即亨，秩序。〇嘉：美也。〇會：聚集。

（3）義：即利，公共利益。〇公：利於物，不徇私。

（4）信：即貞，誠信。〇一：固守。〇動：謂事有萬變。

初九曰“潛龍勿用”，何謂也？子曰：“龍德而隱者也。不易乎世，不成乎名，遯世无悶，不見是而无悶。樂則行之，憂則違之，確乎其不可拔，潛龍也。”

1·16　孔子喜弟子之不仕，蓋爲德未成則不可以仕[1]，是行而未成者也[2]。故潛勿用，龍德而未顯者也[3]。不成名，不求聞也，養實而已[4]，樂行憂違[5]，不可與德者語也①。“用則行，舍則藏，惟我與爾有是夫[6]！”顏子龍德而隱，故“遯世不見知而不悔”[7]，聖與聖者同能②。

【注】

（1）未成：未盛大。

---

① “不可與德者語也”，章校本依文義補“无”字，作“不可與无德者語也”。

② “聖與聖者同能”，《正蒙·三十篇》作“與聖者同”。

（2）行而未成：德行未一。参乾卦《文言》"君子以成德爲行，日可見之行也"與《正蒙·三十篇》第25章。

（3）龍德而未顯者：喻指隱居的有德君子。未顯，"隱而未見"（乾卦《文言》）。

（4）養：《玉篇》"育也……畜也，長也"。○實：《廣韻》"滿也，誠也"。

（5）違：《正韻》"背也……去之也"。

（6）語見《論語·述而》"子謂顏淵"章。

（7）語見《禮記·中庸》。

1·17 "遯世不見知而不悔"，聖人不爲沽激之行以求時知[1]，依乎中庸，人莫能知，以此自信[2]，不知悔也。大而得簡易之理，當成位乎天地之中，時舍而不受命，乾九二有焉。及夫化而聖矣，造而位天德矣，則富貴不足以言之①。

【注】

（1）沽激之行：矯情求譽的行爲。

（2）以：憑藉。○自信：自知。

1·18 "樂則行之，憂則違之"，主於吾志而已[1]。无所求於外[2]，故善世溥②化[3]，龍德而見也。潛而未見，則爲己而已，不暇及夫人者也[4]。

---

① "大而得簡易之理"至"則富貴不足以言之"，章校本删，謂：與前頁（《張載集》第69頁）重出，故删。

② "溥"，明清校本作"博"。

【注】

（1）主：崇尚，注重。○吾志：潛而勿用。

（2）外：德、志之外也。

（3）善世溥化：指九二之"德施普"（《象辭》），"善世而不伐，德溥而化"（《文言》）也。○善世：使世界變得美好。○溥化：指（道德）周遍而能感化天下。

（4）不暇：沒有空閒。

1·19 孟子，不得已而用潛龍者也^{（1）}；顏子，不用潛龍者也^{（2）}。孟子主教^{（3）}，故須說"予豈好辯哉？予不得已也"^{（4）}。

【注】

（1）用潛龍者：即九二之"龍德而中正者也"。

（2）不用潛龍者：即初九之"龍德而隱者也"。

（3）主：主持，掌管。○教：教化。

（4）語見《孟子·滕文公下》。

九二曰"見龍在田，利見大人"，何謂也？子曰："龍德而正中者也。庸言之信，庸行之謹，閑邪存其誠，善世而不伐，德溥^①而化。《易》曰'見龍在田，利見大人'，君德也。"

---

① "溥"，明清校本作"博"。下"德溥而化"同。按：《禮記·中庸》"溥博淵泉，而時出之"，孔穎達疏"溥，謂無不周徧；博，謂所及廣遠"。可知二字形意相近。

1·20 庸言庸行⁽¹⁾，蓋天下經德達道⁽²⁾，大人之德施於是者溥矣，天下之文明於是著矣⁽³⁾。然非窮變化之神以時措之宜⁽⁴⁾，則或陷於"非禮之禮，非義之義"⁽⁵⁾，此顏子所以求龍德而正中⁽⁶⁾，乾乾進德⁽⁷⁾，思處其極⁽⁸⁾，未敢以方體之常安吾止也⁽⁹⁾。

【注】

（1）庸言庸行：即常言常行。庸，常也，程子謂"不易之謂庸"是也。

（2）經德達道：即經常之德，共由之道。

（3）著：顯現或顯著。

（4）窮變化之神以時措之宜：即以時措之宜窮變化之神。神，神妙。

（5）引文見《孟子·離婁下》。

（6）求龍德而正中：求為大人。

（7）乾乾進德：即"君子終日乾乾"（九三）以"進德修業"（《文言》）。乾乾，自強。進德，精進德性。

（8）思處其極：意欲探求德性之極致。

（9）方體之常：庸德之大綱。（王夫之注）方體，《繫辭》之"神无方而易无體"也。韓康伯注："方、體者，皆係於形器者也，神則陰陽不測，易則唯變所適，不可以一方、一體明。"○安吾止：自安而止之。參《論語·子罕》"惜乎！吾見其進也，未見其止也"。

1·21 顏氏求龍德正中而未見其止，故擇中庸，得一善則拳拳服膺，嘆夫子之忽焉前後也[1]。乾三、四，位過中，重剛，時不可舍，庸言庸行不足以濟之，雖大人之盛有所不安[2]。外趨變化，內正性命，故其危其疑，艱於見德者，時不得舍也[3]。九五，大人化矣，天德位矣，成性聖矣，故既曰“利見大人”，又曰“聖人作而萬物覩”[4]。亢龍以位畫爲言，若聖人則不失其正，何亢之有[5]！“德溥而化”，言化物也，以其善世即是化也。善其身，自化也；兼善天下，則是化物也[6]。知化則是德化[7]，聖人自化也。化之況味，在學者未易見焉，但有此次序[8]。

【注】

（1）參《中庸》“回之爲人也，擇乎中庸，得一善則拳拳服膺而弗失之矣”。《論語·子罕》“顏淵喟然嘆曰”章。○拳拳：鄭玄注曰“奉持之貌”。○服膺：朱熹《集注》：“服，猶著也；膺，胸也。奉持而著之心胸之間，言能守也。”

（2）過中：猶不中，指不得中位。中位指二、五。○重剛：或指陽爻處陽位，張棠、周芳注曰：“三以陽爻處陽位，固重剛也；四雖陰位而爲外卦之初，亦重剛也。”（《正蒙合校集釋》，第724頁）或指“上下俱陽”，“上下皆有陽爻”，如王弼謂乾九三、九四“履重剛之險”。《文言》謂乾九三、九四“重剛而不中”。或指位處多重陽爻（剛位），如樓宇烈釋王注曰：“九三爻下二爻均爲陽爻（重剛）。”（《王弼集校釋》，第218頁）○按：“過中重剛”，疑張載合《文言》與王弼注而言。或以天地人三才而言，初二爲地，三四爲人，五上爲天。以乾卦而言，三四上下俱陽也，故曰重剛。或如張棠、周芳注，以內外卦分言之。○舍：止也。○庸言庸行、大人之盛：均指九二。○濟：相助也。○安：安定，平靜。

（3）外趨變化，內正性命：語本“乾道變化，各正性命”。○外趨變化：三之乾乾因時而惕，四之或躍欲及時也。趨，追求，追逐。變化，孔穎達疏：“變，謂後來改前；以漸移改，謂之變也。化，謂一有一無；忽然而改，謂之爲化。”○內正性命：進德修業。○其危：三之“惕”。○其疑：四之“或”。○艱於見德：德性難以顯現。○不得：與上文“不可”同，指不可以，不可能。

（4）大人化矣：大人化以至於聖。化，言其不可階而升，不可勉而至也。○天德位矣：大人與天合德也。○成性聖矣：大人成性濟聖也。○聖人作而萬物覩：見《文言》“九五曰”條（第19頁）。

（5）亢：過高，過盛，過度。○位：爻位。○畫：卦畫。○不失其正：“知進退存亡”而能一之也。正，“貞也，一天下之動也”。

（6）參《孟子·盡心上》“窮則獨善其身，達則兼善天下”。

（7）知化：謂通曉變化之道，見聞之知之極致。《繫辭下》：“窮神知化，德之盛也。”《正蒙·乾稱篇》第1章謂：“知化，則善述其事；窮神，則善繼其志。”《正蒙·神化篇》第1章謂：“化，天道。”○德化：即德溥而化，德性之知與天德良知，亦誠明所知也。知化則是德化，謂智德合一也。

（8）況味：景況和情味。○在：表示與事物的性質、狀態有關的方面。○但：只是，但是，表示轉折。○此次序：指由學者自化，學者化物，以及聖人自化。

九三曰"君子終日乾乾，夕惕若厲，无咎"，何謂也？子曰："君子進德修業。忠信，所以進德也。修辭立其誠，所以居業也。知至至之，可與幾也。知終終之，可與存義也。是故居上位而不驕，在下位而不憂，故乾乾因其時而惕，雖危无咎矣。"

1·22　乾九三修辭立誠⁽¹⁾，非繼日待旦如周公⁽²⁾，不足以終其業⁽³⁾。

【注】

（1）修：修習，修飾。○立：確定，確立。

（2）繼日待旦如周公：語本《孟子·離婁下》"禹惡旨酒"章。

（3）終：完成。當結合"居業"之"居"字解，居，守而勿失也。

1·23　忠信，所以進德，學者止是一誠意耳⁽¹⁾；若不忠信，如何進德！不驕，德當至也⁽²⁾；不憂，業當終也。

【注】

（1）止：僅，只。

（2）至：形容事物的盡善盡美。猶言最好、最高、最大。

1·24　適在不安之位⁽¹⁾，故曰"因其時"。

【注】

（1）適：恰好，指乾變卦至九三。○不安之位：即上文

"位過中,重剛"。

1·25 求致用者⁽¹⁾,幾不可緩⁽²⁾;將進德者,涉義必精^①。此君子所以立多凶多懼之地⁽³⁾,乾乾德業⁽⁴⁾,不少懈於趨時也⁽⁵⁾。知至⁽⁶⁾,極盡其所知也⁽⁷⁾。

【注】

(1)致用:《繫辭上》:"備物致用。"孔穎達疏:"謂備天下之物,招致天下所用。"

(2)幾:事物發展的起始狀態,細微的迹象。〇緩:遲緩,放鬆。

(3)立多凶多懼之地:即乾九三之爻位。

(4)乾乾德業:即自强不息地追求進德修業。

(5)少懈:輕視懈怠。

(6)知至:認知的極致。

(7)極盡:猶言窮盡。

九四曰"或躍在淵,无咎",何謂也?子曰:"上下无常,非爲邪也。進退无恒,非離群也。君子進德修業,欲及時也,故无咎。"

1·26 以陽居陰⁽¹⁾,故曰"在淵";位非所安,故或以躍⁽²⁾。德非爲邪⁽³⁾,故進退上下,惟義所適⁽⁴⁾,惟時所合⁽⁵⁾,故曰"欲及時也"。能如此擇義,則无咎也。

———

① "涉義必精",章校本謂:"涉"當作"擇",因音近致誤。

【注】

（1）以陽居陰：以陽爻處於陰位。

（2）或：表示動作、行爲、情況的推測、估計。○以：表示選擇的結果。

（3）德：進德。○非爲邪：不是私心邪念所爲。

（4）適：從也。

（5）合：符合。

1·27　九四以陽居陰，故曰"在淵"，能不忘於躍，乃可免咎。非爲邪也，終其義也[1]。

【注】

（1）終：窮究、詳究。

九五曰"飛龍在天，利見大人"，何謂也？子曰："同聲相應，同氣相求。水流濕，火就燥，雲從龍，風從虎，聖人作而萬物覩。本乎天者親上，本乎地者親下，則各從其類也。"

1·28　谷神能象其聲而應之[1]，非謂能報以律呂之變也[2]，猶卜筮叩以是言則報以是物而已，《易》所謂"同聲相應"是也。王弼謂"命呂者律"[3]，語聲之變[4]，非此之謂也。聖人作[5]，萬物覩[6]，故利見大人。

【注】

（1）谷神：語本《老子》第6章："谷神不死，是謂玄牝。"此指空谷回音的神妙能力。○象：模仿。

（2）報：答，引申爲解釋。○律呂：古代校正樂律的器具。律共十二，皆截竹爲筒，管徑相等，以其長短確定五音（宮、

商、角、徵、羽）的高低。奇數（陽律）稱六律,偶數（陰呂）
稱六呂,合稱律呂。

（3）命呂者律：語本《周易略例·明爻通變》。○命：
統率。

（4）語聲：即聲音。

（5）作：創造,制作。

（6）覿：《玉篇》"古文睹字",《説文》"見也",此指
顯現。

1·29 "本乎天者親上,本乎地者親下",此一章止爲
"飛龍在天"而發。龍虎水火之喻,蓋明各逐一類去[1]。
本在上者却上去,本在下者却逐下,德性本得乎天者今復
在天,是各從其類也。

【注】

（1）明：説明,解釋。

上九曰"亢龍有悔",何謂也? 子曰："貴而无位,高而无民,
賢人在下位而无輔,是以動而有悔也。"

1·30 亢而自喪之也[1]。

【注】

（1）喪：抛棄,丢棄。○之：指代位、民、賢人。

"潛龍勿用",下也。"見龍在田",時舍也。"終日乾乾",行
事也。"或躍在淵",自試也。"飛龍在天",上治也。"亢龍
有悔",窮之災也。乾元"用九",天下治也。

1·31 居大中安止之地⁽¹⁾，至于三、四，則不得所安也。

【注】

（1）大中安止之地：指五位。

1·32 聖人神其德⁽¹⁾，不私其身⁽²⁾，故乾乾自强，所以成之於天耳⁽³⁾。

【注】

（1）聖人神其德：語本《繫辭上》"聖人以此齊戒，以神明其德夫"。神，參周敦頤《太極圖説》"聖人與天地合其德"一語。

（2）不私其身：謂不私藏其德於己身。私，貪愛，求多。

（3）成之於天：猶言成德於天，指聖人造位天德。

"潛龍勿用"，陽氣潛藏。"見龍在田"，天下文明。"終日乾乾"，與時偕行。"或躍在淵"，乾道乃革。"飛龍在天"，乃位乎天德。"亢龍有悔"，與時偕極。

1·33 顔子未成性，是爲潛龍，亦未肯止于見龍。蓋以其德，其時則須當潛。顔子與孟子時異：顔子有孔子在，可以不顯；孟子則處師道，亦是已老，故不得不顯耳。九二、九三、九四至上九，皆是時也⁽¹⁾。九四曰："上下无常，非爲邪也。進退无恒^①，非離群也。君子進德修業，欲及時也。"此時可上可下，可進可退，"非爲邪也"，即是直

---

① "恒"，原作"常"，據薈要本改。薈要本校勘記："進退無恒"，刊本"恒"沿（宋）諱作"常"，今改。

也⁽²⁾。天道不越乎直，直方大則不須習，行之自无不利⁽³⁾。
“非爲邪”，則是“陟降庭止”也⁽⁴⁾。“進德修業，欲及時”，
即是“无然畔援，无然歆羨，誕先登于岸”也⁽⁵⁾。言无畔去
亦无援引，亦无歆向，亦无羨而不爲，誕知登于岸耳。岸，
所處地位也⁽⁶⁾。此與“進无咎”同意⁽⁷⁾，惟志在“位天德”
而已。“位天德”，“大人成性”也⁽⁸⁾。九三、九四大體相
似，此二時處危難之大，聖人則事天愛民⁽⁹⁾，不恤其他⁽¹⁰⁾，
“誕先登于岸”。九五“大人造也”，造，成就也，或謂“造”
爲“至”義，亦可。大人成性則聖也化，化則純是天德
也。聖，猶天也，故不可階而升。聖人之教，未嘗以性化責
人⁽¹¹⁾。若大人，則學可至也。位天德則神，神則天也，故不
可以神屬人而言⁽¹²⁾。莊子言神人，不識義理也；又謂至人、
真人，其辭險窄，皆无可取⁽¹³⁾。孟子六等⁽¹⁴⁾，至於神則不
可言人也⁽¹⁵⁾。上九亢龍，緣卦畫而言⁽¹⁶⁾，須分初終⁽¹⁷⁾，
終則自是亢。極言君位則易有極之理⁽¹⁸⁾，聖人之分則安有
過亢⁽¹⁹⁾！

【注】

（1）時：指時命。

（2）直：端直，參《繫辭上》“夫乾，其静也專，其動也直，
是以大生焉”。

（3）天道：即乾道，此處當指天地之道，亦即乾坤之道。
〇直方大則不須習，行之自无不利：語本坤六二爻辭：“直方
大，不習无不利。”謂正直端方，廣大無邊，雖無所修習而亦無
不利。

（4）陟降庭止：語本《詩·周頌·閔予小子》："念茲皇祖，陟降庭止。"陟降，升降，上下。庭，通"廷"。止，語氣詞。

（5）无然畔援，无然歆羨，誕先登于岸：語本《詩·大雅·皇矣》"帝謂文王：無然畔援，無然歆羨，誕先登于岸"。朱熹《集傳》："无然，猶言不可如此也。畔，離畔也。援，攀援也。言捨此而取彼也。歆，欲之動也。羨，愛慕也。言肆情以徇物也。岸，道之極至處也。"《詩·大雅·生民》"誕彌厥月"，朱熹《集傳》："誕，發語辭。"

（6）地位：猶言爻位或時位。

（7）進无咎：指九三、九四。進，猶乾乾、或躍。

（8）大人成性：參"進德修業，欲成性也，成性則從心皆天也"，"成性則謂之聖者"，"大人成性則聖也化，化則純是天德也"。

（9）事天愛民：張載提出的重要命題。事天，語本《孟子·盡心上》："盡其心者，知其性也。知其性，則知天矣。存其心，養其性，所以事天也。殀壽不貳，修身以俟之，所以立命也。"愛民，語本《孟子·盡心上》："君子之於物也，愛之而弗仁；於民也，仁之而弗親。親親而仁民，仁民而愛物。"

（10）恤：憂慮。

（11）未嘗以性化責人：即不以成性濟聖爲標準來評判人的進德修業。性化，成性而位天德，非人力所能強勉而至。

（12）不可以神屬人：神乃天能，非人謀所能及。

（13）神人、至人、真人：語見《莊子》，如《逍遙遊》："至人无己，神人无功。"《齊物論》："至人神矣！"《外物》："唯至人乃能遊於世而不僻，順人而不失己。"《大宗師》："古之真人，其寢不夢，其覺無憂，其食不甘，其息深深……古之真人，不知説生，不知惡死；其出不訢，其入不距；翛然而往，翛然而來而已矣。"

（14）六等：謂六級爵位。語見《孟子·萬章下》"君一位，卿一位，大夫一位，上士一位，中士一位，下士一位，凡六等"。

（15）至於神則不可言人：語參《孟子·盡心下》："可欲之謂善，有諸己之謂信，充實之謂美，充實而有光輝之謂大，大而化之之謂聖，聖而不可知之之謂神。"張載有言"聖，猶天也"。

（16）緣：循也，沿着，順着。

（17）初終：開始與結束，指第一爻至第六爻。

（18）極：一般以卦氣言之，張載則以爻位言之。

（19）分：指聖人的德性，即天德。

1·34《易》雖以六爻爲次序，而言如此，則是以典要求也[1]。乾初以其在初處下，況聖修而未成者可也[2]。上以居極位畫爲亢[3]，聖人則何亢之有！若二與三，皆大人之事，非謂四勝於三，三勝於二，五又勝於四，如此，則是聖可階也。三、四與二，皆言所遇之時。二之時平和，"見龍在田"者則是可止之處也。時舍，時止也。以時之和平，故利見不至於有害。三、四則皆時爲難危，又重剛，又不中；至九五則是聖人極致處，不論時也。飛龍在天，況聖人之至，若天之不可階而升也。大人與聖人自是一節妙處。"精義入神，以致用也；利用安身，以崇德也⁽⁴⁾。"以理計之，如崇德之事尚可勉勉修而至，若大人以上事則无修。故曰"過此以往，未之或知"⁽⁵⁾，言不可得而知也。直待已實到窮神知化，是德之極盛處也。然而人爲者，不過大人之事，但德盛處惟己知之。"默而成之，不言而信，不怒而威"⁽⁶⁾，如此方是成就吾之所行大人之事而已。故於此爻却説："大人者，與天地合其德，與日月合其明，與四時合其序，與鬼神合其吉凶⁽⁷⁾。"如此，則是全與天地一體，然不過是大人之事，惟是心化也⁽⁸⁾。故嘗謂"大可爲也，大而化不可爲也，在熟而已"⁽⁹⁾。蓋大人之事，修而可至，化則不可加功，加功則是助長也⁽¹⁰⁾，要在乎仁熟而已⁽¹¹⁾。然而至於大以上自是住不得，言"在熟"極有意。大與聖難於分別，大以上之事，如禹、稷、皋陶輩猶未必能知，然須當皆謂之聖人。蓋謂^①所以接人者與聖同⁽¹²⁾，但己自知不足，不肯自以爲聖。如禹之德，斯可謂之大矣，其心以天下爲己任，規模如此；又克己若禹，則與聖人直无間別，孔子亦謂"禹，於吾无間然矣"⁽¹³⁾，久則須至堯舜。有人於此⁽¹⁴⁾，敦厚君子，无少異聖人之言行，然其心與真仲尼須自覺有殊，在他人則安能分別！當時至有以子貢爲賢於仲尼者，惟子貢則自知之⁽¹⁵⁾。人能以天^②爲心，常以聖人之規模爲己任，久於其道，則須化而至聖人，理之必然⁽¹⁶⁾。如此，其大即是

① "謂"，原作"爲"，據明清校本改。
② "天"，原作"大"，據明清校本改。

天也。又要細密處行之，并暗隙不欺⁽¹⁷⁾，若心化處則誠未易至。孔子猶自謂"若聖與仁，則吾豈敢"，儻曰"吾聖矣"，則人亦誰能知，故曰"知我者其天乎"⁽¹⁸⁾。然則必九五，言"乃位乎天德"，蓋是成聖實到也；不言"首出"，所性不存焉，其實天地也。不曰"天地"而曰"天德"，言德則德、位皆造，故曰"大人造也"⁽¹⁹⁾。至此，乃是大人之事畢矣⁽²⁰⁾。五，乾之極盛處，故以此當聖人之成德；言"乃位"，即是實到爲己有也⁽²¹⁾。若由思慮勉勉而至者，止可言知，不可言位也，"乃位"則實在其所矣⁽²²⁾。大抵語"勉勉"者，則是大人之分也⁽²³⁾。勉勉則猶或有退，少不勉勉斯退矣，所以須學問⁽²⁴⁾。進德修業，欲成性也；成性，則縱心皆天也⁽²⁵⁾。所以成性則謂之聖者，如夷之清，惠之和⁽²⁶⁾，不必勉勉。彼一節而成性，若聖人則於大以成性⁽²⁷⁾。

【注】

（1）以典要求也：即以六爻爲典要。典要，不變的準則、標準。語見《繫辭下》："變動不居，周流六虛，上下無常，剛柔相易，不可爲典要。"韓康伯注："不可立定準也。"孔穎達疏："上下所易皆不同，是不可爲典常要會也。"

（2）況：譬也，比擬，比喻。○聖修：即進德修業以成聖人的過程。

（3）居極位畫：指上九處於卦畫、爻位的終點。

（4）精義入神，以致用也；利用安身，以崇德也：語見《繫辭下》。

（5）過此以往，未之或知：語見《繫辭下》。

（6）默而成之，不言而信，不怒而威：語本《繫辭上》：“默而成之，不言而信，存乎德行。”又《禮記·樂記》：“天則不言而信，神則不怒而威。”

（7）此爻：指乾九五。○大人者，與天地合其德，與日月合其明，與四時合其序，與鬼神合其吉凶：見乾卦《文言》。

（8）心化：指進德以至於位天德。

（9）大可爲也，大而化不可爲也，在熟而已：參《繫辭上》“有親則可久，有功則可大；可久則賢人之德，可大則賢人之業”。又《孟子·盡心下》“充實而有光輝之謂大，大而化之之謂聖”。按：參見《正蒙·神化篇》第9、10章。

（10）助長：語見《孟子·公孫丑上》：“必有事焉而勿正，心勿忘，勿助長也。”

（11）仁熟：陳普《仁熟》詩謂：“雖然仁道係心根，熟處工夫在所存。惟是日新常不息，取之左右自逢原。”（宋陳普《石堂先生遺集》卷十九，明萬曆三年薛孔洵刻本。）

（12）所以接人者：指處理人際關係的態度及方式。

（13）禹，於吾无間然矣：語本《論語·泰伯》：“禹，吾無間然矣。”

（14）有人於此：語本《孟子·離婁下》：“有人於此，其待我以橫逆，則君子必自反也。”

（15）當時至有以子貢……則自知之：語本《論語·子張》：“叔孫武叔語大夫於朝，曰：‘子貢賢於仲尼。’子服景伯以告子貢。子貢曰：‘譬之宮牆，賜之牆也及肩，窺見室家之好。夫子之牆數仞，不得其門而入，不見宗廟之美，百官之富。得其門者或寡矣。夫子之云，不亦宜乎？’”

（16）人能以天爲心：即大人（境界）能够心存天德。○規模：指人物的才能氣概。○久於其道：即長期修習聖人之道。

（17）暗隙：黑暗而微小的地方，指自處之時或私生活。○不欺：毋自欺。

（18）若聖與仁，則吾豈敢：語見《論語·述而》。○儻：假如。○知：評判，衡量。○知我者其天乎：語見《論語·憲問》。

（19）不曰“天地”……“大人造也”：參乾卦《象辭》“‘飛龍在天’，大人造也”及張載注（第9頁）。天地，指九五之爻位。

（20）大人之事：指大人進德修業，化而成性達到聖人境界這一過程。

（21）當聖人之成德：即作爲成就聖人之德的標準。○實到爲己有：即真正達到化天德爲己有的境界。

（22）實在其所：猶言名至實歸、德位皆造。

（23）大人之分：指大人分内的事情，與“大人之事”不同，此是大人境界以前（即學者）主要的修習。

（24）退：退步，落後。○少：稍也。○學問：參《孟子·告子上》：“仁，人心也；義，人路也。舍其路而弗由，放其心而不知求，哀哉。人有雞犬放，則知求之，有放心而不知求。學問之道無他，求其放心而已矣。”

（25）縱心皆天：參《論語·爲政》：“七十而從心所欲，不踰矩。”○縱：猶放也。參《孟子·告子上》“求其放心”章。

（26）夷之清，惠之和：參《論語·微子》：“逸民：伯夷、叔齊、虞仲、夷逸、朱張、柳下惠、少連。子曰：'不降其志，不辱其身，伯夷、叔齊與！'謂：'柳下惠、少連，降志辱身矣。言中倫，行中慮，其斯而已矣。'謂：'虞仲、夷逸，隱居放言，身中清，廢中權。我則異於是，無可無不可。'"又《孟子·萬章下》："孟子曰：'伯夷，聖之清者也；伊尹，聖之任者也；柳下惠，聖之和者也；孔子，聖之時者也。'"

（27）若聖人則於大以成性：《孟子·盡心上》："盡其心者，知其性也；知其性，則知天矣。"又參《正蒙·大心篇》。

1·35 剛健故應乎天⁽¹⁾，文明故時行⁽²⁾。

【注】

（1）剛健：九三之乾乾。○應乎天：九二之在田。

（2）文明：九二之見龍。○時行：九三之終日。按：此雖合九二、九三而言，當以乾卦全體觀之。

1·36 乾二、五皆正中之德，五則曰"大人造也"，又曰"聖人作而萬物覩"，大人而升聖乃位乎天德也⁽¹⁾。不言"帝王"而言"天德"，位不足道也⁽²⁾，所性不存焉⁽³⁾。潛龍自是聖人之德備具，但未發見。

【注】

（1）大人而升聖：由九二升至九五也。

（2）道：稱道。

（3）所性不存：語見《孟子·盡心上》，孟子曰："廣土衆民，君子欲之，所樂不存焉。中天下而立，定四海之民，君子樂之，所性不存焉。君子所性，雖大行不加焉，雖窮居不損焉，分定故也。君子所性，仁義禮智根於心，其生色也睟然，見於面，盎於背，施於四體，四體不言而喻。”

1·37 見龍成性⁽¹⁾，至飛龍則位天德⁽²⁾。

【注】

（1）見龍：指九二，大人。○成性：天性、天德初現。

（2）飛龍：指九五，聖人。

“乾元用九”，乃見天則。

“乾元”者，始而亨者也。“利貞”者，性情也。

1·38 “‘利貞’者，性情也”，以利解性，以貞解情。利，流通之義；貞者，實也。利，快利也⁽¹⁾；貞，實也。利，性也；貞，情也。情儘在氣之外⁽²⁾，其發見莫非性之自然。快利盡性，所以神也。情則是實事，喜怒哀樂之謂也。欲喜者如此喜之，欲怒者如此怒之，欲哀、欲樂者^①如此樂之、哀之，莫非性中發出實事也⁽³⁾。

【注】

（1）快利：流暢，快捷便利。

（2）儘：《字彙》“同‘盡’”，指全部。

（3）欲喜者如此喜之……發出實事也：參《中庸》“喜怒哀樂之未發，謂之中；發而皆中節，謂之和。中也者，天下之大本也；和也者，天下之達道也。致中和，天地位焉，萬物育焉”。又參《孟子·告子上》“乃若其情”章。

---

① “欲哀、欲樂者”，明清校本作“欲哀、樂者”。

乾始能以美利利天下，不言所利，大矣哉！大哉乾乎！剛健中正，純粹精也。六爻發揮，旁通情也。

1·39 "剛健中正"，中爻之德[1]。

【注】

（1）中爻：指二、五。

1·40 "剛健中正，純粹精也"，主以中正爲精也[1]。"六爻發揮"，言時各異。"旁通情也"，情猶言用也。六爻擬議，各正性命，其乾德旁通，不失大和而利且正也[2]。

【注】

（1）精：核心。

（2）六爻擬議，各正性命，其乾德旁通，不失大和而利且正也：參乾《象辭》。○擬議：揣度議論。《繫辭上》"擬之而後言，議之而後動，擬議以成其變化"。○旁通：遍通，廣泛通曉。

時乘六龍，以御天也。雲行雨施，天下平也。
君子以成德爲行，日可見之行也。

1·41 "成德爲行"，德成自信而不疑，所以日見于外可也[1]。

【注】

（1）此言德行一致。

"潛"之爲言也，隱而未見，行而未成，是以君子弗用也。
君子學以聚之，問以辯之，寬以居之，仁以行之。

1·42 君子之道，成身成性以爲功者也⁽¹⁾。未至於聖，皆行未成之地耳⁽²⁾。顏子之徒，“隱而未見，行而未成”，故曰“吾聞其語矣，未見其人也”⁽³⁾。“龍德而隱”，聖修而未成者也，非如學者之未成。凡言龍，喻聖也。若顏子，可以當之；雖伯夷之學，猶不可言龍。龍即聖人之德，顏子則術正也⁽⁴⁾。

【注】

（1）功：成就，本領。

（2）未成之地：指乾初、二、三、四。

（3）吾聞其語矣，未見其人也：語見《論語·季氏》，孔子曰：“‘見善如不及，見不善如探湯’，吾見其人矣，吾聞其語矣。‘隱居以求其志，行義以達其道’，吾聞其語矣，未見其人也。”

（4）術：君子之道的修習方法。

《易》曰：“見龍在田，利見大人”，君德也。

九三重剛而不中，上不在天，下不在田，故乾乾因其時而惕，雖危无咎矣。

九四重剛而不中，上不在天，下不在田，中不在人，故“或”之。“或”之者，疑之也，故无咎。

1·43 此以六畫分三才也⁽¹⁾。以下二畫屬地，則四遠於地，故言中不在人；若三則止言不在天，在田而已。

【注】

（1）三才：六爻中，初、二屬地，三、四屬人，五、上屬天。

夫"大人"者，與天地合其德，與日月合其明，與四時合其序，與鬼神合其吉凶，先天而天弗違，後天而奉天時。天且弗違，而況于人乎？況于鬼神乎？"亢"之爲言也，知進而不知退，知存而不知亡，知得而不知喪。其唯聖人乎！知進退存亡而不失其正者，其唯聖人乎！

1·44 浩然无間則天地合德[1]，照无偏係則日月合明[2]，天地同流則四時合序[3]，酬酢不倚則鬼神合吉凶[4]。

【注】

（1）浩然无間：正大光明而没有間隙。○合：契合，相合。

（2）照无偏係：普照萬物而没有私藏。

（3）天地同流：天地之道相互匯聚。

（4）酬酢不倚：應對變化而不偏不倚。

1·45 天地合德，日月合明，然後能无方、无體，然後无我[1]。先、後天而不違，順至理以推行[2]，知无不合也[3]。雖然得聖人之任皆可勉而至[4]，猶不害於未化爾[5]。

【注】

（1）无我：不抱一己之見，無私心。

（2）推行：猶言施行。

（3）知无不合：認知與天道相契合。

（4）得聖人之任：指至九五之位，行聖人之事。

（5）不害：不被妨礙或損害。

坤

坤上 坤下 坤，元亨，利牝馬之貞。君子有攸往，先迷後得主。利西南得朋，東北喪朋。安貞吉。

2·1 以西南爲得朋，乃安貞之德也[1]；以東北爲喪朋，雖得主有慶而不可懷也[2]。西南，土之位；東北，木之位也[3]。

【注】

（1）安貞：安静貞守，柔順守陰，參王注、孔疏。

（2）懷：即恃寵而驕。

（3）西南，土之位；東北，木之位也：參《説卦》所列八卦方位，坤屬西南。又坤爲地，故西南屬土。"東北，反西南者也"（王弼注），五行生克，木克土，故東北屬木。

2·2 "西南得朋，東北喪朋"，江沱之間，有嫡不以其媵備數，是不能喪朋也；媵遇勞而无怨，却是能喪朋者，其卒嘯也歌，是"乃終有慶"也。此婦人之教大者也[1]。"西南，致養之地"；"東北，反西南者也"[2]。陰陽正合，則陰相對者必陽也[3]。"西南得朋"，是始以類相從而來也[4]。"東北喪朋"，喪朋，相忘之義，聽其自治，不責人，不望人，是喪其朋也。喪朋則有慶矣①。江有沱、有汜、有渚，皆是始

---

① "矣"，明清校本作"也"。

離而終合之象也。有嫡不以其媵備數，是不能喪朋；媵遇勞而无怨，是能喪朋也；以其能喪朋，故能始離而終合。"之子歸"，自嫡也；"不我以"、"不我與"、"不我過"，皆言其始之不均一也。"其後也悔"，嫡自悔也。處，"既安既處"之處也（5），始離而終既處也。歌是"乃終有慶"，慶則同有慶。

【注】

（1）此以《詩·召南·江有汜》釋坤卦，其文曰："江有汜，之子歸，不我以！不我以，其後也悔。江有渚，之子歸，不我與！不我與，其後也處。江有沱，之子歸，不我過！不我過，其嘯也歌。"○沱：江水的支流。○媵：古諸侯嫁女，以姪娣從嫁稱媵。○備數：備用之數。○乃終有慶：語見坤卦《彖辭》。

（2）見王弼注。

（3）陰：西南也。○陽：東北也。

（4）以類相從：語見《荀子·正論》，謂按其類別各相歸屬。

（5）既安既處：猶既來之則安之。既，已經。

《彖》曰：至哉坤元，萬物資生，乃順承天。坤厚載物，德合无疆。含弘光大，品物咸亨。牝馬地類，行地无疆，柔順利貞。君子攸行，先迷失道，後順得常。

2·3　坤先迷不知所從（1），故失道；後能順聽（2），則得其常矣。

【注】

（1）迷：迷茫。○從：跟隨。

（2）順聽：順從。

“西南得朋”，乃與類行。“東北喪朋”，乃終有慶。“安貞之吉”，應地无疆。

《象》曰：地勢坤，君子以厚德載物。

初六。履霜堅冰至。《象》曰：“履霜堅冰”，陰始凝也。馴致其道，至堅冰也。

六二。直方大，不習无不利。《象》曰：六二之動，直以方也。“不習无不利”，地道光也。

2·4　地道之有孚者[1]，故曰光也[2]。

【注】

（1）有孚：正直也。孚，信用。

（2）光：光大，廣大。

六三。含章可貞，或從王事，无成有終。《象》曰：“含章可貞”，以時發也。“或從王事”，知光大也。

2·5　六三以陰居陽，不獨有柔順之德，其知光大，含蘊文明[1]，可從王事者也。然不可動以躁妄[2]，故可靜一以俟時[3]；不可有其成功，故无成乃有終也。

【注】

（1）含蘊：即蘊含。

（2）躁妄：急躁輕率。

（3）静一：鎮定寧静，專一不變。參《莊子·刻意》："純
粹而不雜，静一而不變。"成玄英疏："縱使千變萬化，而心恒
静一。"

六四。括囊，无咎无譽。《象》曰："括囊无咎"，慎不害也。
六五。黄裳，元吉。《象》曰："黄裳元吉"，文在中也。
上六。龍戰于野，其血玄黄。《象》曰："龍戰于野"，其道
窮也。
用六。利永貞。《象》曰："用六永貞"，以大終^①也。
《文言》曰：坤至柔而動也剛，至静而德方，後得主而有常，
含萬物而化光。坤道其順乎，承天而時行。

2·6 效法⁽¹⁾，故光。

【注】

（1）效法：指順承天道。

2·7 屈伸、動静、終始各自別，今以剛柔言之，剛何嘗
无静，柔何嘗无動？"坤至柔而動也剛"，則柔亦有剛，静
亦有動，但舉一體⁽¹⁾，則有屈伸、動静、終始。乾行不妄⁽²⁾，
則坤順必時也⁽³⁾。

【注】

（1）一體：即相對待兩端中的一端。

（2）不妄：不混亂。

（3）時：守時。

———

① "終"，原作"中"，據明清校本改。

積善之家，必有餘慶；積不善之家，必有餘殃。

2·8　餘慶餘殃，百祥百殃，與《中庸》"必得"之義同[1]。善者有後，不善者无後，理當然；其不然者，亦恐遲晚中間。譬之瘠之或秀[2]，腴之或不秀[3]，然而不直之生也幸而免[4]，遇外物大抵適然耳。君子則不恤，惟知有義理。

【注】

（1）必得：指《中庸》"大德，必得其位，必得其禄，必得其名，必得其壽"。

（2）瘠之：貧困的人。

（3）腴之：富裕的人。

（4）不直之生：不順利的人生。

臣弑其君，子弑其父，非一朝一夕之故，其所由來者漸矣，由辯之不早辯也。《易》曰："履霜堅冰至。"蓋言順也。"直"其正也，"方"其義也。君子敬以直內，義以方外。

2·9　"敬以直內"，則不失於物[1]；"義以方外"，則得己。敬、義，一道也。敬，所以成仁也。蓋敬則實爲之[2]，實爲之故成其仁。

【注】

（1）失：過失。

（2）實爲之：堅定如實地踐行。

敬義立而德不孤。"直方大，不習无不利"，則不疑其所行也。陰雖有美，"含"之以從王事，弗敢成也。地道也，妻道也，臣道也，地道无成而代有終也。天地變化，草木蕃。天地閉，賢人隱。《易》曰：“括囊，无咎无譽。”蓋言謹也。君子黃中通理，正位居體，美在其中而暢於四支，發於事業，美之至也。陰疑於陽必戰，爲其嫌於无陽也，故稱“龍”焉。猶未離其類也，故稱“血”焉。夫“玄黃”者，天地之雜也，天玄而地黃。

2·10　“正位居體”，所以應“黃裳”之美[1]。

【注】

（1）此言九五之德位相應。高亨曰：“裳，裙也，褲也。”

屯

☲坎上震下　屯，元亨，利貞。勿用有攸往。利建侯。

《彖》曰：屯，剛柔始交而難生。動乎險中，大亨貞。雷雨之動滿盈，天造草昧，宜建侯而不寧。

3·1　往則失其居矣(1)。

【注】

(1) 往：前行，出門。○居：居所。

《象》曰：雲雷，屯。君子以經綸。

3·2　雲雷，皆是氣之聚處。屯，聚也(1)。

【注】

(1) 屯，聚也：語見《廣雅·釋詁三》。

初九。磐桓，利居貞，利建侯。《象》曰：雖"磐桓"，志行正也。以貴下賤，大得民也。

3·3　"磐桓"(1)，猶言柱石。磐，磐石也；桓，桓柱也。謂"利建侯"，如柱石在下不可以動，然志在行正也(2)。

【注】

(1) 磐桓：徘徊不前的樣子。孔穎達疏曰"不進之貌"，朱熹《本義》作"難進之貌"，今多謂"同'盤桓'"（如周振甫、黃壽祺等注）。

（2）志在行正：釋《象辭》“志行正”，指立志於使行爲端正。孔穎達解作“志行守正”，《程傳》謂“志在行其正也”。

六二。屯如邅如，乘馬班如。匪寇婚媾。女子貞不字，十年乃字。《象》曰：六二之難，乘剛也。“十年乃字”，反常也。

3·4　班，布，不進之貌[1]。

【注】

（1）《程傳》謂：“班，分布之義。”《本義》謂：“分布不進之貌。”

六三。即鹿无虞，惟入于林中，君子幾不如舍，往吝。《象》曰：“即鹿无虞”，以從禽也。君子舍之，往吝窮也。

3·5　處非其地[1]，故曰“入于林中”。虞，防禁也。二以乘剛有寇[2]，故五若可親[3]；五屯其膏[4]，故不若捨[1]之。

【注】

（1）處非其地：指六三以陰爻居於陽位。

（2）乘剛：指六二陰爻在初九陽爻之上。〇寇：指初九。

（3）親：即“婚媾”，指六二與九五正應。六二爻辭“匪寇婚媾”，王弼注曰：“寇謂初也，无初之難，則與五婚矣。”孔穎達疏亦曰：“寇謂初也，言二非有初九與己作寇害，則得其五爲婚媾矣。”

---

① “捨”，通志堂本作“舍”。按：依段玉裁《説文解字注》“舍”字引申爲“止”、“廢”義時，“舍、捨二字義相同”；“捨”字，“釋也。釋者，解也。按經傳多假舍爲之”。

（4）膏：肥肉，油脂。

六四。乘馬班如，求婚媾。往吉，无不利。《象》曰：求而往，明也。

　　3·6 待求而往^①^{（1）}。

　　【注】

　　（1）求：求婚媾於初九。

九五。屯其膏，小貞吉，大貞凶。《象》曰："屯其膏"，施未光也。

上六。乘馬班如，泣血漣如。《象》曰："泣血漣如"，何可長也！

———————

①原在上六爻下，據六四《象辭》"求而往"，可知爲六四爻釋文，故移置於此。

蒙

䷃艮上坎下　蒙，亨。匪我求童蒙，童蒙求我。初筮告，再三瀆，瀆則不告。利貞。

4·1　禮聞取道義於人[1]，不聞取其人之身。來之爲言，屬有道義者謂之來[2]。來學者，就道義而學之；往教者，致其人而取教也。童蒙求我，匪我求童蒙是也[3]。

【注】

（1）聞取：參《禮記·曲禮上》“禮聞取於人，不聞取人”。○道義：指道德義理、道德仁義，語參《繫辭上》“成性存存，道義之門”。《禮記·曲禮上》“道德仁義，非禮不成”。

（2）屬：係，是。○按：經“童蒙求我”，有版本作“童蒙來求我”。依張載之言，“來”字於文意有絶大影響，凸顯了童蒙對道義的主動追求，以及作爲道義擔當者的身份。據此條可知，張載《易説》所據版本可能是王弼注本或與之相關者，而非《周易正義》本。○又按：阮元《校勘記》云：“石經、岳本、閩、監、毛本同底本。《考文》（按：指《七經孟子考文補遺》）引古本有‘來’字。”○王引之《經義述聞》謂：蒙《釋文》（《經典釋文》）：“‘童蒙求我’，一本作‘來求我’。”惠氏《周易古義》引《吕氏春秋·勸學》篇注《易》曰“匪我求童蒙，童蒙來求我”，以證經文本有“來”字。家大人（按：指王念孫）曰：王弼注曰：“童蒙之來求我，欲決所惑也。”又蔡邕《處士圉叔則碑》：“童蒙來求，彪之用文。”是漢魏時經文皆有“來”字。唐釋慧苑《華嚴經音義》卷下引《易》亦作“童蒙來求我”，與《釋文》所載一本同。○李富孫《易經異文釋》云：案王弼卦、象注並云“童蒙之來求我”，則弼舊本當亦有“來”字，不誤。惠棟曰：“《正義》脫‘來’字。”○侯乃峰《周易文字彙校集釋》：一本或作“童蒙來求我”，疑是古人爲了與上句“匪我求童蒙”字數一致，顯得句式整齊，而加一“來”字。實際上有沒有此字並不影響文意。（臺北：臺灣古籍出版有限公司 2009 年，第 31 頁）

（3）來學、往教：參《禮記·曲禮上》“禮聞來學，不聞往教”。○就：從事，去往，引申爲有志於。○致：招引，招致。○取：通“聚”。○按：此條張載以蒙卦辭“匪我求童蒙，童蒙求我”釋《禮記·曲禮上》“禮聞取於人，不聞取人；禮聞來學，不聞往教”。宋衛湜《禮記集說》引張載注曰：“行修言道，則當爲人取，不務徇物強施以引取乎人，故往教妄說皆取人之弊也。”（《中華再造善本》，北京圖書館出版社 2003 年影印宋嘉熙四年新定郡齋刻本，卷二）

4·2　教人當以次，守得定，不妄施[1]。《易》曰：“初筮告，再三瀆，瀆則不告”，是剛中之德也[2]。

【注】

（1）以：按照。○次：順序，等第。○守：遵照，遵守。○定：安穩，鎮靜。

（2）剛中之德：指九二之爻象、爻位，九二爲陽爻，爲剛，居下卦之中位，是爲剛中，象人有剛健正中之德。（參高亨《周易大傳今注》，第 108 頁）又參下《彖辭》"以剛中也"。

《彖》曰：蒙，山下有險，險而止，蒙。蒙亨，以亨行時中也。"匪我求童蒙，童蒙求我"，志應也。"初筮告"，以剛中也。"再三瀆，瀆則不告"，瀆蒙也。蒙以養正，聖功也[①]。

4·3 "險而止，蒙。""蒙亨，以亨行時中也。"夫險而不止，則入于坎，入于蹇，不止則是安其危之類也[(1)]。以其知險而止也，故成蒙之義，方以有求[(2)]。童蒙求我，匪我求童蒙。以蒙而求[(3)]，故能時中，所以亨也。

【注】

（1）險：遇到危險。〇入于坎：指又陷入危險，"坎"，一指習坎卦，一指危險。語參坎《彖辭》："習坎，重險也。"初六爻辭曰："習坎，入于坎窞，凶。"〇入于蹇：蹇指蹇卦，卦象艮下坎上，與蒙卦交對。蹇《彖辭》曰："蹇，難也，險在前也。見險而能止，知矣哉。"蒙是遇險而止，蹇是見險而止。〇安：習慣，滿足於。

（2）方：纔，剛剛。〇以：文言連詞，與"而"用法相同。

（3）以：因爲。〇而：文言連詞，表示承接關係。

4·4 人心多則无由光明[(1)]。"蒙雜而著"，"著"，古

---

① "蒙亨"以下，原在釋文 4·4 下，今考察釋文 4·3、4·4、4·5 可知，張載所注應是《彖辭》全文，故移置於此。

“着”字，雜着於物，所以爲蒙⁽²⁾。蒙，昏蒙也。

【注】

（1）无由：没有門徑，没有辦法。

（2）蒙雜而著：語見《雜卦傳》。“雜而著”，一般解釋爲“隱而顯”，即由隱晦到顯明。張載釋作“雜着於物”。雜，亂，多。着，讀作 zhuó，附着，穿着。

4·5　時之義甚大^①，如“蒙亨，以亨行時中也”者，蒙何嘗^②有亨？以九二之亨行蒙者之時中，故蒙所以得亨也；蒙无遽亨之理⁽¹⁾，以九二循循行時中之亨也。蒙卦之義，主之者全在九二⁽²⁾，《象》之所論，皆二之義。教者但觀蒙者時之所及則道之⁽³⁾，此是“亨行時”也^③；此時也，正所謂“如時雨化之”⁽⁴⁾。如既引之中道而不使之通⁽⁵⁾，則是教者之過；當時而道之使不失其正⁽⁶⁾，則是教者之功^④。養其蒙使正者⁽⁷⁾，聖人之功也。

【注】

（1）遽：急，倉促。

（2）主：主持，掌管。○按：此言九二爲蒙卦之主。王弼注云“二爲衆陰之主”。

（3）時之所及：指蒙者所處的時機、階段、境界。○道之：猶導之。

---

① “時之義甚大”，《張子語録》作“時中之義甚大”。

② “嘗”，《張子語録》作“以”。

③ “此是亨行時也”，《張子語録》作“此是亨行時中也”。

④ “則是教者之功”，《張子語録》作“‘蒙以養正，聖功也’，則是教者之功”。

（4）如時雨化之：語見《孟子·盡心上》：“君子之所以教者五：有如時雨化之者，有成德者，有達財者，有答問者，有私淑艾者。”趙岐注：“教之漸漬而浹洽也。”○按：張載《孟子説》謂：“有如時雨化之者”，當其可，乘其間而施之，不待彼有求有爲而後教之也。

（5）中道：即中途、半路。

（6）當時：即及時。

（7）養其蒙使正者：一指蒙者自養其矇昧隱默以至於正道，一指教者對蒙者的引導使其能自養而歸於正道。

《象》曰：山下出泉，蒙。君子以果行育德[①]。

初六。發蒙，利用刑人，用説桎梏，以往吝。《象》曰：“利用刑人”，以正法也。

　　4·6　以柔下賢，居於坎陷[(1)]，然无所私係，用心存公，雖不能諭人於道，以辨曲直，正法可也[(2)]。善行法者多説於任刑[(3)]，道非弘矣，故以往吝，“故”，一作“終”。故君子哀矜而勿喜也[(4)]。

【注】

（1）柔：初六爲陰爻，故爲柔順、潤澤之意。○下賢：位於賢人之下。賢指九二。○坎陷：下卦爲坎，“坎，陷也”（見《説卦傳》）。○按：《程傳》謂“初以陰暗居下”，《本義》曰“以陰居下”。

---

① 原在釋文4·5上，今考察釋文4·5可知，張載所注應是《彖辭》，未含《象辭》，故移置於此。

（2）然无所私係……正法可也：此釋"發蒙"。○初六爻位爲陽，爲剛健，公正無私，所以"无所私係，用心存公"。○初六爲發蒙者，即教者。發，即"諭人於道，以辨曲直"，即"正法"。諭，教導，教誨。《禮記·文王世子》謂："師也者，教之以事而喻諸德者也。"○蒙之下卦爲坎，坎《象辭》曰"君子以常德行，習教事"，有師道之象。初六位於坎之始，亦是師道之始。

（3）善行法者：即"利用刑人"。法，同"刑"，指規矩、規範。○説於任刑：即"用説桎梏"。"説"通"脱"，指脱去，引申爲解除、抛棄。刑，即"桎梏"。"任刑"與"任德"相對而言。○按："利用刑人，用説桎梏"，王弼注曰"蒙發疑明，刑説當也"，孔疏曰"蒙既發去，無所疑滯，故利用刑戮於人，又利用説去罪人桎梏，以蒙既發去，疑事顯明，刑人説桎梏皆得當"。

（4）哀矜而勿喜：語見《論語·子張》："上失其道，民散久矣；如得其情，則哀矜而勿喜。"哀矜，即哀憐。勿喜，即勿自喜。○按：執掌刑罰者（即執政者），當體恤民情，自省自查己之過失。民之觸法，其情不易察，且爲政者多有失教之責。此於蒙卦初六而言，旨在警示教者發蒙時當如"善行法者"。

九二。包蒙，吉。納婦，吉。子克家。《象》曰："子克家"，剛柔接也。

4·7 擇婦而納之 [1]，則吉。

【注】

（1）擇：爲子選妻。○婦：王弼謂"配己而成德者也"。

九二爲陽爻，爲剛，初、三皆爲陰爻，爲柔，於爻位而言皆爲
"剛柔接"，有男女相配之象；又二、五陰陽得中，亦是有相配
之象；故張載曰"擇婦"。○納：爲子娶妻。

4·8　九二，以下卦之中主卦德[1]，故曰"子克家"。以
子任家[2]，必剛柔得中乃濟，不可嚴厲也[3]。
【注】
（1）中：一指九二位於下卦中爻；一指其爻爲陽、爲剛，
爻位爲陰、爲柔，故"剛柔得中"。○主卦德：一指九二主下卦
之德，一指主蒙卦之德。

（2）任家：即治家，釋"克家"。○按：王弼注謂："處於
卦內，以剛接柔，親而得中，能幹其任，施之於子，克家之義。"
《正義》《程傳》《本義》同。高亨謂："克，成也。……成
家。"（《周易大傳今注》，第110頁）

（3）剛柔得中、不可嚴厲：皆指"包蒙"而言。包蒙，指
包容尚處於曖昧的人。高亨謂："剛柔得中者，陽爻爲剛，陰
爻爲柔，剛或柔居上卦之中位或下卦之中位也。每卦之第二
爻爲下卦之中位，第五爻爲上卦之中位，故得中皆指此兩爻而
言。"（《周易大傳今注》，第47—48頁）○濟：吉也，此指脫蒙。

六三。勿用取女，見金夫，不有躬。无攸利。

4·9　"金夫"，二也[1]。"不有躬"，履非正則不能固於
一也[2]。
【注】
（1）金夫：於六三而言，九二、上九均可稱作金夫。二爲

卦主，上爲三應，均是陽爻，爲剛，故稱金夫。○按：王弼注、
孔疏均謂“金夫”指上九。《程傳》謂：“正應在上，不能遠從，
近見九二爲群蒙所歸，得時之盛，故捨其正應而從之，是女之
‘見金夫’也。”李光地曰：“‘金夫’本意不黏爻象，《程傳》
以爲九二。然九二發蒙之主，若三能從之，正合《象辭》‘童
蒙求我’之義，不應謂之不順。蓋《易》例陰爻居下體，而有
求於上位者皆凶，王氏之説近是。”（《周易折中》，第 75 頁）

　　（２）履非正：指六三爲陰爻、爲柔，以陰爻處陽位，又居
於九二陽爻之上。○不能固於一：指六三正應在上九，却捨之
而從九二。

《象》曰：“勿用取女”，行不順也。
六四。困蒙，吝。《象》曰：困蒙之吝，獨遠實也。
六五。童蒙，吉。《象》曰：童蒙之吉，順以巽也。

　　4·10　不願不信，蒙之失正者也[1]。故蒙正如童吉，
與夫《象》之義同[2]。

　　【注】

　　（１）不願不信：有所困惑。○失正：指童蒙困於曖昧，不
能比賢發志。

　　（２）此指“匪我求童蒙，童蒙來求我”之義。

上九，擊蒙，不利爲寇，利禦寇。《象》曰：“利用禦寇”，上
下順也。

　　4·11　蒙暗犯寇，禦之可也，以剛明極顯而寇蒙暗，則

傷義而衆不率也[1]。九二以剛居中，故能包蒙而吉[2]。

【注】

（1）蒙暗犯寇：矇昧、愚昧之人的進攻。○剛明：指上九為陽爻，故剛；又處上卦艮卦之終，故明。○極顯：指上九居於蒙卦第六爻，卦之盡也。○寇蒙暗：攻擊矇昧、愚昧之人，即“擊蒙”。○傷義：於蒙卦之義有所傷害，指與發蒙、包蒙之意相牴。○衆不率：上下不順從也。衆，指蒙卦之陰爻，喻指臣民。○按：參王弼注、孔穎達疏。○又按：艮《象辭》曰：“其道光明。”張載謂：“艮一陽為主於兩陰之上，各得其位，而其勢止也。《易》言‘光明’者，多艮之象，著則明之義也。”（《正蒙·大易篇》第48章）

（2）參見九二爻注。

需

☵ 坎上
乾下
需，有孚，光亨，貞吉，利涉大川。

5·1 剛健而不陷而能俟時⁽¹⁾，故有孚於光，亨也⁽²⁾。

【注】

（1）剛健而不陷：語見《彖辭》，剛健指下卦乾，陷指上卦坎，《繫辭下》謂"夫乾，天下之至健也，德行恒易以知險"，故曰"剛健而不陷"。○俟時：等待時機。○按：王弼注"利涉大川"曰"乾德獲進，往輒亨也"，即以剛健而進，不患於險，乾德乃亨。

（2）孚：誠信。○光：光明。○亨：亨通。○按：參王弼注。

5·2 訟、需、坎皆言"有孚"，必然之理也⁽¹⁾。又如未濟"飲酒濡首"亦言"有孚"⁽²⁾，義同此⁽³⁾。

【注】

（1）有孚：訟、需、坎三卦，卦辭中卦名後皆爲"有孚"。○必然之理：訟、需之孚信皆因乾之剛健易知；坎之孚信因其"剛正在內"（王弼注），"陽在中也"（孔疏），即坎卦中爻二、五皆爲陽爻，故剛正而有誠信。三卦之象皆遇險、臨險，而其德則主誠信，故無險。

（2）飲酒濡首：語見未濟上九《象辭》。濡，沾濕。

（3）義同此：指飲酒需有誠信，有節制。

《彖》曰：需，須也。險在前也，剛健而不陷，其義不困窮矣。
“需有孚，光亨，貞吉”，位乎天位，以正中也。“利涉大川”，
往有功也。

《象》曰：雲上於天，需。君子以飲食宴樂。

　　5·3 “雲上於天，需。君子以飲食宴樂”，“九五，需于
酒食，貞吉”，未濟亦有“孚于飲酒”[1]，以陰在前[2]，无所
施爲，惟於飲食而已[3]。

　　【注】

　　（1）孚于飲酒：語見未濟上九爻辭。

　　（2）以陰在前：指需卦上六陰爻、陰位。

　　（3）无所施爲，惟於飲食而已：無需有所作爲，且安於飲
食，待時見用。○按：《序卦》曰：“需者，飲食之道也。”參《周
易口義》《周易本義》。

初九。需于郊，利用恒，无咎。《象》曰：“需于郊”，不犯難
行也。“利用恒，无咎”，未失常也。

九二。需于沙，小有言，終吉。《象》曰：“需于沙”，衍在中
也。雖“小有言”，以吉終也。

九三。需于泥，致寇至。《象》曰：“需于泥”，災在外也。自
我致寇，敬慎不敗也。

六四。需于血，出自穴。《象》曰：“需于血”，順以聽也。

　　5·4 以柔居陰[1]，不能禦强[2]，來則聽順而辟其路[3]。

　　【注】

　　（1）以柔居陰：指六四以陰爻居於陰位。

（2）不能禦強：強，指九三，王弼曰"九三剛進，四不能距"。

（3）來：指九三陽爻之進。○聽順而辟其路：王弼曰："見侵則辟，順以聽命者也。"辟，避也。○按：參孔疏。

九五。需于酒食，貞吉。《象》曰："酒食貞吉"，以中正也。
上六。入于穴，有不速之客三人來，敬之終吉。《象》曰："不速之客來，敬之終吉"，雖不當位，未大失也。

5·5　上无所出(1)，故降入自穴(2)，恭以納之(3)，雖處極上，不至於失(4)。

【注】

（1）上无所出：指上六居需卦之終，有未延請之客來訪，自己沒有地方可逃避。出，逃避。

（2）降入自穴：放下身份將客人迎至自己家中。降，謂地位高的人謙卑自抑，屈尊俯就。自穴，語見六四爻辭，指陰爻居於陰位。

（3）恭：恭敬，恭順。○納：招待，結交。

（4）雖處極上：即"雖不當位"，指上六以陰爻處陰位，且處於需卦之終位，又處上卦坎陷之極，雖當位却處境極凶險。○失：過失。○按：《程傳》曰："不當位，謂以陰而在上也。爻以六居陰爲所安，《象》復盡其義，明陰宜在下而居上，爲'不當位'也。"《本義》曰"未詳"。

訟

䷅ ^{乾上}_{坎下} 訟，有孚，窒惕，中吉，終凶。利見大人。不利涉大川。《彖》曰：訟，上剛下險，險而健，訟。"訟有孚，窒惕，中吉"，剛來而得中也。"終凶"，訟不可成也。"利見大人"，尚中正也。"不利涉大川"，入于淵也。

《象》曰：天與水違行，訟。君子以作事謀始。

初六。不永所事，小有言，終吉。《象》曰："不永所事"，訟不可長也。雖"小有言"，其辨明也。

6·1 初於正應，中有陰陽之間，不无訟[1]。但以陰居下體爲柔順，履險方初，不永所事，其理辨直，"直"，一作"正"。故"小有言，終吉"[2]。

【注】

（1）初於正應：指以爻、位言，初六與九四陰陽正應。○中有陰陽之間：指初、四被九二陽爻、六三陰爻所阻隔。○不无訟：即"小有言"，指有小的爭執、譴責。

（2）以陰居下體爲柔順：此指陰爻居下位之德。○履險方初：指纔處於下卦坎卦的開始，即纔剛剛踏足危險。○不永所事：不久糾纏於爭訟之事。○辨直：辨析分明。

九二。不克訟，歸而逋，其邑人三百户，无眚。《象》曰："不克訟"，歸逋竄也。自下訟上，患至掇也。

6·2　處險體剛，好訟者也⁽¹⁾。上下二陰俱非己應，理爲不直，故不訟⁽²⁾。歸而逋竄，使其邑人之衆无辜被禍，故曰"邑人""无眚"⁽³⁾。

【注】

（1）處險：指九二居下卦坎之中爻，又處陰位。○體剛：指九二爲陽爻，爲剛。○好訟：《彖辭》謂"險而健，訟"，故謂九二是好訟之人。

（2）上下二陰俱非己應：指初、三皆爲陰爻，柔弱恭順，不擅爭訟，所以不能與二呼應。○理爲不直：指九二與初、三爭訟的理由不正當。○不訟：不能勝訴。

（3）歸：敗訴而歸其邑。○逋：逃亡。○竄：藏匿。○其邑人之衆：即"其邑人三百户"，依《正義》，此邑是方圓十里的一成之地，利於藏匿。○无辜被禍：即"无眚"，指遭受無妄之災。○按："无眚"，注家多用王弼"免災"之説。

六三。食舊德，貞厲，終吉。或從王事，无成。《象》曰："食舊德"，從上吉也。

6·3　履非其位，處險之極，若能不爲他累，專應上九，則雖危終吉，故曰"舊德"⁽¹⁾；以陰居陽，又處成功，必有悔吝，故曰"无成"⁽²⁾。

【注】

（1）履非其位：指六三以陰爻居陽位。○處險之極：指六三位處下卦坎之盡。○不爲他累：指六三處二、四兩剛之間，容易被爭訟之事所累。○專應上九：指六三與上九爲正應，當專於此事。○舊德：指六三本性陰柔順從。○按：王弼曰：“柔體不爭，繫應在上，衆莫能傾，故曰‘終吉’。”

（2）處成功：指服從、協助在上者，並取得了一定的功績。○必有悔吝：《繫辭上》曰：“悔吝者，憂虞之象也。”六三處下卦之盡，兩陽之間，又需服從上九，故稱其必然容易有災禍。○无成：此指不以成功自居。○按：王注、孔疏以“難可忤”“不敢成”解“无成”。

九四。不克訟，復即命渝。安貞吉。《象》曰：“復即命渝”，安貞不失也。

6·4　體健而比於三(1)，理爲不直(2)，故“不克訟”①。

【注】

（1）體健：指九四爲陽爻。○比：指六三（陰爻）與九四（陽爻）的相鄰關係，剛柔相比，相求相得。

（2）理爲不直：指四與三關係融洽，沒有正當的爭訟理由。

九五。訟，元吉。《象》曰：“訟，元吉”，以中正也。

上九。或錫之鞶帶，終朝三褫之。《象》曰：以訟受服，亦不足敬也。

---

① 原在上九爻下，按句中“不克訟”及文義當爲九四爻釋文，故移置於此。

師

坤上 師，貞，丈人吉，无咎。
坎下

7·1 丈人剛過，太公近之⁽¹⁾。剛正、剛中⁽²⁾，則是大人、聖人，得中道也。太公則必待誅紂時，雖鷹揚⁽³⁾，所以爲剛過，不得稱大人。

【注】

（1）丈人：古時對老人的尊稱。孔穎達疏：“丈人，謂嚴莊尊重之人。”○太公：指太公望，呂尚。

（2）剛正、剛中：皆指九二陽爻居下卦之中，又與六五爲正應。

（3）鷹揚：威武貌。《詩·大雅·大明》：“維師尚父，時維鷹揚。”《毛傳》：“鷹揚，如鷹之飛揚也。”○按：尚父，指周之呂望，引申爲值得尊敬的父輩。《毛傳》：“尚父，可尚可父。”鄭玄箋：“尚父，呂望也。尊稱焉。”一說爲呂望之字。馬瑞辰《毛詩傳箋通釋》：“‘父’與‘甫’同。甫爲男子美稱。尚父，其字也，猶山甫、孔父之屬。”

《彖》曰：師，眾也。貞，正也。能以眾正，可以王矣。剛中而應，行險而順，以此毒天下，而民從之，吉又何咎矣？

《象》曰：地中有水，師。君子以容民畜眾。

初六。師出以律，否臧，凶。《象》曰：“師出以律”，失律凶也。

7·2 “師出以律”，師之始也[1]。體柔居賤[2]，不善用律，故凶。

【注】

（1）師：軍隊。○師之始：指師卦初爻，或指軍隊的基礎、根本。

（2）體柔：指初六爲陰爻。○居賤：指初六以陰爻居陽位，又處於下卦坎卦第一爻。坎爲陷，爲險。

九二。在師中，吉无咎，王三錫命。《象》曰：“在師中吉”，承天寵也。“王三錫命”，懷萬邦也。

7·3 懷愛萬邦[1]，故所以重將帥。

【注】

（1）懷愛：心中喜愛。○萬邦：所有諸侯封國。

六三。師或輿尸，凶。《象》曰：“師或輿尸”，大无功也。

7·4 陰柔之質，履不以正，以此帥衆，固不能一[1]。師，“丈人吉”，非陰柔所禦[2]。

【注】

（1）陰柔之質，履不以正：六三爲陰爻，故本質陰柔；居於陽位，故履不正。○帥衆：作爲軍隊的主帥。○固：本來。○一：服衆。

（2）禦：駕馭，統帥。

六四。師左次，无咎。《象》曰：“左次无咎”，未失常也。

7·5 次之不戰之地⁽¹⁾，則不失其常⁽²⁾。

【注】

（1）次：撤退。〇之：到達。〇不戰之地：指安全地帶。

（2）常：本職。

六五。田有禽。利執言，无咎。長子帥師，弟子輿尸，貞凶。《象》曰："長子帥師"，以中行也。"弟子輿尸"，使不當也。

7·6 柔居盛位，見犯乃較，故"无咎"⁽¹⁾。任寄非一，行師之凶也⁽²⁾。

【注】

（1）柔居盛位：六五以陰爻居處於陽位、君位。〇見：遇到。〇犯：侵犯，入侵。〇較：計較。

（2）任寄非一：釋"長子帥師，弟子輿尸"，謂没有任命長子（九二）爲軍隊主帥，或指任命多人爲同一軍隊主帥。〇行師：行軍。

上六。大君有命，開國承家，小人勿用。《象》曰："大君有命"，以正功也。"小人勿用"，必亂邦也。

7·7 師終必推賞⁽¹⁾，然小人雖有功，不可胙之以土⁽²⁾，長亂也⁽³⁾。承，猶繼世之承也⁽⁴⁾。

【注】

（1）師終：一指上六爻位，一指戰爭結束。〇推賞：論功行賞，遷官給賞。

（2）胙之以土：釋“開國承家”，指賜予土地，任命爲地方諸侯。

（3）長：滋長，滋生。

（4）繼世：繼承先世。《孟子·萬章上》：“繼世以有天下，天之所廢，必若桀紂者也，故益、伊尹、周公不有天下。”

比

坎上
坤下　比，吉。原筮，元永貞，无咎。不寧方來，後夫凶。

《彖》曰：比，吉也；比，輔也，下順從也。"原筮，元永貞，无咎"，以剛中也。"不寧方來"，上下應也。"後夫凶"，其道窮也。

8·1　必"原筮"者⁽¹⁾，慎所與也⁽²⁾。

【注】

（1）原筮：再次占卜。

（2）慎：慎重，謹慎。○所與：指占筮的結果、筮辭。

《象》曰：地上有水，比。先王以建萬國，親諸侯[①]。

初六。有孚比之，无咎。有孚盈缶，終來有它，吉。《象》曰：比之初六，有它，吉也。

8·2　柔而无應，能擇有信者親之⁽¹⁾。己之誠，素著顯，終有它吉，比好先也⁽²⁾。

【注】

（1）柔而无應：指初六與六四均爲陰爻，不能相呼應。○有信者：有誠信的人，指六二。○親：主動親近。

（2）己之誠，素著顯：釋"有孚盈缶"，指初六內心的誠意必須樸素、充盈。○終有它吉：釋"終來有它，吉"，最終會迎

---

① 原在釋文8·1上，考察釋文8·1僅卦辭、《象辭》注，故移置於此。

來意外的吉祥。○好：偏好，偏愛。○先：主動的，積極的，指
初六。

六二。比之自內，貞吉。《象》曰："比之自內"，不自失也。

8·3 愛自親始⁽¹⁾，人道之正，故曰"貞吉"。
【注】
（1）自親始：即"自內"，指六二居中得位，親應九五。親，
指九五。

六三。比之匪人。《象》曰："比之匪人"，不亦傷乎？

8·4 履非其正⁽¹⁾，比之必匪其人⁽²⁾，故可傷。
【注】
（1）履非其正：指六三以陰爻居於陽位。
（2）匪其人：指六三與二、四、上均爲陰爻，遠近皆沒有
親比呼應之人。

六四。外比之，貞吉。《象》曰：外比於賢，以從上也。
九五。顯比，王用三驅，失前禽，邑人不誡，吉。《象》曰：
顯比之吉，位正中也。舍逆取順，"失前禽"也。"邑人不誡"，
上使中也。

8·5 "失前禽"，謂三面而驅⁽¹⁾，意在緩逸之⁽²⁾，不務
殺也⁽³⁾，順奔然後取之^{①(4)}，故被傷者少也。

---

① "不務殺也，順奔然後取之"，通志堂本、薈要本、文淵子部本作"不務殺，惟順
奔然後取之"。

【注】

（1）三面而驅：指圍獵時從自己所在的方位和左右兩面驅趕獵物，前則網開一面。

（2）緩逸之：驅使獵物不斷奔跑、逃逸。

（3）務殺：以獵殺爲目的，即濫殺。

（4）順奔：指背對着自己逃奔的獵物。○按：孔疏曰："夫三驅之禮者，先儒皆云'三度驅禽而射之也'。三度則已，今亦從之，去則射之。褚氏諸儒皆以爲'三面著人驅禽'，必知'三面'者，禽唯有背己、向己、趣己，故左右及於後皆有驅之。"

8·6　以剛居中而顯明比道，伐止有罪，不爲濫刑，故"邑人不誡"[1]。爲上用中[2]，此之謂也。不比者不懲，非用中也[3]。故比必顯之，然殺不可務也[4]。一云："上使中者"，付得其人也[5]。

【注】

（1）以剛居中而顯明比道：釋"顯比"，指九五爲陽爻，居於上卦中位，且爲比卦之主，能彰顯比卦親親之道。○伐止有罪，不爲濫刑：征討止於有罪之人，不濫用刑罰。○不誡：不須隄防。

（2）爲上用中：在上位的人運用中正之道。

（3）不比者：不順從的人，包括背叛者、叛亂者。○懲：處罰。○非用中：指不懲罰所有不順從的人，這不是中正之道，即對有背叛者一定要懲戒。

（4）比必顯之：親密比輔必須光明無私。○殺不可務：即"伐止有罪，不爲濫刑"，指不可致力於殺伐。○按：王弼謂"比而顯之，則所親者狹矣"。

（5）付得其人：將任務交付給合適的人（官員）。

上六。比之无首，凶。《象》曰："比之无首"，无所終也[①]。

---

① 原在釋文8·5上，考察釋文8·5、8·6爲九五爻注，故移置於此。

小　畜

☰上巽
乾下　小畜，亨。密雲不雨，自我西郊。

《彖》曰：小畜，柔得位而上下應之曰小畜。健而巽，剛中而志行，乃亨。“密雲不雨”，尚往也。“自我西郊”，施未行也。

9·1 “自我西郊”，剛陽之氣進而不已也[(1)]。

【注】

（1）剛陽之氣進而不已：指陽爻上升的趨勢很强盛，難以停止消弱。

《象》曰：風行天上，小畜。君子以懿文德[①]。

初九。復自道，何其咎？吉。《象》曰：“復自道”，其義吉也。

9·2 以理而升，進之於應也[(1)]。

【注】

（1）以理而升：指處下卦乾的開始，遵循乾之陽剛之理不斷進取，即“以陽升陰”（王注），“以剛應柔”（孔疏）。〇進之於應：指初九陽爻上升到與其相應的六四陰爻所在的位置。〇按：王弼曰：“處乾之始，以升巽初，四爲己應，不距己者也。”

九二。牽復，吉。《象》曰：“牽復”在中，亦不自失也。

——————————

① 原在釋文 9·1 上，考察釋文 9·1 爲卦辭、《象辭》注，故移置於此。

9·3　初反自道⁽¹⁾，三爲"説輻"⁽²⁾，二以彙征在中⁽³⁾，故未爲失。

【注】

（1）反自道：即"復自道"，指往返在自己的乾陽之路上。

（2）説輻：指車輻脱落。説，通"脱"。

（3）彙征：語見泰卦初九爻辭"拔茅茹，以其彙，征吉"，"以類相從"之意。○按："拔茅茹，以其彙，征吉。"王弼注云："茅之爲物，拔其根而相牽引者也。茹，相牽引之貌也。三陽同志，俱志在外，初爲類首，己舉則從，若茅茹也。上順而應，不爲違距，進皆得志，故以其類征吉。"孔穎達謂："拔茅茹者，初九欲往於上，九二、九三皆欲上行，己去則從，而似拔茅，舉其根相牽茹也。以其彙者，彙，類也，以類相從。"

九三。輿説輻，夫妻反目。《象》曰："夫妻反目"，不能正室也。

9·4　近而相比⁽¹⁾，故説輻而不能進，反爲柔制⁽²⁾，故曰"反目"；非其偶也⁽³⁾，故不能正其室。

【注】

（1）近而相比：指陽爻九三、陰爻六四相鄰，陰陽相悦。

（2）反爲柔制：三陽剛主進，四陰柔主退，九三陽爻被六四陰爻所制約。○按：與王注、孔疏異。

（3）非其偶：九三之應在上九，但均爲陽爻，故不互相對應。

六四。有孚，血去惕出，无咎。《象》曰：有孚惕出，上合志也。

9·5　以陰居陰，其體不躁，故曰“有孚”[1]。能上比於五，與之合志，雖爲群下所侵，被傷而去，懷懼而出，於義无咎[2]。

【注】

（1）以陰居陰：以陰爻居於陰位。○其體不躁：六四爲陰爻，爲柔，爲静，故不急躁。

（2）合志：四、五陰陽比鄰，志氣相合。○群下：指下卦三爻。○侵：指下三爻之尚進取。○被傷而去：釋“血去”，指被下三陽進犯，受傷離去。○懷懼而出：釋“惕出”，指對進犯心懷恐懼，主動退讓。○於義无咎：指附合剛進柔退之義，便没有危險。

九五。有孚攣如，富以其鄰。《象》曰：“有孚攣如”，不獨富也。

9·6　六四爲衆陽之主[1]，己能接之以信[2]，攣如不疑[3]，則亦爲衆所歸[4]，故曰“富以其鄰”①。

【注】

（1）六四爲衆陽之主：卦主説，一陰五陽，則陰爲卦主。

（2）接之以信：即“有孚”，指六四被三陽進犯，遂主動退讓，九五以誠信接納之。

---

① 原在上九爻下，考察釋文9·6爲九五爻注，故移置於此。

（3）攣如不疑：指九五一直堅定不移地以誠信待人。

（4）爲衆所歸：被大家（其他五爻）所信賴、依附。

上九。既雨既處，尚德載。婦貞厲。月幾望，君子征，凶。

《象》曰："既雨既處"，德積載也。"君子征凶"，有所疑也。

履

乾上
兌下　　履虎尾，不咥人，亨。

《彖》曰：履，柔履剛也，說而應乎乾，是以“履虎尾，不咥人，亨”。

10·1　說雖應乾[1]，而二不累五也[2]。

【注】

（1）說雖應乾：指下卦六三與上卦上九之應，初四、二五皆不成應。說，通“悅”，指下卦兌。

（2）二不累五：指二、五爻位相應，同爲陽爻。

剛中正，履帝位而不疚，光明也。

10·2　无陰柔之累[1]，故不疚[2]，此所以正一卦之德也[3]。

【注】

（1）无陰柔之累：即“二不累五”。

（2）疚：憂苦。

（3）正一卦之德：指九五剛中且正，秉持履卦之德。正，持正。

《象》曰：上天下澤，履。君子以辯上下，定民志。

初九。素履往，无咎。《象》曰：素履之往，獨行願也。

10·3 陰累不干[1]，无應於上[2]，故其履潔素[3]。

【注】

（1）陰累不干：被陰爻所繫累而不能有所作爲。

（2）无應於上：指初九、九四同爲陽爻，不能相互呼應。

（3）履：鞋子。○潔素：簡潔樸素。

九二。履道坦坦，幽人貞吉。《象》曰："幽人貞吉"，中不自亂也。

10·4 中正不累[1]，无援於上[2]，故"中不自亂"[3]，得幽人之正[4]。

【注】

（1）中正：指九二以陽爻居下卦中位。○不累：即"二不累五"。

（2）无援於上：指二、五同陽，故二不拖累五，五不援助二。

（3）中不自亂：指守中正之道而不自亂。

（4）幽人之正：被囚禁之人（或指幽居獨處之人）守中正之道。

六三。眇能視，跛能履，履虎尾，咥人，凶。武人爲于大君。《象》曰："眇能視"，不足以有明也。"跛能履"，不足以與行也。咥人之凶，位不當也。"武人爲于大君"，志剛也。

10·5 大君者，爲衆爻之主也[1]。武人者，剛而不德也[2]。

【注】

（1）大君：指國君。○衆爻之主：一陰五陽，故六三爲履卦之主。

（2）武人：指軍人。○剛而不德：指三以陰爻居陽位，位陽故剛，體陰故無德。

九四。履虎尾，愬愬，終吉。《象》曰："愬愬終吉"，志行也。

10·6　二①、五不累於己(1)。處多懼之地，近比於三，能常自危，則志願終吉(2)。陽居陰，故不自肆，常自危也(3)。

【注】

（1）二、五不累於己：此指四以陽爻與五不成比，又二與五不成應，故"二、五不累於己"。

（2）處多懼之地，近比於三：指九四以陽爻居陰位，又在九五陽剛之下，雖與三成比，但三爲武人，志剛進，故九四之位多恐懼。○自危：猶"居安思危"之意，指自身處於安樂之境，要想到可能出現的危險、困難。○志願：即志向，期望，願望。

（3）陽居陰，故不自肆：四爲陽爻故體剛，居陰位故志柔，所以能克己，不放縱任意。自肆，猶恣肆，指放縱任意，無顧忌。

九五。夬履，貞厲。《象》曰："夬履貞厲"，位正當也。

---

①"二"，原作"三"，據明清校本改。按：九二爻下，張載謂：九二"中正不累"，與此"不累於己"意相通，故作"二"爲是。

上九。視履考祥，其旋元吉。《象》曰："元吉"在上，大有慶也。

10·7　視所履以考求其吉[1]，莫如旋而反下[2]，則獲應而有喜也[3]。

【注】

（1）視：正視、審視。〇所履：即所爲，指自己的言行。〇考求其吉：即"考祥"，解同王弼，謂考察吉祥之徵兆也。

（2）莫如：不如。〇旋：副詞，立即，隨即。〇反下：即返下，回頭。

（3）獲應：指獲得六三之應，上九與六三同位，陰陽相應。〇有喜：即"元吉"，"大有慶"。〇按：張載之説與諸家注有別。

10·8　乘剛未安[1]，其進也寧旋[2]。

【注】

（1）乘剛：指上九以陽爻居陰位，志柔而體陽，以志乘體（氣）也。〇按："乘剛"，謂陰柔上於陽剛，喻女盛侵男。屯卦六二《象辭》謂："六二之難，乘剛也。"孔穎達疏："有畏難者，以其乘陵初剛，不肯從之，故有難也。"高亨注："乘剛，柔乘剛也……乘，凌也。柔乘剛謂以女凌男。"

（2）其進也寧旋：與其前進，不如回頭、返回。寧，情願。旋，返回。

泰

坤上
乾下　泰，小往大來，吉亨。

《彖》曰："泰，小往大來，吉亨"，則是天地交而萬物通也，上下交而其志同也。內陽而外陰，內健而外順，內君子而外小人。君子道長，小人道消也。

《象》曰：天地交，泰。后以財成天地之道，輔相天地之宜，以左右民。

初九。拔茅茹，以其彙，征吉。《象》曰：拔茅征吉，志在外也。

九二。包荒，用馮河，不遐遺，朋亡，得尚于中行。《象》曰："包荒，得尚于中行"，以光大也。

11·1　中行，中立之行也，若朋比則未足尚也[1]。舜、文之大，不是過也[2]。

【注】

（1）行：行爲。○比：親比，親近，與爻辭"朋亡"之"亡"（無）對言。○尚：配也。

（2）大：正大、宏大。○過：過度。

九三。无平不陂，无往不復。艱貞无咎。勿恤其孚，于食有福。《象》曰："无往不復"，天地際也。

11·2　因交與之際以著戒[1]，能艱貞則享福可必[2]。

【注】

（1）因：依靠，憑藉。○交與之際：三居下卦之終，比鄰上卦之初，處泰卦上下陰陽將變未變之際，猶《象辭》"天地際也"。交與，交付給與。○著：顯示。○戒：警戒，警示。

（2）艱貞：遭遇艱難而能持守中正之道。○享福可必：即可必享福。

六四。翩翩，不富以其鄰，不戒以孚。《象》曰："翩翩""不富"，皆失實也。"不戒以孚"，中心願也。

11·3　陰陽皆未安其分[1]，故家不富，志不寧[2]。

【注】

（1）陰陽：泰之下卦爲乾，爲陽，下三爻皆陽；上卦爲坤，爲陰，上三爻皆爲陰。○未安其分：釋"翩翩"，乾爲天趨上而今在下，坤爲地趨下而今在上，故不安於其位。分，爻位，職分。

（2）寧：穩定。

六五。帝乙歸妹，以祉元吉。《象》曰："以祉元吉"，中以行願也。

11·4　雖陰陽義反[1]，取交際爲大義[2]。

【注】

（1）陰陽義反：一指六五以陰爻居陽位，二指坤陰在上而乾陽在下，三指六五陰爻與九二陽爻正應。

（2）交際：即上文"天地際"、"交與之際"。○大義：同

"帝乙歸妹"，即陰陽交感之道。

上六。城復于隍，勿用師，自邑告命，貞吝。《象》曰："城復于隍"，其命亂也。

11·5　泰極則否，非力所支，故不可以師，其勢愈亂⁽¹⁾。正，以命令諭衆，然終吝道也⁽²⁾。故知者先幾，艱貞无咎，著戒未然也⁽³⁾。

【注】

（1）泰極則否：泰卦、否卦互爲正對、反對、交對之卦，此以反對卦例言之。《雜卦傳》謂"否泰，反其類也"。○力：外力，人力。○支：撐持，抗拒。○師：進攻，用兵。○勢：形勢。

（2）正：即"貞"。○以命令諭衆：釋"自邑告命"。諭，告訴，頒布。○吝：難也。

（3）知者先幾：智者能預見、洞知細微。○著戒未然：即著戒於未然。未然，指還沒有成爲事實。

否

乾上
坤下 否之匪人，不利君子貞，大往小來。

《彖》曰：“否之匪人，不利君子貞，大往小來”，則是天地不交而萬物不通也，上下不交而天下无邦也。内陰而外陽，内柔而外剛，内小人而外君子。小人道長，君子道消也。

12·1 蓋言上下不交便天下无邦，有邦而與无邦同，以不成國體也⁽¹⁾。在天下，他國皆无道，只一邦治，亦不可言天下无道，須是都不治然後是天下无道也⁽²⁾。於否之時⁽³⁾，則天下无邦也。古之人，一邦不治，別之一邦，直至天下皆无邦可之，則止有隱耳⁽⁴⁾。无道而隱，則惟是有朋友之樂而已⁽⁵⁾。“子欲居九夷”，未敢必天下之无邦，或夷狄有道⁽⁶⁾。於今，海上之國儻有仁厚之治者⁽⁷⁾。

【注】

（1）上下不交：否卦下卦爲坤而趨下，上卦爲乾而趨上，此喻君上與臣下不相通。〇天下无邦：天下大亂，國家不得治理而滅亡。〇有邦：此指國家有名無實。〇不成國體：不能構成國家的體統。

（2）天下：指人世間，天地之間。〇无道：指社會政治紛亂。〇治：指國家安定。

（3）於否之時：即天地不交之時。

（4）別之一邦：離開去另一個國家。〇可之：可去，可選。

〇止：只。〇隱：隱居，避世。

（5）无道而隱：因天下無道而避世隱居。參《論語·泰伯》"天下有道則見，无道則隱"，《論語·憲問》"邦有道，危言危行；邦無道，危行言孫"，《論語·衛靈公》"直哉史魚！邦有道，如矢；邦無道，如矢。君子哉蘧伯玉！邦有道，則仕；邦無道，則可卷而懷之"。〇朋友之樂：語參《論語·學而》"有朋自遠方來，不亦樂乎"。

（6）子欲居九夷：語見《論語·子罕》。九夷，泛指東方有別於華夏文明之地。〇必：一定，此引申爲斷定。

（7）於今：指張載所處之世。〇海上之國：疑指日本，時爲"平安時代"。〇仁厚之治：指以仁厚之道治國。

《象》曰：天地不交，否。君子以儉德辟難，不可榮以祿[1]。初六。拔茅茹，以其彙，貞吉，亨。《象》曰：拔茅貞吉，志在君也。

12·2　柔順處下，居否以静者也[1]。能以類正，吉而必亨；不事苟合，志在得主者歟[2]！

【注】

（1）柔順處下：初六爲陰爻，故柔順；居否之初，又在下卦坤之始，故處下。〇居否以静：下卦爲坤，又初六爲陰爻，皆主静。

（2）類："彙"也，指二、三爻均爲陰，與初爻同類。〇正：貞也，持守中正。〇事：奉行。〇苟合：無原則地迎合、附和，

---

[1] 原在釋文12·1上，考察釋文12·1爲卦辭、《彖辭》注，故移置於此。

即"茅茹",喻指奸佞小人。〇得主:指爲君謀利。

六二。包承,小人吉,大人否,亨。《象》曰:"大人否,亨",不亂群也。

12·3 處二陰之間,上順下容[1],衆不可異[2],故其道否乃亨[3]。

【注】

(1)上順下容:指順從在上者,包容在下者,即"包承"。

(2)衆不可異:即"不亂群",指小人雖得行其道,但不敢亂群。

(3)其道:即大人之道,六二之道。以爻位言,二爲大人。

〇否乃亨:由否閉轉爲通順。

六三。包羞。《象》曰:"包羞",位不當也。

12·4 處否而進[1],履非其位[2],非知恥者也[3]。

【注】

(1)處否而進:處於閉塞的道路而欲前進。由小道而進,小人之道也。

(2)履非其位:以爻象、爻位言,六三爲陰爻,居陽位,故履非其位。

(3)非知恥者:即"包羞",包容、隱藏羞恥。

九四。有命,无咎,疇離祉。《象》曰:"有命无咎",志行也。

12·5 居否之世⁽¹⁾，以陽處陰⁽²⁾，有應於下⁽³⁾，故雖有所命⁽⁴⁾，无咎也。

【注】

（1）居否之世：猶孔疏"處否之時，其陰爻皆是小人"之意，即居處在小人横行的世道。

（2）以陽處陰：九四以陽爻居陰位。

（3）有應於下：九四陽爻與初六陰爻爲正應。

（4）有所命：頒布命令。

九五。休否，大人吉。其亡其亡，繫于苞桑。《象》曰：大人之吉，位正當也。

12·6 以亡爲懼⁽¹⁾，故能休其否⁽²⁾。

【注】

（1）以亡爲懼：即王注"心存將危"，孔疏之"常懼其危亡"，指恐懼危亡的來臨，强調須勤勉謹慎。

（2）休：止也。○否：閉塞也。

12·7 包桑，從下叢生之桑，叢生則其根牢⁽¹⁾。《書》云"厥草惟包"⁽²⁾，如竹叢、蘆葦之類。河朔之桑⁽³⁾，多從根斬條取葉，其生叢然。

【注】

（1）包桑：叢桑也。包，茂也，叢生也。桑，一種桑屬的落葉喬木。朱熹《本義》謂："苞，與'包'同，古《易》作'包'。"

（2）厥草惟包：《尚書·禹貢》有"厥草惟繇""草木漸

包”，“繇”與“包”均可作茂盛、叢生義。

（3）河朔：古代泛指黄河以北的地區。

上九。傾否，先否後喜。《象》曰：“否”終則“傾”，何可長也[①]？

① 原在釋文 12·6 上，考察釋文 12·6、12·7 爲九五爻注，故移置於此。

同　人

乾上
離下　同人于野，亨。利涉大川，利君子貞。

《彖》曰：同人，柔得位得中而應乎乾，曰同人。同人曰“同人于野，亨。利涉大川”，乾行也。文明以健，中正而應，君子正也。唯君子爲能通天下之志。

13·1　不能與人同⁽¹⁾，未足爲正也⁽²⁾。

【注】

（1）同：指通達、聚合。

（2）正：守中正之道。

13·2　“天下之心”、“天下之志”，自是一物⁽¹⁾，天何常有如此間別⁽²⁾！

【注】

（1）“天下之心”、“天下之志”，自是一物：志是心之所欲，原本就是一物，此言天下衆人之心所共同嚮往之志。

（2）間別：區別、差別。

《象》曰：天與火，同人。君子以類族辨物^①。

初九。同人于門，无咎。《象》曰：出門同人，又誰咎也！

六二。同人于宗，吝。《象》曰：“同人于宗”，吝道也。

九三。伏戎于莽，升其高陵，三歲不興。《象》曰：“伏戎于

————

① 原在釋文13·1上，考察釋文13·1、13·2爲卦辭、《彖辭》注，故移置於此。

莽”，敵剛也。“三歲不興”，安行也。

九四。乘其墉，弗克攻，吉。《象》曰：“乘其墉”，義弗克也。其“吉”則困而反則也。

九五。同人先號咷而後笑，大師克相遇。《象》曰：同人之先，以中直也。大師相遇，言相克也。

　　13·3　二與五應而爲他間⁽¹⁾，己直人曲⁽²⁾，望之必深⁽³⁾，故“號咷”也。師直而壯⁽⁴⁾，義同必克⁽⁵⁾，故遇而後笑⁽⁶⁾。

【注】

（1）二與五應：六二陰爻與九五陽爻爲正應。○爲他間：指被三、四陽爻離間、阻隔。

（2）己直：九五居上卦之中位，象人得正中之道，此指九五當用中正剛直之道。○人曲：即“曲人”也，指使九三、九四屈服。

（3）望之必深：即“必深望之”，指抱有很大的期望，或志向堅定。

（4）師：軍隊。○直而壯：即“大”，此指軍隊的氣勢和規模。

（5）義同：指同仇敵愾。○克：戰勝。

（6）遇：指九五與六二相遇。

上九。同人于郊，无悔。《象》曰：“同人于郊”，志未得也^①。

────────

① 原在釋文13·3上，考察釋文13·3爲九五爻注，故移置於此。

大　有

☲離上 乾下 大有，元亨。

《彖》曰：大有，柔得尊位大中，而上下應之，曰大有。其德剛健而文明，應乎天而時行，是以“元亨”。

14·1　柔得盛位[1]，非所固有[2]，故曰“大有”。

【注】

（1）柔得盛位：指六五陰爻居上卦之中位，象徵人位的至尊至盛。

（2）非所固有：指六五之尊非源自其爻德，而是因其所居處的地位。

14·2　剛健故應乎天[1]，文明故時行[2]。

【注】

（1）剛健故應乎天：剛健指下卦乾卦之德，又乾爲天，故曰應。

（2）文明故時行：文明指上卦離卦之德，又離爲明察，故能行事不失其時。

《象》曰：火在天上，大有。君子以遏惡揚善，順天休命。

14·3　柔能大有[1]，非天道也[2]，乃天命也[3]，故曰“順天休命”。“遏惡揚善”，勉衆①也[4]。

———————

① “衆”，原闕，據明清校本補。

【注】

（1）柔：指六五陰爻之德。〇大有：包容、包含。

（2）天道：此指乾陽之道，六五之爻位爲陽，德主剛健。

（3）天命：此指坤柔之道，六五之爻象爲陰，德主柔順。

（4）勉：勸勉，激勵。

初九。无交害，匪咎，艱則无咎。《象》曰：大有初九，"无交害"也。

14·4　二應於五[1]，三能自通[2]，四匪其旁①[3]，惟初无交，故有害，然非其咎。

【注】

（1）二應於五：九二陽爻與六五陰爻正應。

（2）三能自通：九三爻辭曰"公用亨于天子"，即指此爻可直通達於天子。亨，通也。參王弼注，謂其"履得其位，與五同功"。

（3）四匪其旁：張載用王弼注，釋"彭"爲"旁"，意爲盛，指九四"專心承五"（王弼注），而不用至盛之九三。

九二。大車以載，有攸往，无咎。《象》曰："大車以載"，積中不敗也。

九三。公用亨于天子，小人弗克。《象》曰："公用亨于天子"，小人害也。

---

① "旁"，薈要本作"彭"。薈要本校勘記："匪其彭"，刊本"彭"訛"旁"，今改。按："匪其旁"爲王弼注九四爻之文，王注謂"旁，謂三也"。"旁""彭"之辨，參見樓宇烈《王弼集校釋》，第293—294頁。

14・5　非柔中文明之主不能察⁽¹⁾，非剛健不私之臣不能通⁽²⁾，故曰“小人弗克”。

【注】

（1）柔中文明之主：指六五陰爻居上卦中位，故柔中；上卦爲離，德爲文明。〇察：明察，上卦離爲明察。〇參大有《象辭》。

（2）剛健不私之臣：指下卦乾及下三爻。〇通：亨通。

九四。匪其彭，无咎。《象》曰：“匪其彭，无咎”，明辯晢也。六五。厥孚交如，威如，吉。《象》曰：“厥孚交如”，信以發志也。威如之吉，易而无備也。

14・6　人威重有德望⁽¹⁾，則人自畏服⁽²⁾，《易》曰“厥孚交如，威如，吉”，君子以至誠交人⁽³⁾，然後有威重。“威如之吉，易而无備也”，君子至平易⁽⁴⁾，有何關防擬備⁽⁵⁾？惟以抑抑威儀爲德之隅⁽⁶⁾，儼然人望而畏之⁽⁷⁾，既易而无備⁽⁸⁾，則威如乃吉也。

【注】

（1）威重有德望：儀貌威嚴莊重，有德行與聲望，即“威如”。參《論語・學而》“君子不重則不威”。

（2）自畏服：自覺地敬佩服從。

（3）至：極也。〇誠：即“孚”，指誠懇，有信用。〇交：交接。

（4）平易：性情溫和寧静，謙遜和藹。

（5）關防：防備，防範。〇擬：《説文》段注：度也。今所謂揣度也。〇備：謹慎防備。

（6）抑抑威儀爲德之隅：語見《詩經·大雅·抑》，“爲”作“維”。抑抑，謙虛謹慎貌，即上文之“重”。

（7）儼然：宛然，仿佛。〇望：遠遠地看見。

（8）易而无備：指君子爲人簡明坦蕩，無所防備。

上九。自天祐之，吉无不利。《象》曰：大有上吉，“自天祐”也。

14·7 以剛而下柔[1]，居上而志應於中[2]，故曰“履信思順，又以尚賢”[3]。蓋五陽一陰，又無物以間焉耳[4]。剛柔相求，情也，信也[5]。

【注】

（1）剛：上九爲陽爻，故剛健。〇下：親近，猶《論語》“不恥下問”之“下”。〇柔：指九五陰爻。

（2）上：指上九爻位。〇志應：上九、六五比鄰，又陰陽相應，故志應。〇中：指九五爻，居上卦之中位。

（3）履信思順，又以尚賢：語見《繫辭上》：“履信思乎順，又以尚賢也，是以‘自天祐之，吉无不利’也。”張載爲意引。

（4）間：離間。

（5）剛柔相求：指上九、六五陰陽成比。〇情：親近。〇信：信任。

謙

坤上
艮下 謙，亨。君子有終。

《彖》曰：謙亨。天道下濟而光明，

15·1 止於下⁽¹⁾，故光明⁽²⁾。

【注】

（1）止於下：下卦爲艮，爲止；又初、二陰爻被三之陽爻所阻當，不能與上卦三個陰爻貫通。

（2）光明：艮爲少陽之卦，"其道光明"（見艮卦《象辭》）。

地道卑而上行。天道虧盈而益謙，地道變盈而流謙，鬼神害盈而福謙，人道惡盈而好謙。謙尊而光，卑而不可踰，君子之終也。

15·2 人樂尊之，故光而不掩；志下於人，故人不能加⁽¹⁾。天以廣大自然取貴⁽²⁾，人自要尊大⁽³⁾，須意、我、固、必⁽⁴⁾，欲順己尊己，又悦己之情，此所以取辱取怒也。"謙尊而光，卑而不可踰"，夫尊者謙則更光，卑者已謙，又如何踰之⁽⁵⁾！此天德至虛者焉⁽⁶⁾。以其能謙，故尊而益光，卑又無人可踰。蓋已謙矣，復如何踰越也！謙，天下之良德⁽⁷⁾。

【注】

（1）人樂尊之，故光而不掩：釋"尊而光"。樂，對某事甘心情願。尊，尊敬，推崇。光，光榮，光輝。不掩，不必遮隱。
○志下於人，故人不能加：釋"卑而不可踰"。下，謙讓。加，
強加，損害。

（2）天：指天地之道。○廣大：寬闊宏大，能容納萬物。
○自然：順萬物之性而爲。○取：獲得。○貴：尊位，榮耀。

（3）自要尊大：即妄自尊大。

（4）意、我、固、必：指臆測、傲慢、固執、妄從，語見《論
語・子罕》"子絕四：毋意，毋必，毋固，毋我"。

（5）尊者：處於尊位的人。○卑者：處於卑位的人。○踰：
凌越。

（6）天德至虛者：此言六二、六五以陰爻居中位。

（7）良德：孔疏謂："謙爲諸行之善，是善之最極。"

《象》曰：地中有山，謙。君子以裒多益寡，稱物平施。

15·3　隱高於卑⁽¹⁾，謙之象也。

【注】

（1）隱：隱藏，收斂。○高：指才能、德性等內在品質。
○卑：謙卑。

15·4《易・大象》皆是實事，卦爻《小象》則容有寓意
而已⁽¹⁾。言"風自火出，家人"，家人之道必自烹飪始；"風，
風也，教也"，蓋言教家人之道必自此始也⁽²⁾。又如言"木
上有水，井"，則明言井之實事也。又言"地中有山，謙"，夫
山者崇高之物，非謙而何！又如言"雲雷，屯"，雲雷皆是氣
之聚處。屯，聚也。

【注】

（1）《易·大象》:《易傳》之《大象傳》,解釋卦之上下兩象。○實事:真實的事情、情況。○小象:《易傳》之《小象傳》,解釋兩象之六爻。○容:大概。

（2）風,風也,教也:語見《詩·關雎》序:"風,風也,教也。風以動之,教以化之。""風也"之"風",一解作"諷",一解作"動"。教,傳授。

15·5　多者寡者,皆量 (1),宜下之 (2)。

【注】

（1）量:數量,數目。

（2）宜:適合,應該。○下:即用謙也,王注曰"多者用謙以爲衰,少者用謙以爲益"。

初六。謙謙君子,用涉大川,吉。《象》曰:"謙謙君子",卑以自牧也。

15·6　牧 (1),逸① 也 (2)。

【注】

（1）牧:王注曰"養也",高亨謂"守也"。

（2）逸:使安逸。

六二。鳴謙,貞吉。《象》曰:"鳴謙貞吉",中心得也。

15·7　體柔居正 (1),故以謙獲譽 (2),與上六之鳴異矣,

---

① "逸",章校本謂:疑"逸"爲"勉"之誤。

故曰"正吉"。

【注】

（1）體柔居正：指六二以陰爻居下卦中位。

（2）以：憑藉。○譽：即"鳴"也，指美譽聲威。

九三。勞謙君子，有終，吉。《象》曰："勞謙君子"，萬民服也。

15·8　中心安之也①（1）。有終則吉，人所難能（2）。

【注】

（1）中心安之也：此釋爲何勞而能謙。安，安定。九三以陽爻居陽位，履得其正。或以六二升作九三言。

（2）終：好結果。○難能：很難做到。○按：《繫辭上》"'勞謙君子，有終，吉。'子曰：'勞而不伐，有功而不德，厚之至也。語以其功下人者也。德言盛，禮言恭。謙也者，致恭以存其位者也。'"○又按：王弼、孔穎達皆以"勞"爲勤勞之義。《本義》云："有功勞而能謙，尤人所難，故有終而吉。"

六四。无不利，撝謙。《象》曰："无不利，撝謙"，不違則也。

15·9　"裒多益寡"（1），无不盡道（2），舉措皆謙（3）。

【注】

（1）裒多益寡：謙卦《象辭》，指量財施予，取多補寡。

（2）无不盡道：即"不違則"，指附合法則（道）的要求，不違反法則。

①　"中心安之也"，章校本移至上條張載注文之句末，以爲此五字誤置九三爻下。

（3）舉措：行爲，舉動。

六五。不富以其鄰，利用侵伐，无不利。《象》曰："利用侵伐"，征不服也。

上六。鳴謙，利用行師，征邑國。《象》曰："鳴謙"，志未得也。可"用行師"，征邑國也。

15·10　下應於三，其跡顯聞，故曰"鳴謙"[1]；最上用謙，爲衆所服，故"利用行師"[2]。然聲鳴其謙，必志有求焉，非如六二之正也[3]。三止於下，如邑國之未賓也[4]。一云：鳴謙，則師有名[5]。

【注】

（1）下應於三：上六陰爻與下卦九三陽爻爲正應。〇其跡：指上六的聲譽。〇顯聞：顯著而爲世人所知。

（2）最上：指上六爻位。〇服：佩服，欽佩。

（3）聲鳴其謙：聲名顯赫而又很謙虚。〇必志有求：必定有志於功業。〇六二之正：指六二"以謙獲譽"。

（4）止：被阻礙，停止。〇下：指下卦。〇邑國：大夫之邑，諸侯之國。〇賓：《説文》"所敬也"，此指臣服，歸順。

（5）師有名：即"師出有名"，指有正當的出兵征伐理由。

豫

豫，利建侯行師。

《彖》曰：豫，剛應而志行，順以動，豫。豫，順以動，故天地如之，而況"建侯行師"乎？

16·1 上動而下不順[①]⁽¹⁾，非建侯行師之利也⁽²⁾。

【注】

（1）動：上卦爲震，爲動。〇順：下卦爲坤，爲順。

（2）建侯：建立諸侯，封侯建國，新侯嗣位。（高亨注）

〇行師：出兵。〇利：《廣韻》"吉也，宜也"。

天地以順動，故日月不過，而四時不忒。聖人以順動，則刑罰清而民服，豫之時義大矣哉！

《象》曰：雷出地奮，豫。先王以作樂崇德，殷薦之上帝，以配祖考。

16·1 王者之樂⁽¹⁾，莫大於是⁽²⁾。

【注】

（1）王者之樂：即雅樂，參《春秋左氏傳》昭公元年關於"先王之樂"的文字，以及《孟子·離婁下》"王者之迹熄而《詩》亡"。

（2）是：指代"崇德"（歌頌功德）與"薦之上帝，以配

——————————————
① "上動而下不順"，明清校本作"上順而下不動"。

祖考"，意爲進之上帝，獻給祖考。

初六。鳴豫，凶。《象》曰："初六鳴豫"，志窮凶也。

16·2　知幾者上交不諂，今得應於上，豫獨著聞，終凶之道也[1]。故凡豫之理，莫若安其分，動以義也[2]。

【注】

（1）知幾：知曉事物變化的隱微徵兆。○上交不諂：與在上位的人交往而不諂媚。○得應於上：指初六陰爻與上卦九四陽爻能正應。○豫獨著聞：釋"鳴豫"，指獨自享樂（過度縱欲）的名聲在外。豫，享樂。獨，單也，獨自。著聞，著名、聞名，形容名聲很大。○按：《繫辭下》：子曰："知幾其神乎。君子上交不諂，下交不瀆，其知幾乎？幾者，動之微，吉之先見者也。"孔疏有"獨得於樂"一語。

（2）豫之理：豫卦的義理、道理。○安：守也，滿足於。○分：職分，本分，此或由爻位推衍之。○動：變動，行動。○以：按照。○義：此指豫卦之和樂。

六二。介于石，不終日，貞吉。《象》曰："不終日，貞吉"，以中正也。

16·3　"不終日，貞吉"，言疾正則吉也[1]。六二以陰居陰，獨无累於四，故其介如石[2]。坤[①]體柔順，以其在中而静，何俟終日，必知幾而正矣[3]。體順用中，以陰居陰，堅介如石，故在理則悟，爲豫之吉莫甚焉，不以悦豫而

---

① "坤"，原作"雖"，據清校本改。

流也^①（4）。

【注】

（1）疾正：指缺點得以改正。

（2）以陰居陰：指六二以陰爻居於陰位，故居正得位，參上條"安其分，動以義"。○獨无累於四：《本義》謂"豫雖主樂，然易以溺人，溺則反而憂矣。卦獨此爻中而得正，是上下皆溺於豫，而獨能以中正自守，其介如石也"。○介：借爲"砎"，堅也。（高亨注）

（3）體柔順：指六二爲陰爻，故本性柔順。○在中而靜：指六二爻位是下卦坤卦之中位，坤主靜。○何俟終日：不需要終日等待。○知幾而正：指知幾而能持守中正。○按：《本義》謂："其德安靜而堅確，故其思慮明審，不俟終日而見凡事之幾微也。"

（4）體順用中，以陰居陰，堅介如石：皆以六二爻象、爻德、爻位言，參前注。○在理：附合豫卦卦理。○悟：領悟。○爲豫之吉：取得豫道的吉祥。○悦豫：取悦豫道。○流：指溺於豫而自失。○按：參《繫辭下》"君子見幾而作，不俟終日。《易》曰：'介於石，不終日，貞吉。'介焉如石，寧用終日？斷可識矣。君子知微知彰，知柔知剛，萬夫之望"。

六三。盱豫，悔，遲有悔。《象》曰：盱豫有悔，位不當也。

九四。由豫，大有得，勿疑，朋盍簪。《象》曰："由豫，大有

---

① 原在上六爻下，考察釋文爲六二爻注，故移置於此。另，《粹言》《集義》此條均在六二爻下。

得”，志大行也。

六五。貞疾，恒不死。《象》曰：“六五貞疾”，乘剛也。“恒不死”，中未亡也。

上六。冥豫，成有渝，无咎。《象》曰：“冥豫”在上，何可長也？

隨

兌上
震下　隨，元亨，利貞，无咎。

《彖》曰：隨，剛來而下柔，動而説，隨。大亨貞，无咎，而天下隨時。隨時之義大矣哉！

17·1　上九下居於初也，故曰"剛來下柔"[1]。

【注】

（1）此以卦變解。隨卦由否卦變來，否之上九下移至初位，初六上移至上位，成隨卦。○按：張載之説同虞翻，見李鼎祚《周易集解》。《程傳》謂"以卦變言之，乾之上來居坤之下，坤之初往居乾之上，陽來下於陰也"，與張載略同。《本義》認爲以卦變言之，隨卦有三個來源，一自困卦九二居初，一自噬嗑上九居五，一自未濟兼此二變。

《象》曰：澤中有雷，隨。君子以嚮晦入宴息[①]。
初九。官有渝，貞吉，出門交有功。《象》曰："官有渝"，從正吉也。"出門交有功"，不失也。

17·2　言凡所治，務能變而任正，不膠柱也[1]。處隨之初，爲動之主，心无私係，故能"動必擇義"，"善與人同"者也[2]。

---

① 原在釋文 17·1 上，考察釋文 17·1 爲《彖辭》注，故移置於此。

【注】

（1）治：治理。〇務：務必。〇任：職務，職責。〇正：使端正、匡正。〇膠柱：膠住瑟上的弦柱，以致不能調節音的高低，比喻固執拘泥，不知變通。

（2）爲動之主：下卦爲震爲動，初九爲其卦主。〇心无私係：初九爲陽爻，又與九四無應，故能無私欲牽掛。〇動必擇義：行動必定遵循公正合理的原則。語參《呂氏春秋·離俗覽·高義》：“君子之自行也，動必緣義，行必誠義，俗雖謂之窮，通也。”〇善與人同：指能不私藏己之善，又能從人之善。語見《孟子·公孫丑上》：“大舜有大焉，善與人同。舍己從人，樂取於人以爲善。”

六二。係小子，失丈夫。《象》曰：“係小子”，弗兼與也。

六三。係丈夫，失小子，隨有求得。利居貞。《象》曰：“係丈夫”，志舍下也。

17·3　舍小隨大⁽¹⁾，所求可得，必守正不邪乃吉⁽²⁾。

【注】

（1）舍小隨大：即“係丈夫，失小子”，捨棄初九（小子），跟從九四（丈夫）。六三陰爻承比於九四陽爻。

（2）守正不邪：持守中正之道，不爲邪佞之事。

九四。隨有獲，貞凶。有孚在道以明，何咎？《象》曰：“隨有獲”，其義凶也。“有孚在道”，明功也。

17·4　以陽居陰，利於比三，則凶也⁽¹⁾。處隨之世，爲衆所附，苟利其獲，凶之道也[2]。能以信存道，則功業可明，无所咎矣[3]。

【注】

（1）以陽居陰：指九四以陽爻居陰位。○利：有利於，引申爲圖謀，此當與爻辭"隨"同義，指追逐、占據。○比三：六三承比於九四。

（2）衆：隨卦之陰爻。○附：依附。○苟：如果。○獲：收穫。

（3）以信存道：釋"有孚在道"，指以誠信堅守正道。○功業可明：釋"明功"，指功勛事業可以得到證明、認可。○咎：災禍。

九五。孚于嘉，吉。《象》曰："孚于嘉，吉"[①]，位正中也。

17·5　處隨之世而剛正宅尊，善爲衆信，故吉[1]。或曰：孚於二則吉[2]。

【注】

（1）剛正：九五爲陽爻，故剛健；居上卦中位，故正中。○宅尊：指九五之爻位。○善爲衆信：因爲善而被衆人信賴。善，即"嘉"也，正中之道也。

（2）孚於二：有誠信於六二，九五與六二爲正應。

上六。拘係之，乃從維之，王用亨于西山。《象》曰："拘係之"，上窮也[②]。

----

① "象曰孚于嘉吉"，原闕，據《易》文及清校本補。
② 原在釋文17·5上，考察釋文17·5爲九五爻注，故移置於此。

蠱

☶ 艮上
巽下　　**蠱，元亨，利涉大川。**

18·1 元亨⁽¹⁾，然後利涉大川⁽²⁾。

【注】

（1）元亨：宏大而嘉美。元，大也。亨，美也。

（2）利涉大川：有利於泅渡大河。

先甲三日，後甲三日。

《彖》曰：蠱，剛上而柔下，巽而止，蠱。

18·2 憂患内萌，蠱之謂也⁽¹⁾。泰終反否，蠱之體也⁽²⁾。弱而止，待能之時也⁽³⁾。

【注】

（1）憂患内萌：困難或令人擔憂的事從内部萌發、開始。〇謂：《説文》曰“論人論事得其實也”。〇按：孔疏引褚氏云：“蠱者，惑也。物既惑亂，終致損壞，當須有事也，有爲治理也。故《序卦》云：‘蠱者，事也’。”又李鼎祚《周易集解》引伏曼容語曰：“蠱，惑亂也。萬事從惑而起，故以蠱爲事也。”

（2）泰終反否：此以卦變言，釋“剛上而柔下”，指泰卦上六陰爻下返至初位，初九陽爻上升至終位，同否卦之初六與上九。〇體：卦體也。〇按：咸卦《彖辭》曰“柔上而剛下”。虞翻曰：“泰初之上，故‘剛上’，坤上之初，故‘柔下’。”（李鼎祚《周易集解》）《程傳》謂“以卦變及二體之義而言。‘剛上而柔下’，謂乾之初九上而爲上九，坤之上六下而爲初六也”。

（3）弱而止：弱，巽之德，謙遜；止，靜止，艮之德也。虞翻謂“上艮下巽”。（李鼎祚《周易集解》）○待能之時：等待能有所作爲的時機。

“蠱元亨”，而天下治也。“利涉大川”，往有事也。“先甲三日，後甲三日”，終則有始，天行也。

　18·3“後甲三日”，成前事之終；“先甲三日”，善後事之始也[1]。剛上柔下，故可爲之唱[2]。是故先甲三日以蠲其法，後甲三日以重其初[3]。明終而復始，通變不窮也[4]。至於巽之九五，以其上下皆柔，故必无初有終[5]。是故先庚後庚，不爲物首也[6]。於甲取應物而動[7]，順乎民心也。—本“爲事之唱”。“法”，一作“治”。

【注】

（1）先甲、後甲：《程傳》謂：“甲，數之首，事之始也。”“‘先甲’，謂先於此，究其所以然也。‘後甲’，謂後於此，慮其將然也。”○成：平定，此指整頓。○前事之終：指事情結束後的遺留問題。○善：使完善。○後事之始：指事情開始前的準備工作。

（2）剛上柔下：上卦爲艮，爲陽卦，故剛；下卦爲巽，爲陰卦，故柔。王注曰“上剛可以斷制，下柔可以施令”。○唱：《説文》“導也”，疏通。

（3）覿：顯示，昭明。○法：法令制度。○重：重現。○初：開端，此指本來的樣子。

（4）明：通曉。○終而復始：不斷地循環往復，王注有"終則復始"一語。○通變不窮：猶"通變之不窮"，指通曉變化無窮盡之理，《繫辭上》謂："通變之謂事。"孔穎達疏："物之窮極，欲使開通，須知其變化乃得通也。"

（5）上下皆柔：指巽卦上卦與下卦皆是陰卦，故柔。○无初有終：巽卦九五爻辭，指開始不順利而最終有好結果。

（6）先庚後庚：巽卦九五爻辭"先庚三日，後庚三日"，注見巽卦（第273頁）。○首：開始，開頭。○按：孔疏引巽卦九五爻辭。

（7）應物：語出《莊子·知北遊》，指順應事物。

《象》曰：山下有風，蠱。君子以振民育德[①]。
初六。幹父之蠱，有子，考无咎。厲終吉。《象》曰："幹父之蠱"，意承考也。

18·4　處下不係應於上[(1)]，如子之專制[(2)]，雖意在承考[(3)]，然亦危厲[(4)]，以其柔巽故終吉[(5)]。

【注】

（1）處下：指初六居下卦初位。○不係應於上：指初六與上卦六四均爲陰爻，不成對應關係。

（2）專制：獨斷專行，此指"幹父之蠱"而言。

（3）意：志向。○承：繼承。○考：父也。高亨謂"古者

---

① 原在釋文18·3上，考察釋文18·3爲《象辭》注，故移置於此。

父在父没皆稱考”，另參孔疏。

（４）危厲：危險。

（５）柔巽：溫柔和順。初六爲陰爻，又處下卦巽初位。

九二。幹母之蠱，不可貞。《象》曰：“幹母之蠱”，得中道也。

18·5　處中用巽，以剛係柔⁽¹⁾。“幹母之蠱”，得剛柔之中也⁽²⁾。

【注】

（１）處中：指九二居下卦中位。○用巽：體現、運用和順之道。○以剛係柔：指九二陽爻對應九五陰爻，互相關聯。

（２）得剛柔之中：指九二以陽爻居下卦中位、陰位，不失正中之道。

九三。幹父之蠱，小有悔，无大咎。《象》曰：“幹父之蠱”，終无咎也。

18·6　義如初六。“小有悔”者，以其剛也⁽¹⁾。

【注】

（１）剛：指九三以陽爻居陽位。

六四。裕父之蠱，往見吝。《象》曰：“裕父之蠱”，往未得也。

18·7　“裕父之蠱”，不能爲父除患，能寬裕和緩之而已⁽¹⁾。以柔居陰，失之太柔，故吝⁽²⁾。貞固乃可幹事，以柔致遠，“往未得也”⁽³⁾。

【注】

（1）裕：即“寬裕和緩”。〇患：蠱也。

（2）以柔居陰、太柔：指六四以陰爻居陰位。〇失：過錯。

（3）貞固乃可幹事：乾《文言》作“貞固足以幹事”。貞固，剛正也。幹事，除去禍患。〇以柔：憑藉柔弱的資質。〇致遠：遠行處理事務。

六五。幹父之蠱，用譽。《象》曰：幹父用譽，承以德也。

18·8　雖天子必有繼也⁽¹⁾，故亦云“幹父之蠱”。

【注】

（1）天子：指六五之爻位言。〇繼：幹也，繼承。

上九。不事王侯，高尚其事。《象》曰：“不事王侯”，志可則也。

18·9　隱居以求其志⁽¹⁾，故可則也⁽²⁾。

【注】

（1）隱居：即“不事王侯”。〇志：即“事”，崇尚清虛。

（2）則：法也，效法。

臨

坤上兑下　臨，元亨，利貞。至于八月有凶。

《彖》曰：臨，剛浸而長，説而順，剛中而應。大亨以正，天之道也。“至于八月有凶”，消不久也。

19·1　臨言“有凶”者，大抵《易》之於爻，變陽至二，便爲之戒，恐有過滿之萌[1]。未過中已戒，猶“履霜堅冰”之義[2]。及泰之三曰“无平不陂，无往不復”[3]，皆過中之戒也。

【注】

（1）過滿：過度而自滿。○萌：萌芽。

（2）過中：越過中位，此指超過最佳位置。○戒：警示，警戒。○履霜堅冰：語見坤卦初六爻辭及《象辭》。

（3）无平不陂，无往不復：語見泰卦九三爻辭。

《象》曰：澤上有地，臨。君子以教思无窮，容保民无疆[①]。

初九。咸臨，貞吉。《象》曰：“咸臨貞吉”，志行正也。

19·2　臨爲剛長[1]，己志應上[2]，故雖感而行正也[3]。

【注】

（1）臨爲剛長：指臨卦陽爻主剛健上進，語參《象辭》“臨，剛浸而長”。

---

① 原在釋文19·1上，考察釋文19·1爲卦辭、《象辭》注，故移置於此。

（2）己志應上：指初九陽爻能志應六四陰爻。

（3）感：即咸，指初九感應到六四。○行正：指行爲持守中正。○按：王弼曰："咸，感也。"李氏《集解》引虞翻注曰："咸，感也。"又咸《彖傳》曰："咸，感也。"高亨認爲爻辭中"此咸字借爲諴"，依《説文》解作"和"。

九二。咸臨，吉无不利。《象》曰："咸臨，吉无不利"，未順命也。

19·3 非咸則有上下之疑^{（1）}，有所不利^{（2）}。

【注】

（1）咸：感也，溝通。○疑：猜忌，質疑。○按：高亨解九二之"感"作咸，指刑威；又解作"殺戮"。

（2）有所不利：釋"未順命"。

六三。甘臨，无攸利；既憂之，无咎。《象》曰："甘臨"，位不當也。"既憂之"，咎不長也。

19·4 體説乘剛，故甘^{（1）}。邪説求容而以臨物，安有所利^{（2）}！能自憂懼^{（3）}，庶可免咎。

【注】

（1）體説：指六三所居下卦兑，其卦體爲説。説，悦也。○乘剛：指六三陰爻比乘於九二陽爻之上，又六三以陰爻居陽位。○甘：王弼曰："佞邪説媚，不正之名也。"○按：高亨謂"甘當讀爲拑，强制壓迫也"。

（2）邪説：指諂媚，諂佞。○求容：請求接納。○臨：監察，治理。○利：順利。○按：王弼注有"邪説臨物"一語。

（3）自憂懼：釋"憂之"，指憂愁恐懼，自我反省。○按：
王弼曰："若能盡憂其危，改修其道，剛不害正，故咎不長。"

六四。至臨，无咎。《象》曰："至臨无咎"，位當也。

19·5　以陰居陰，體順應正[1]。盡臨之道[2]，雖在剛長，
可以无咎。"正"，一作"説"。

【注】

（1）以陰居陰：指六四以陰爻居處陰位。○體順：指
六四所處上卦坤之卦體。○應正：指六四與初九陰陽正應。
○按：若作"應説"亦通，説指下卦兑。

（2）盡臨之道：釋"至臨"，指六四能以陰柔順應陽剛之
上長。

六五。知臨，大君之宜，吉。《象》曰："大君之宜"，行中之
謂也。

19·6　順命行中[1]，天子之宜[2]。

【注】

（1）順命行中：釋"知臨"。順命，指六五以陰爻能順應
臨卦剛長之義，又六五與下卦九二爲陰陽正應。行中，指六五
居上卦中位，能行爲中正，處事得當。

（2）天子：釋"大君"，指大國的君主。

上六。敦臨，吉无咎。《象》曰：敦臨之吉，志在内也。

　　19·7 體順則无所違，極上則无所進[1]。不以无應而志在於臨，故曰"敦臨"，"志在内也"[2]。

　　【注】

　　（1）違：違背，違逆。○極上：指上六居處上卦終位。○進：前行。

　　（2）无應：指上六與下卦六三同爲陰爻，故無應。○敦：敦厚。

觀

異上
坤下 **觀，盥而不薦。有孚顒若。**

20·1 盥求神而薦褻也⁽¹⁾。

【注】

（1）盥：灌也，《程傳》曰："祭祀之始，盥手酌鬱鬯於地，求神之時也。"《本義》曰："將祭而潔手也。"高亨謂："祭祀時以酒灌地以迎神。"○薦：獻也，《程傳》曰："獻腥獻熟之時也。"《本義》曰："奉酒食以祭也。"高亨謂："獻牲於神。"○褻：輕慢，不莊重。

《彖》曰：大觀在上，順而巽，中正以觀天下。"觀，盥而不薦，有孚顒若"，下觀而化也。觀天之神道而四時不忒，聖人以神道設教而天下服矣。

20·2 內順外巽，示民以順而外從巽，此祭所以爲教之本，故"盥而不薦"⁽¹⁾。"中正以觀天下"，又曰"大觀在上"，皆謂五也⁽²⁾。凡言"觀我生"^{①(3)}，亦皆謂五也。天不言，藏其用而四時行⁽⁴⁾。神道⁽⁵⁾，如"盥而不薦"之類。盥，簡潔而神；薦，褻近而煩也⁽⁶⁾。

---

① "凡言觀我生"，章校本謂：此下疑脫"觀其生"三字。

【注】

（1）內順外巽：指觀卦內卦爲坤，爲順；外卦爲巽，爲謙遜。○示：展示。○從：採取。○祭：祭祀。○教：教化。

（2）中正：九五居中得正。○觀：察也。○大：周遍也。○在上：指九五居上卦中位。

（3）觀我生：六三、九五爻辭。

（4）藏：隱藏。○用：作用。○行：運行。

（5）神道：此指祭祀迎神之法。

（6）簡潔而神：簡易整潔並且神聖。○褻近而煩：輕慢淺顯又繁瑣。近，淺顯。

20·3　有兩則須有感，然天之感有何思慮（1）？莫非自然（2）。聖人則能用感（3）。何謂用感？凡教化設施（4），皆是用感也。作於此、化於彼者，皆感之道，"聖人以神道設教"是也（5）。

【注】

（1）有：存在。○兩：指相互對待的兩個事物。○感：感應，交感。○思慮：思索考慮。

（2）莫非：沒有一個不是，猶"均是"。○自然：（萬物）自己如此這般。

（3）用：憑藉。

（4）教化：教授引導使變化。○設施：措置籌劃（禮樂）。

（5）作：興起。○化：（感應而有）變化。○設教：創設禮樂，施行教化。

20·4 “天不言而四時行”，聖人設教而天下服^{①（1）}，誠於此^②，動於彼^{（2）}，神之道歟^{（3）}！

【注】

（1）服：服從。

（2）動：改變。

（3）神之道：迎神的方法。

《象》曰：風行地上，觀。先王以省方觀民設教^③。

初六。童觀，小人无咎，君子吝。《象》曰：“初六童觀”，小人道也。

20·5 所觀者末^{（1）}，小人之道，施於君子則吝^{（2）}。

【注】

（1）所觀者末：釋“童觀”。末，微小。

（2）施：運用。○吝：遭遇艱難。

六二。闚觀，利女貞。《象》曰：闚觀女貞，亦可醜也。

20·6 得婦人之道^{（1）}，雖正可羞^{（2）}。

【注】

（1）婦人之道：即“闚觀”，指從門隙或穴孔中窺視。

（2）正：正當。○羞：釋“醜”，羞愧、醜陋的行爲。

六三。觀我生，進退。《象》曰：“觀我生進退”，未失道也。

---

① “聖人設教而天下服”，《正蒙·天道篇》作“聖人神道設教而天下服”。

② “誠於此”，明清校本作“戒於此”。

③ 原在釋文20·2上，考察釋文20·2、20·3、20·4爲《象辭》注，故移置於此。

20·7 觀上所施而進退，雖以陰居陽，於道未失[1]。以其在下卦之體而應於上[2]，故曰“進退”。

【注】

（1）上所施：即“我生”，指九五的施政作爲。○以陰居陽：指六三以陰爻居處陽位。○按：“我生”，孔疏曰：“我身所動出。”《程傳》曰：“我之所生，謂動作施爲出於己者。”《本義》曰：“我之所行也。”

（2）下卦：觀之下卦爲坤，爲順。○體：指六三爲陰爻，爲柔順。○應於上：指六三陰爻能志應上九陽爻。

六四。觀國之光，利用賓于王。《象》曰：“觀國之光”，尚賓也。

20·8 體柔巽而以陰居下[1]，賓之[2]，必无過也，故利。“下”，一作“陰”。

【注】

（1）體柔巽：指六四爲陰爻，故柔順謙遜。巽，觀之上卦，爲謙遜。○以陰居下：指六四以陰爻居處上卦初位。

（2）賓之：以賓客自居。

九五。觀我生，君子无咎。《象》曰：“觀我生”，觀民也。

20·9 觀我所自出者[1]。

【注】

（1）我所自出者：即“我生”。

上九。**觀其生，君子无咎。**《象》曰："**觀其生**"，志未平也。

20·10　以剛陽極上之德，居不臣不任之位，以觀國家之政，志有所未平也[1]。有君子循理之心[2]，則可免咎。俯視九五之爲[3]，故曰"觀其生"。

【注】

（1）剛陽：上九爲陽爻，爲剛進。○極上：指上九居處上卦終位。○不臣：不稱臣屈服。○不任：不能忍受。○國家之政：即"其生"。○平：平息，引申爲完成。

（2）循理：遵循上九爻德位之道理。

（3）俯視：即"觀"。○九五之爲：即"其生"。

噬　嗑

離上
震下　噬嗑，亨。利用獄。

　　21·1　子路禮樂文章未足盡爲政之道，以其重然諾，言爲衆信，故“片言可以折獄”(1)。如《易》“利用獄”，“利用刑人”(2)，皆非卦爻盛德，適能是而已焉(3)。

【注】

　　（1）然諾：然、諾皆應對之詞，表示應允。引申爲言而有信。○片言：簡短的文字或語言。○折獄：判斷訟獄。（見豐卦注，第265頁）○按：“片言可以折獄”，語見《論語·顏淵》：“子曰：‘片言可以折獄者，其由也與？’子路無宿諾。”考證參見張詒三《〈論語〉“片言可以折獄”考辨》，《孔子研究》2008（第5期），第117—118頁。

　　（2）利用刑人：見蒙卦初六爻辭。

　　（3）適能是而已焉：恰巧能够這樣罷了。《粹言》《集義》此條均注曰引自《正蒙》。

《彖》曰：頤中有物，曰噬嗑。“噬嗑而亨”①，剛柔分，動而明，雷電合而章。

---

① “彖曰……噬嗑而亨”，原在釋文21·1上，考察釋文21·1爲卦辭注，故移置於此。

21·2 九五分而下,初六分而上 ①,故曰"剛柔分"(1)。
"合而章",合而成文也 ②(2)。

【注】

(1)九五分而下:此指否卦九五陽爻分離下降至初位,
成噬嗑卦初九爻。○初六分而上:此指否卦初六陰爻分離上
升至五位,成噬嗑卦六五爻。○按:李氏《集解》引盧氏注曰:
"此本否卦。乾之九五分降坤初,坤之初六分升乾五,是'剛
柔分'也。"虞翻曰:"否,乾五之坤初,坤初之乾五,剛柔交,
故亨。"今視圖如下:

否　　　　　　　　　　　　　噬嗑

(2)合:交合,結合。○章:即"成文",此指有條理,
顯著。

柔得中而上行,雖不當位,"利用獄"也。

21·3 六自初而進之於五(1),故曰"上行"(2)。

【注】

(1)六自初而進之於五:指否卦初六陰爻自初位上升至
五位。進,即"行"。

(2)上行:參見謙卦《象辭》"地道卑而上行",晉卦《象
辭》"柔進而上行"。

────────────

① "上",原作"止",據明清校本改。
② "文也",原無,據明清校本補。

《象》曰：雷電，噬嗑。先王以明罰勅法^①。

初九。屨校滅趾，无咎。《象》曰："屨校滅趾"，不行也。

21·4 戒之在初⁽¹⁾，小懲可止⁽²⁾，故无咎。

【注】

（1）戒：警示。

（2）懲：懲罰。○止：制止。

六二。噬膚滅鼻，无咎。《象》曰："噬膚滅鼻"，乘剛也。

21·5 六三居有過之地而已噬之⁽¹⁾，乘剛而動⁽²⁾，爲力不勞⁽³⁾，動未過中⁽⁴⁾，故无咎。

【注】

（1）六三居有過之地：指六三以陰爻居陽位，即其《象辭》"位不當"之意。○已：指六二。○噬：用牙咬。

（2）乘剛：指六二陰爻比鄰在下之初九陽爻。○動：指"噬"。

（3）爲力：出力。○勞：疲勞。

（4）未過中：指行爲没有超過自己的職分。

六三。噬腊肉，遇毒，小吝，无咎。《象》曰："遇毒"，位不當也。

21·6 所間在四，四爲剛陽，故曰"腊肉"⁽¹⁾；非禮傷義⁽²⁾，故曰"遇毒"。能以爲毒而舍之，雖近不相得，小有

---

① 原在釋文21·3上，考察釋文21·3爲《象辭》注，故移置於此。

吝而无咎也[3]。

【注】

（1）所間在四：指六三陰爻比承在上之九四陽爻。間，與也。○四爲剛陽：四爲陽爻，故剛健。○腊肉：孔疏曰“腊是堅剛之肉也”。

（2）非禮：指不符合禮儀，指六三之“不當位”。○傷義：有損於仁義。

（3）以爲：因爲。○舍：放棄。○吝：挫折。

九四。噬乾胏，得金矢。利艱貞，吉。《象》曰：“利艱貞吉”，未光也。

21·7　五爲陰柔，故喻“乾胏”[1]；能守正得剛直之義[2]，故“艱貞，吉”。其德光大，則其正非艱也[3]。

【注】

（1）五爲陰柔：六五爻爲陰爻，爲柔順。○乾胏：指帶骨的乾肉。

（2）守正：堅守中正之道。○得剛直之義：體現剛健正直的大義。

（3）光大：光明宏大。○正：即守正。○艱：難也。

六五。噬乾肉，得黃金，貞厲，无咎。《象》曰：“貞厲无咎”，得當也。

21·8　九四、上九，難於屈服，故曰“乾肉”[1]。得居中持堅之義，正而危則得无咎也[2]。

【注】

（1）難於屈服：指六五難以使（九四、上九）臣服於自己。〇乾肉：王注、孔疏曰“堅也”。

（2）居中：指六五居上卦中位。〇持堅：猶持守、堅持。〇正而危：即“貞属”，指志行正當却有危險。

上九。何校滅耳，凶。《象》曰：“何校滅耳”，聰不明也①。

---

① 原在釋文 21・8 上，考察釋文 21・8 爲六五爻注，故移置於此。

賁

艮上
離下 賁，亨，小利有攸往。

《彖》曰："賁亨"，柔來而文剛，故"亨"。分剛上而文柔，故
"小利有攸往"，天文也。文明以止，人文也。觀乎天文，
以察時變；觀乎人文，以化成天下。

《象》曰：山下有火，賁。君子以明庶政，无敢折獄。

22·1 "无敢折獄"者，明不兼於下[1]，民未孚也，故
止可明政以示民耳[2]。

【注】

（1）明：文明，光明。○不兼於下：没有兼顧到社會的下
層民衆。

（2）止：只。○明政以示民：以文明治理民政，不能用
威刑。

初九。賁其趾，舍車而徒。《象》曰："舍車而徒"，義弗乘也。

22·2 文明之德，以貴居賤[1]。修飾於下，故曰"賁其
趾"；義非苟進，故曰"舍車而徒"[2]。

【注】

（1）德：得也，獲取。○以貴居賤：指初九以陽爻居下卦
初位，爲陽故貴，處下無位爲賤。

（2）修飾：釋"賁"，指以花紋修飾。○苟進：苟且進去，以

求禄位,釋"乘"。《楚辭·惜誓》:"或偷合而苟進兮,或隱居而深藏。"王逸注:"言士有偷合於世,苟欲進取以得爵位。"

六二。賁其須。《象》曰:"賁其須",與上興也。

22·3 "賁其須",起意在上也[1]。

【注】

(1)起意:釋"興",《爾雅·釋言》"興,起也"。

九三。賁如濡如,永貞吉。《象》曰:永貞之吉,終莫之陵也。

22·4 上下皆柔[1],无物陵犯[2],然不可邪妄自肆[3],故永貞然後終保无悔[4]。

【注】

(1)上下皆柔:指六二、六四均爲陰爻,爲柔順。

(2)陵犯:冒犯,侵犯。陵,凌也。

(3)邪妄:乖謬,不合常理。○自肆:放縱任意。

(4)永貞:永遠貞正。○保:確保。

六四。賁如皤如,白馬翰如。匪寇婚媾。《象》曰:六四,當位疑也。"匪寇婚媾",終无尤也。

22·5 以陰居陰[1],性爲艮止[2],故志堅行潔[3],終无尤累[4]。

【注】

(1)以陰居陰:指六四以陰爻居處陰位。

(2)性爲艮止:指六四處上卦艮卦,艮爲止,故六四本性爲止。

（3）志堅行潔：志向堅定，行爲高潔。

（4）尤累：指咎災。

六五。賁于丘園，束帛戔戔，吝，終吉。《象》曰：六五之吉，有喜也。

22·6 陰陽相固，物所阜生，柔中之德比於上九[1]。上九敦素，因可恃而致富[2]。雖爲悔吝，然獲其吉也[3]。其道上行，故曰"丘園"[4]。"悔"，一作"隘"。

【注】

（1）陰陽相固：指六五以陰爻居陽位，陰陽相交而堅定不移。乾《文言》曰"貞固足以幹事"。○所：所以。○阜生：生息，生長。阜，盛，多。○柔中之德：指六五以陽爻居上卦中位，有柔順中正的德性。○比於上九：指六五陰爻承比於上九陽爻。

（2）敦素：即上九爻辭之"白"，指敦厚樸素。○恃：倚仗。

（3）悔吝：災禍。○其吉：指六五本有的吉祥。

（4）其道上行：此指文飾之道最終追求上九返素之道。○丘園：孔疏謂"丘謂丘墟，園謂園圃"，喻指"質素之處"。

上九。白賁，无咎。《象》曰："白賁无咎"，上得志也。

22·7 上而居高[1]，潔无所累[2]，爲物所貴[3]，故曰"上得志也"。"上"，一作"止"。

【注】

（1）上而居高：指上九居處上卦終位。○按："上"如作
"止"，一指上卦爲艮爲止，一指上九知止。

（2）潔：潔白樸素。○无所累：不被文飾勞累。

（3）爲物所貴：被萬物所尊崇。

剥

艮上坤下　剥，不利有攸往。

《彖》曰：剥，剥也，柔變剛也。"不利有攸往"，小人長也。順而止之，觀象也。君子尚消息盈虛，天行也。

23·1 處剥之時，順上以觀天理之消息盈虛^{（1）}。

【注】

（1）順：順從。〇上：指上九。〇天理：指天地事物的運行規律、紋理。〇消息盈虛：指事物的變化及其過程。消息，即消長，萬物衰敗爲消，萬物滋長爲息。盈虛，盈滿與空虛。

《象》曰：山附於地，剥。上以厚下安宅^①。

初六。剥牀以足，蔑貞，凶。《象》曰："剥牀以足"，以滅下也。

六二。剥牀以辨，蔑貞，凶。《象》曰："剥牀以辨"，未有與也。

23·2 三雖陰類，然志應在上^{（1）}。二不能進剥陽爻，徒用口舌間説，力未能勝，故《象》曰"未有與也"^{（2）}。然志在滅陽，故亦云"蔑貞凶"^{（3）}。

【注】

（1）陰類：指六三爲陰爻。〇志應在上：指六三陰爻能

————————
① 原在釋文23·1上，考察釋文23·1爲《彖辭》注，故移置於此。

志於順應上九陽爻。

（2）進：前進。○剥：剥落，取掉。○徒：僅僅。○用口舌間説：釋"辨"。"間説"，即閒説，指漫無邊際地閒扯。○勝：勝任。

（3）蔑貞凶：指陰爻逐漸驅逐消滅陽爻，容易招致凶險。蔑，同"滅"。貞，即正，此指陽爻。蔑貞，即"滅陽"。

六三。剥之，无咎。《象》曰："剥之无咎"，失上下也。

23·3　獨應於陽，故反爲衆陰所剥，然无所咎。

六四。剥牀以膚，凶。《象》曰："剥牀以膚"，切近災也。

23·4　迫近君位[1]，猶自下剥牀。至牀之膚[2]，將及於人也。不言"蔑貞"，剥道成矣。一云：五於陰陽之際[3]，義必上比[4]，故以喻膚。

【注】

（1）迫近：逼近。○君位：指六五之爻位。

（2）膚：席也。

（3）陰陽之際：指六五陰爻將上進爲上九陽爻的時刻。

（4）上比：指六五陰爻比承上九陽爻。

六五。貫魚，以宮人寵，无不利。《象》曰："以宮人寵"，終无尤也。

23·5　六五爲上九之膚，能下寵衆陰，則陽獲安而无不利矣[1]。異於六三者，以其居尊制裁[2]，爲卦之主，故不云"剥之"也。終无尤怨者[3]，以小人之心不過圖寵利而已，不以宮人見畜爲恥也⁽⁴⁾。陰陽之際，近必相比。六五能上附於陽，反制群陰不使進逼⁽⁵⁾，方得處剝之善。下无剝之之憂，上得陽功之庇⁽⁶⁾，故曰“无不利”。

【注】

（1）安：安定。

（2）居尊：指六五居上卦中位。○制裁：此指治理。

（3）尤怨：過錯怨恨。

（4）宮人：帝王嬪妾的總稱。○見畜：被畜養。

（5）制：控制，制止。○進逼：猶逼進。

（6）陽功：指上九陽爻。

上九。碩果不食，君子得輿，小人剝廬。《象》曰：“君子得輿”，民所載也。“小人剝廬”，終不可用也。

23·6　處剝之世，有美實而不見採，然其德^①備，猶爲民所載⁽¹⁾。小人處下則剝牀，處上則反傷於下，是終不可用之也⁽²⁾。

【注】

（1）世：指六爻所構成的變化及其過程。○美實：即“碩果”，指大而美的果實，喻重大利益。○不見採：即“不食”，指大而美的果實不被拾取食用。○其德備：指君子德性完備充盈。○爲民所載：指被民衆所擁戴。

（2）處下：居處下位。○剝：扒毀。○處上：居處上位。○用之：此指讓小人做君主。

---

① “德”，明清校本作“得”。

復

坤上 復，亨，出入无疾，朋來无咎。反復其道，七日來復。
震下 利有攸往。

24·1 静之動也无休息之期，故地雷爲卦[1]。言反
又言復[2]，終則有始，循環无窮。入，指其化而裁之耳[3]。
深，其反也；幾，其復也[4]。故曰"反復其道"，又曰"出入
无疾"。

【注】

（1）也：語氣詞，用在句中表示停頓。〇静、地：皆指上
卦坤。〇動、雷：皆指下卦震。

（2）反：借爲"返"，《説文》"返，還也"，《廣雅》"歸也"。
〇復：《雜卦》曰"復，反也"，《説文》"往來也"，段玉裁注曰
"《辵部》曰：返，還也。還，復也。皆訓往而仍來"。

（3）化而裁之：指根據其自然變化來裁制，語見《繫辭
上》"化而裁之謂之變"，"化而裁之存乎變"。

（4）深：精也，此指精通。〇幾：微也，此指預見。〇按：
參《繫辭上》"夫《易》，聖人之所以極深而研幾也。唯深也，
故能通天下之志；唯幾也，故能成天下之務；唯神也，故不疾
而速，不行而至"。

《彖》曰："復亨"，剛反動而以順行，是以"出入无疾，朋來

无咎"。"反復其道，七日來復"，天行也。"利有攸往"，剛長也。復其見天地之心乎。

24·2　復言"天地之心"，咸、恒、大壯言"天地之情"[1]。心，内也。其原在内，時則有形見[2]。情則見於事也，故可得而名狀[3]。自姤而剥，至於上九，其數六也[4]。剥之與復，不可容線；須臾不復，則乾坤之道息也[5]。故適盡即生，更无先後之次也[6]。此義最大。臨卦"至于八月有凶"[7]，此言"七日來復"，何也？剛長之時，豫戒以陰長之事，故言"至于八月有凶"；若復則不可須臾斷，故言"七日"[8]。七日者，晝夜相繼，元无斷續之時也[9]。大抵言"天地之心"者，天地之大德曰生，則以生物爲本者，乃天地之心也[10]。地雷見天地之心者[11]，天地之心惟是生物，天地之大德曰生也。雷復於地中，却是生物。《象》曰："終則有始，天行也[12]。"天行何嘗有息？正以静，有何期程[13]？此動是静中之動[14]。静中之動，動而不窮[15]，又有甚首尾起滅？自有天地以來以迄於今，蓋爲静而動[16]。天則无心无爲，无所主宰，恒然如此，有何休歇[17]？人之德性亦與此合，乃是己有。苟心中造作安排而静，則安能久[18]？然必從此去[19]。蓋静者，進德之基也。

【注】

（1）天地之心：天地運行的核心規律。○天地之情：指天地萬物相互感通之情況，語見咸卦《象辭》"觀其所感，而天地萬物之情可見矣"，恒卦《象辭》"觀其所恒，而天地萬物之情可見矣",大壯卦《象辭》"正大而天地之情可見矣"。
〇按:"天地之心"可簡稱"天心",與"天行"、"天道"同義。

(2) 原:本也,起源,根本。〇時:《博雅》"伺也",此指心不活動時。〇形:《説文》"象形也"。〇見:現也,顯現。

(3) 情:情感,此指心與物相感而動之時。〇名狀:形容,描述。〇按:張載曰:"心統性情者也。有形則有體,有性則有情。發於性則見於情,發於情則見於色,以類而應也。"(《張載集·性理拾遺》,第374頁)關於張載對心、情及性關係的認識,參見林樂昌《張載"心統性情"説的基本意涵和歷史定位》,《哲學研究》2003年第12期。

(4) 自姤而剥:此指乾坤消息之十二消息卦中姤卦至剥卦的陽消陰息變化,即姤䷫遯䷠否䷋觀䷓剥䷖。〇上九:指剥卦之上九爻。〇其數六:指"自姤而剥"的消息變化的次數。乾變初九成姤卦,姤變九二成遯卦,遯變九三成否卦,否變九四成觀卦,觀變九五成剥卦,剥變上九成坤卦,此陽消陰息之六變。

(5) 剥之與復:從剥卦䷖到復卦䷗,此指陽爻消盡而又重新滋息的關鍵轉折。〇容:允許。〇綫:通"騸",意爲閹割,此指斷絶,中斷。〇復:陰陽消息之循環。〇乾坤之道:指陰陽此消彼長的變化規律。〇息:停止,消亡。

(6) 適盡即生:剛好消盡又立即滋生出來。〇次:順序。

(7) 至于八月有凶:語見臨卦卦辭。一年之中,八月是陽氣始退、陰氣漸長之時。

(8) 剛長:陽爻(陽氣)滋長。〇豫戒:預先防備、告誡。

○陰長：陰爻（陰氣）重新滋長。○七日：天道循環之數，參蠱卦卦辭"先甲後甲"，《周易》卦之爻數亦至七而返初。

（9）晝夜相繼：白天與黑夜接續循環。○元：《春秋繁露·重政》"元猶原也"，指本來。

（10）大德：至德，德之極致。○生物：創造衍生萬物。○本：職分，本分。

（11）地雷：即《象辭》"雷在地中"之意。○見：顯現，體現。

（12）終則有始，天行也：語見蠱卦《象辭》。

（13）正以靜：均言貞也，師卦《象辭》曰"貞，正也"，《繫辭下》"天地之道"句張載注"貞，正也"，又乾卦卦辭張載注"貞者，專靜也"，故此指天道的專一至靜，不在動靜對待中的靜。○期程：時間和路程。

（14）靜中之動：靜止的狀態孕育着變化的契機。

（15）動而不窮：即運動"終則有始，循環无窮"。

（16）爲靜而動：猶本靜而動。○按：參王弼注"復，反本之謂也。天地以本爲心者也。凡動息則靜，靜非對動者也。語息則默，默非對語者也。然則天地雖大，富有萬物，雷動風行，運化萬變，寂然至无，是其本矣。故動息地中，乃天地之心見也。若其以有爲心，則異類未獲具存矣"。

（17）休歇：休息，暫停。

（18）造作：做作。○安排：施以心思人力。○按：參《論語》"子絕四"章。

（19）此：指"心中造作安排而靜"。○去：指開始。

《象》曰：雷在地中，復。先王以至日閉關，商旅不行，后不
省方。

24·3　凡言"后"者，大率謂繼體守成之主也 [1]。復
言"先王以至日閉關，商旅不行，后不省方"，以此校之，則
后爲繼承之主明矣 [2]。"先王以至日閉關"者，先王所重於
至日，以其順陰陽往來 [3]。"閉關"者，取其静也 [4]。閉關
則商旅不行。先王无放過事，順時以示法，亦以示民 [5]。"后
不省方"，如言富庶優暇，不甚省事，又明是繼文之主 [6]。

【注】

（1）繼體：泛指繼位，亦指嫡子繼承帝位。《史記·外戚
世家》："自古受命帝王及繼體守文之君，非獨内德茂也，蓋亦
有外戚之助焉。"司馬貞《索隱》："繼體謂非創業之主，而是
嫡子繼先帝之正體而立者也。"○守成：保持前人的成功和業
績。《詩·大雅·鳧鷖》序："《鳧鷖》，守成也。太平之君子，
能持盈守成，神祇祖考安樂之也。"孔穎達疏："言保守成功，
不使失墜也。"

（2）校：對比。○繼承：此指繼位。○明：得到證明。

（3）重：重視。○至日：夏至日與冬至日，高亨解作"冬
至之日"。○順陰陽往來：指"冬至，陰之復也；夏至，陽之復
也"。（王弼注）

（4）閉關：一指閉塞關門，不與外界往來；一指不爲塵事
所擾。○取：選擇。○静：專一守静。

（5）放過：錯過。○順時：順應陰陽變化的時間。○示法：

公布政令。○示民：告知民衆。

（6）富庶：物産豐富，人口衆多。○優暇：即閒暇。○省事：指視察邦國事務。王弼注"方，事也"。孔疏曰"恐'方'是四方境域，故以'方'爲事也"。○明：明顯。○繼文：繼承文明。

初九。不遠復，无祗悔，元吉。《象》曰：不遠之復，以修身也。

24·4 祗，猶承也，受也。一云：祗悔，作神祗之祗。祗之爲義，示也，效也，見也，言悔可使亡[1]，不可使成而形也[2]。

【注】

（1）亡：無也。

（2）成而形：即"成形"，指成爲某種形體。

六二。休復，吉。《象》曰：休復之吉，以下仁也。

24·5 下比於陽[1]，故樂行其善[2]。

【注】

（1）比：附順也。

（2）樂：釋"休"，欣喜。○行其善：行仁也。○按：王弼注："既處中位，親仁善鄰，復之休也。"

六三。頻復，厲，无咎。《象》曰：頻復之厲，義无咎也。

24·6 所處非位[1]，非頻蹙自危[2]，不能无咎。"咎"，一作"咎"。

　　【注】

　　（1）所處非位：一指六三以陰爻居陽位，又指六三居下卦終位。

　　（2）頻蹙：釋"頻"，王弼注曰："頻蹙之貌也。"○自危：釋"厲"。

六四。中行獨復。《象》曰："中行獨復"，以從道也。

　　24·7　柔危之世[1]，以中道合正應[2]，故不與群爻同[3]。

　　【注】

　　（1）柔危之世：指六四爻位言。

　　（2）中道：釋"中行"，王弼注曰："四，上下各有二陰而處厥中。"孔疏曰："處於上卦之下，上下各有二陰，己獨應初，居在眾陰之中，故云'中行'。"○正應：指六四爻與初九爲陰陽正相呼應。

　　（3）不與群爻同："獨"也。

六五。敦復，无悔。《象》曰："敦復无悔"，中以自考也。

　　24·8　性順位中，无它應援，以敦實自求而已[1]。剛長柔危之世，能以中道自考，故可无悔；不然，取悔必矣[2]。

　　【注】

　　（1）性順位中：指六五爲陰爻，居上體坤卦中位。○无它應援：指六五與上下兩爻不成比，與六二不成應。○敦實：釋"敦""中"，王弼注"敦"曰"厚"，孔疏曰"敦厚"。○自求：

釋“自考”，自我考察探求。

　　（2）剛長柔危之世：以復卦卦象而言，指處於陽氣生長、陰氣被迫漸退的時代。○以中道自考：釋“中以自考”。○取悔：招致悔恨。

上六。迷復，凶，有災眚。用行師，終有大敗，以其國君凶，至于十年不克征。《象》曰：迷復之凶，反君道也。

　　24·9　君道過亢反常[1]，无施而可[2]，故天災人害，師敗君凶，久衰而不可振也[3]。

　　【注】

　　（1）君道過亢反常：釋“反君道”。過亢，以上六爻位言。反常，違反常道。

　　（2）无施而可：即沒有辦法改變現狀。

　　（3）久衰：指天災人禍以及戰爭失利，從而導致國家衰弱。○振：重新興起。

无　妄

≡ 乾上
震下　无妄，元亨利貞。其匪正有眚，不利有攸往。

《彖》曰：无妄，剛自外來而爲主於内，動而健，剛中而應。大亨以正，天之命也。“其匪正有眚，不利有攸往”，无妄之往，何之矣？天命不祐，行矣哉！

25·1　无妄四德，无妄而後具四德也[1]。其曰“匪正有眚”，對无妄雷行天動也[2]。天動不妄，故曰“无妄”。天動不妄則物亦无妄，“乾道變化，各正性命”也[3]。

【注】

（1）妄：孔疏曰“詐僞虛妄”，高亨曰“曲邪謬亂”。〇四德：“元亨利貞”也。〇具：獲得。

（2）匪正有眚：所行非正，則有災禍。〇雷行：下體爲震，爲雷。行，往來也。〇天動：上體爲乾，爲天。動，變化也。

（3）乾道變化，各正性命：語見乾卦《彖辭》。

《象》曰：天下雷行，物與无妄。先王以茂對時育萬物。

25·2　物因雷動，雷動不妄則物亦不妄，故曰“物與无妄”[1]。育不以時[2]，害莫甚焉。

【注】

（1）與：王弼注：“辭也，猶皆也。”

（2）育：即“育萬物”。〇以時：即“對時”，指順應時令。

初九。无妄，往吉。《象》曰：无妄之往，得志也。

25·3《易》所謂“得志”者，聖賢獲其願欲者也[1]。“得臣无家”，堯之志也；“貞吉升階”，舜之志也[2]。

【注】

（1）獲：實現。○願欲：願望，欲想。

（2）得臣无家：語見損卦上九爻辭，張載注曰：“言所有之多也。”○貞吉升階：語見升卦六五爻辭，張載注曰：“使物皆階己而升，正而且吉。”○按：“得志”，又見損卦上九《象辭》、升卦六五《象辭》，均曰“大得志”。○又按：此條重見於升卦六五爻張載注。

六二。不耕穫，不菑畬，則利有攸往。《象》曰：“不耕穫”，未富也。

25·4 柔之爲道，不利遠者[1]。能遠利，不爲物首，則可乘剛，處實則凶[2]。

【注】

（1）柔：六二爲陰爻，故柔。○不利遠者：不利於遠行。

（2）能遠利：釋“利有攸往”，指若能遠行，則可得利。○不爲物首：言其爻位。○乘剛：指六二陰爻居處初九陽爻之上。○處實：六二居陰位，處虛也，此以對反言之。

六三。无妄之災，或繫之牛，行人之得，邑人之災。《象》曰：行人得牛，邑人災也。

25·5 妄災之大，莫大於妄誅於人[1]。以陰居陽，體躁而動,遷怒肆暴,災之甚者[2]。繫牛爲説,緣耕穫生詞[3]。

【注】

(1)妄災:因"詐僞虛妄"而導致的災難。○大:最也,極致。○妄誅於人:以虛妄罪名誅殺人。

(2)以陰居陽:指六三以陰爻居陽位。○體躁而動:六三爻位爲陽,故急躁好動。○遷怒肆暴:容易遷怒於人,且肆意而爲,性情暴躁。

(3)繫牛爲説:以繫牛爲例而言。繫牛,拴着的牛。○緣:依據。○耕穫:語見六二爻辭,指耕種收穫穀子。○生詞:此指衍生事例。

九四。可貞,无咎。《象》曰:"可貞无咎",固有之也。

九五。无妄之疾,勿藥有喜。《象》曰:无妄之藥,不可試也。

25·6 體健居尊[1],得行其志[2],故以无妄爲疾[3]。

【注】

(1)體健居尊:指九五以陽爻居上卦中位。

(2)得行其志:可以實現自己的志向。

(3)以无妄爲疾:指將正常行爲視作疾病。

25·7 "无妄之疾",疾无妄之謂也;欲妄動而不敢妄,是則以无妄爲疾者也[1]。如孟子言"有法家拂士"[2],是疾无妄者也。以无妄爲病而醫之,則妄之意遂矣[3],故曰"勿藥有喜"。又曰"不可試也",言不可用藥治之。

【注】

(1)疾无妄:指疾病不是因虛妄輕率引起的。○妄動:

輕率行動，胡亂行爲。○是則：雖則，雖然。

（2）法家拂士：指忠臣賢士，語見《孟子·告子下》，曰："入則無法家拂士，出則無敵國外患者，國恒亡。"法家，指精熟於法度的大臣。拂士，指輔弼之臣。拂，通"弼"。

（3）意：企圖。○遂：實現。

上九。无妄，行有眚，无攸利。《象》曰：无妄之行，窮之災也。

25·8　進而過中[1]，是无妄而行也[2]。

【注】

（1）進而過中：釋"行有眚"，指行進過度，便會招致災難。

（2）无妄而行：不宜妄動却前行。○按：王弼注曰："處不可妄之極，唯宜静保其身而已，故不可以行也。"

大　畜

䷙ 艮上
乾下　大畜，利貞。不家食，吉。利涉大川。

《彖》曰：大畜，剛健篤實輝光，日新其德，剛上而尚賢，能止健，大正也。“不家食吉”，養賢也。“利涉大川”，應乎天也。

《象》曰：天在山中，大畜。君子以多識前言往行，以畜其德。

26·1　“剛健篤實”[1]，“日新其德”[2]，乃天德也。

【注】

（1）剛健：下卦爲乾，故陽剛強健。○篤實：上卦爲艮，故篤厚充實。

（2）日新其德：日日增新其德。

26·2　陽卦在上，而上九又在其上，故曰“剛上而尚賢”[1]。強學者往往心多好勝，必无心處一①乃養②也[2]。定然後始有光明，惟能定已是光明矣[3]。若常移易不定，何求③光明！《易》大抵以艮爲止，止乃光明。時止時行，“動靜不失其時，其道光明”[4]，“謙，天道下濟而光明”[5]，“天在山中，大畜”，君子以“剛健篤實輝光，日新其德”。定則

---

① “一”，章校本依文義改作“之”。
② “養”，原作“善”，據明吕本、通志堂本改。
③ “求”，章校本依文義改作“來”。

自光明，故《大學》定而至於能慮[6]。人心多則无由光明。"蒙雜而著"，"著"，古"着"字，雜着於物，所以爲蒙。蒙，昏蒙[1]。

【注】

（1）陽卦在上：指艮爲大畜卦之上體。〇上九又在其上：指上九爻在上卦艮之上位。〇剛上而尚賢：指上九在陽卦上位，重視賢人。〇按：八經卦之陰陽分類，參《繫辭下》"陽卦多陰，陰卦多陽，其故何也？陽卦奇，陰卦耦"。

（2）強學：指勤勉地學習，語見《禮記·儒行》"夙夜強學以待問"。〇好勝：喜歡勝過他人。〇无心：指心境溫和安靜。〇處一：猶專一，專注。處，止也，定也。〇養：蓄養賢才。〇按：若作"乃善"，意思亦可，但不如"養"字切合《象辭》。

（3）定：止也，"止健"也。〇光明："大正也"。

（4）時止時行，"動靜不失其時，其道光明"：引自艮卦《象辭》。

（5）天道下濟而光明：語見謙卦《象辭》。

（6）定而至於能慮：指《大學》"知止而後有定，定而後能靜，靜而後能安，安而後能慮，慮而後能得"。

初九。有厲，利己。《象》曰："有厲利己"，不犯災也。

26·3　趨其應則有二、三之阻[1]，故不若己也[2]。

---

① "蒙雜而著"至"昏蒙"，章校本謂：蒙卦錯簡，刪。按："蒙雜而著"非蒙卦之義，《雜卦》義。

【注】

（1）趨：依附。○其應：指六四陰爻。○阻：妨害，"屬"也。

（2）不若：不如。○已：止也。○按：王弼注曰"進則有屬，已則利也"。

九二。輿説輹。《象》曰："輿説輹"，中无尤也。

26·4　不阻於三則見童於四[1]，不躁進者[2]，位中也[3]。

【注】

（1）不阻於三：（如果）不被九三阻當。○見：遇也。○童：指六四爻辭之"童牛"，牛犢也。

（2）躁進：急躁冒進。

（3）位中：指九二居下卦中位，具有中正之德。

九三。良馬逐，利艱貞，曰閑輿衛，利有攸往。《象》曰："利有攸往"，上合志也。

26·5　不防輿衛而進歷二陰，則或有童牿説輹之害，不利其往也[1]。"本乎天者親上"，故"上合志也"[2]。

【注】

（1）防：戒備，預防，釋"閑"字。○輿衛：指車馬護衛之事。○進：冒進。○歷：踰越。○説：脱也，脱離。○輹：《説文》"車軸縛也"，指古代在車軸下面束縛車軸的東西，也叫伏兔，用於大車。○按：閑，王弼注解作"闌"，指阻隔；高亨曰"習也”，指熟練。

（2）本乎天者親上：語見乾卦九五爻《文言》。○上合志：王注、孔疏曰“與上合志”。高亨曰：“上讀爲尚。合志，符合志願。”此解亦可。

六四。童牛之牿，元吉。《象》曰：六四元吉，有喜也。

六五。豶豕之牙，吉。《象》曰：六五之吉，有慶也。

上九。何天之衢，亨。《象》曰：“何天之衢”，道大行也。

26·6 其道大行也，升於天，何待衢路而進[1]？言无所不通也。“衢”字當爲絕句[2]。艮爲止，止二陰也，不以止其類也[3]，故亨。

【注】

（1）升於天：指陽爻上升至六位。○何：辭也（王注），語辭（孔疏）。○待：需要。○衢路：岔路，此指尋找可通行的路。

（2）絕句：猶斷句，謂根據文意讀斷句逗。

（3）其類：指下卦三個陽爻。

頤

頤，貞吉。觀頤，自求口實。

《彖》曰："頤貞吉"，養正則吉也。"觀頤"，觀其所養也。"自求口實"，觀其自養也。天地養萬物，聖人養賢以及萬民。頤之時大矣哉！

27·1 "觀頤"，辨養道得失[1]，欲觀人處己之方[2]。

【注】

（1）辨：分別，明察，釋"觀"。○養："頤"也。

（2）處己：猶自處。

《象》曰：山下有雷，頤。君子以慎言語，節飲食。

27·2 "山下有雷"，畜養之象[1]。

【注】

（1）畜養：扶養，培養。

初九。舍爾靈龜，觀我朵頤，凶。《象》曰："觀我朵頤"，亦不足貴也。

27·3 體躁應上[1]，觀我而朵其頤[2]，求養而无恥者也[3]。

【注】

（1）體躁：指初九以陽爻居陽位。○應上：初九與上卦六四爲正應。

（2）朵：動也。○頤：面頰。

（3）求養：追求寵信禄位。

六二。顛頤，拂經于丘頤，征凶。《象》曰：六二征凶，行失類也。

27·4　凡頤之正，以貴養賤，以陽養陰，所謂經也[1]。頤卦群陰皆當聽養於上，六二違之，反比於初，以陰養陽，"顛頤"者也[2]。群陰，上所聚養者也[3]。六二亂經於聚養之義，失陰類之常，故以進則凶[4]。

【注】

（1）正：同"經"，指常道。○以：用也。

（2）聽養：猶聽從，服從。○違：違背，釋"顛"。○比於初：指六二陰爻乘比於初九陽爻。

（3）上：指上九。○聚養：猶圈養。

（4）亂：擾亂，釋"拂"。○常：職分。○以：用也。

六三。拂頤，貞凶，十年勿用，无攸利。《象》曰："十年勿用"，道大悖也。

27·5　履邪好動[1]，係説於上[2]，不但拂經而已[3]，害頤之正莫甚焉，故凶。"係説於上"，一作"係而説上"。

【注】

（1）履邪：指六三以陰爻居陽位。○動：躁動。

（2）係：攀附。○説：悦也，取悦，諂媚。○上：指上九。

（3）拂經：違背常道。

六四。顛頤，吉。虎視眈眈，其欲逐逐，无咎。《象》曰：顛頤之吉，上施光也。

27·6 體順位陰[1]，得頤之正。以貴養賤而得賢者，雖反陽爻養陰之義，以上養下，其施光矣[2]。然以柔養剛，非嚴重其德，廣大其志，則未免於咎[3]。

【注】

（1）體順：六四爲陰爻，其體柔順。○位陰：六四居處陰位。

（2）得賢者：此指養育而使之成爲賢人。○反：違反。○陽爻養陰：即上文“以陽養陰”。○以上養下：指處於上卦的陰爻六四畜養處於下卦的陽爻初九。○施：行爲。○光：光明，廣大。

（3）然：但是。○以柔養剛：即“以陰養陽”。○嚴重：指嚴重損害。○廣大：擴大。○其志：猶“其欲”。

六五。拂經，居貞，吉。不可涉大川。《象》曰：居貞之吉，順以從上也。

27·7 聽養於上，正也；以陰居頤卦之尊[1]，拂經也。

【注】

（1）以陰居頤卦之尊：指六五以陰爻居處頤卦第五爻這樣尊貴的位置。

上九。由頤，厲吉。利涉大川。《象》曰：“由頤厲吉”，大有慶也。

27·8　"由頤"，自危然後乃吉者[1]。下有衆陰順從之慶，驕則有它吝[2]。此卦，得養之正者方利涉大川，蓋養然後可動耳[3]。

【注】

（1）自危：自感處境危險，並能克服。

（2）慶：福澤。○驕：自滿。○它吝：意外的災禍。

（3）得：符合，"由"也。○方：纔能。○動：指"涉大川"。

大　過

兑上
巽下　大過，棟橈，利有攸往，亨。

《彖》曰：大過，大者過也。“棟橈”，本末弱也。剛過而中，巽而説行。“利有攸往”，乃亨。大過之時大矣哉！

28·1 陽剛過實於中[1]，本末過弱於外[2]，故當過矯相與也[3]。

【注】

（1）陽剛過實於中：指陽爻過度集中，占據中間四爻。

（2）本末過弱於外：指初上兩陰爻過度虛弱，偏處外部。

（3）過矯：過度糾正，或過失和糾正。〇相與：相互援助、配合。

《象》曰：澤滅木，大過。君子以獨立不懼，遯世无悶[1]。
初六。藉用白茅，无咎。《象》曰：“藉用白茅”，柔在下也。
九二。枯楊生稊，老夫得其女妻，无不利。《象》曰：老夫女妻，過以相與也。

28·2 扶衰於上，使枯木生稊[1]；拯弱於下，使微陰獲助[2]；此剛中下濟之功，亦自獲助於物也[3]。

【注】

（1）扶：幫助。〇衰、上：皆指九五之“枯楊”。〇稊：剛

---

① 原在釋文28·1上，考察釋文28·1爲《彖辭》注，故移置於此。

長出來的葉子。

（2）拯：救助。○弱、下：皆指初六陰爻。○微陰：處於劣勢的陰爻。

（3）剛中：指九二以陽爻居下卦中位。○下濟：猶“濟下”，救濟在下者。○自：自己，指九二。○獲助：指初六陰爻承比於九二陽爻。○物：指初六之“白茅”，即柔軟潔白的茅草。

九三。棟橈，凶。《象》曰：棟橈之凶，不可以有輔也。

九四。棟隆，吉。有它，吝。《象》曰：棟隆之吉，不橈乎下也。

28·3　志在拯弱，則棟隆而吉[1]。若私應爲心，則橈乎下，吝也[2]。

【注】

（1）志在拯弱：指初六陰爻與九四陽爻同位相應。○棟：房屋正中最高的橫梁。○隆：高也。

（2）私應爲心：猶“私心爲應”，指接受初六的援助而不願拯救初六。○橈：釋“橈”，曲也。

九五。枯楊生華，老婦得其士夫，无咎无譽。《象》曰：“枯楊生華”，何可久也？老婦士夫，亦可醜也。

28·4　九五上係上六，故不能下濟大事，徒益其末耳[1]。无拯物之心，所施者狹[2]。老婦士夫，所與者不足道[3]。“枯楊生華”，勢不能久，故“无譽”；未至長亂，故“无咎”[4]。

【注】

（1）係：依附，上六乘比於九五。○大事：指九二。○益：增加。○末：小也。

（2）狹：不寬闊。

（3）老婦：年老的已婚女性。○士夫：以年輕未婚男子爲丈夫。○所與者：老婦少男這種結合。○不足道：不足以被稱道。

（4）華：花也。○勢：形勢。○至：導致。

上六。過涉滅頂，凶，无咎。《象》曰：過涉之凶，不可咎也。

28·5　陰居上極，雖過而不足涉難，故凶⁽¹⁾。大過之極，故滅頂而无咎也⁽²⁾。

【注】

（1）陰居上極：指上六以陰爻居上卦終位。○過：犯錯。○涉難：遭遇災難。

（2）極：極致，指上六之位。○滅頂：水没過頭頂，喻指十分危險。○无咎：勿用譴責。无，猶毋也，勿也，“不可”也。

習　坎

坎上
坎下　習坎，有孚，維心亨。行有尚。

29·1　"習坎"，重襲之義[1]。八純卦惟此加"習"者，餘皆一字可盡其義[2]。坎取其險，故重之而其險乃著也。

【注】

（1）重襲：一層又一層，重迭。

（2）八純卦：指乾坤坎離震艮巽兌。○盡：表達完備。

29·2　色以離見[1]，聲以震聞[2]，臭以巽知[3]，味以坎達[4]。

【注】

（1）色：顏色。○離：火也。○見：現也，顯現。

（2）震：雷也。○聞：傳播。

（3）臭：統指氣味。○巽：風也。○知：聞知。

（4）味：指食物的味道。○坎：水也。○達：傳達。

29·3　坎離者，天地之中二氣之正交[1]。然離本陰卦，坎本陽卦，以此見二氣其本如此而交，性也[2]。非此二物，則无易[3]。

【注】

（1）二氣：陰陽也。○正交：純正交感。

（2）見：證明。○本如此：本來就是這樣。○性：本性。

（3）二物：陰陽二氣。○易：變化，亦指八經卦及六十四別卦。

《象》曰："習坎"，重險也。水流而不盈，行險而不失其信。"維心亨"，乃以剛中也。"行有尚"，往有功也。天險，不可升也；地險，山川丘陵也。王公設險以守其國。險之時用大矣哉！

29・4　可盈，則非謂"重險也"。中柔，則心无常，何能亨也[1]！内外皆險，義不可止，故"行有尚"也[2]。

【注】

（1）中柔：指坎卦中間二爻都是陰爻。○无常：没有規律。

（2）内外：指坎之内外卦。○止：阻止。○行有尚：出行將得到賞賜，或行爲值得推崇。

29・5　坎"維心亨"[1]，故"行有尚"。外雖積險，苟處之心亨不疑，則雖難必濟而往有功也[2]。

【注】

（1）維心亨：其心亨美。

（2）積：積累。○處：對待。○不疑：不疑惑。○難：遇險。○濟：渡過。○往有功：前往能獲得賞賜。

29・6　今水臨萬仞之山，要下即下，无復凝滯[1]。人在前，惟知有義理而已，則復何迴避[2]，所以心通。

【注】

（1）臨：到達。○萬仞之山：指高山。○无復：不會再。
○凝滯：停止流動。

（2）迴避：顧忌避讓。

《象》曰：水洊至，習坎。君子以常德行，習教事 ①。

初六。習坎，入于坎窞，凶。《象》曰：習坎入坎，失道凶也。

29·7　比於二 (1)，无出險之志，故云"入于坎窞"也 (2)。

【注】

（1）比於二：初六陰爻承比於九二陽爻。

（2）坎窞：坑穴，喻險境。窞，高亨曰"與'陷'同，墜入
其中也"。

九二。坎有險，求小得。《象》曰："求小得"，未出中也。

29·8　險難之際，弱必附強，上下俱陰，求必見從 (1)。
故求則必小得，然二居險中而未出 ② 也 (2)。

【注】

（1）險難：遭遇危險災難。○求：要求。○見：被。○從：
順從。

（2）得：收穫。○居險中：指九二居下卦中位。

六三。來之坎坎，險且枕，入于坎窞，勿用。《象》曰："來
之坎坎"，終无功也。

---

① 原在釋文 29·4 上，考察釋文 29·4、29·5、29·6 爲《彖辭》注，故移置於此。
② "出"，明呂本、通志堂本作"困"。

29·9　前之入險退來⁽¹⁾，枕險入窞⁽²⁾，與初六同。

【注】

（1）前之入險：指九二爻進入險境。○退来：指九二退出險境，来到三位。

（2）枕：王弼曰"枝而不安之謂也"，高亨曰"借爲'沈'，深也"。

六四。樽酒簋貳，用缶，納約自牖，終无咎。《象》曰："樽酒簋貳"，剛柔際也。

29·10　四、五俱得陰陽之正，險阻之際，近而相得，誠素既接，雖簡略，于禮无咎也⁽¹⁾。上比於五，有進出之漸，故无凶⁽²⁾。

【注】

（1）四、五俱得陰陽之正：指六四能以陰爻居陰位，九五能以陽爻居陽位。○近而相得：指六四與九五的承比關係。○誠素：亦作"誠愫"，情愫，真情實意，語見魏曹植《洛神賦》。○接：連通。○簡略：疏闊。

（2）進出：指出入險境。○漸：漸卦卦辭，孔疏曰"漸者，不速之名也。凡物有變移，徐而不速，謂之漸也"。

九五。坎不盈，祇既平，无咎。《象》曰："坎不盈"，中未大也。

29·11　險難垂出而下比於四⁽¹⁾，不能勉成其功⁽²⁾，光大其志，故聖人惜之曰"祇^①既平，无咎"而已矣⁽³⁾，不能往

---

① "祇"，原作"只"，據爻辭改。

有功也。一本云：坎盈則進，而往有尚矣。

【注】

（1）垂：接近。

（2）勉：勉勵。

（3）聖人：作卦辭者。○祗：借爲"坻"（chí），指水中小丘。

上六。係用徽纆，寘于叢棘，三歲不得，凶。《象》曰：上六失道，凶三歲也。

29·12　上六過中，逃險而失道者也[1]；不附比陽中，幾於迷復之凶，故爲所係累也[2]。陰柔不能附比於陽，處險之極乘剛，宜其爲所拘戮也[3]。

【注】

（1）過中：以爻位言。○失道：迷失道路，喻指失去準則。

（2）幾：將近。○迷復：反復迷失。○係累：束縛，牽連。

（3）處險之極：以爻位言。○乘剛：指上六乘比於九五陽爻。○拘：限制。○戮：羞辱。

離

離上
離下 　離，利貞，亨。畜牝牛，吉。

30·1 以柔麗乎中正[1]，故利貞。

【注】

（1）以柔麗乎中正：指柔順的陰爻占據離卦二、五中位。

《彖》曰：離，麗也。日月麗乎天，百穀草木麗乎土。重明以麗乎正，乃化成天下。柔麗乎中正，故亨，是以“畜牝牛吉”也。

30·2 日月草木麗天地。麗，附著也[1]。

【注】

（1）王弼注曰：“麗猶著也。”孔疏曰：“麗謂附著也。”

《象》曰：明兩作，離。大人以繼明照于四方。

30·3 明目達聰，繼明之道也[1]。人患惰於博覽，惟大人能勉而繼之[2]。

【注】

（1）明目達聰：指當權者多方觀察民情，廣泛聽取意見。語本《尚書·舜典》：“明四目，達四聰”。孔傳：“廣視聽於四方，使天下無壅塞。”○繼：繼承。

（2）患：憂慮。○惰：古通“惰”，懈怠。○博覽：廣泛閱覽。○勉：勤勉。

初九。履錯然，敬之，无咎。《象》曰：履錯之敬，以辟咎也。

30·4　"履錯然"，與之者多也[1]。无應於上，无所朋附，以剛處下，物所願交，非矜慎之甚，何以免咎[2]！

【注】

（1）履：鞋，指踐履。〇錯然：王弼曰："警慎之貌也。"〇與：給與。

（2）无應於上，无所朋附：指初九與九四不成正應，六二則乘比初九，非附。〇以剛處下：指初九以陽爻居下卦下位。〇矜慎：莊重謹慎。

六二。黃離，元吉。《象》曰："黃離元吉"，得中道也。

九三。日昃之離，不鼓缶而歌，則大耋之嗟，凶。《象》曰："日昃之離"，何可久也？

30·5　明正將老，離過於中，故哀樂之不常其德，凡人不能久也[1]。故君子爲德，夭壽不貳[2]。

【注】

（1）明正將老：即"日昃之離"，指太陽偏西，約下午二時左右。〇哀樂：悲傷與快樂，《春秋左氏傳》莊公二十年："哀樂失時，殃咎必至。"〇常：經久不變。

（2）夭壽不貳：短命和長壽沒有區別，喻指專心，語見《孟子·盡心上》："夭壽不貳，修身以俟之，所以立命也。"

30·6　人向衰暮，則尤樂聽聲音，蓋留連光景[1]。視桑榆之暮景不足，則貪於爲樂，惟鄭衛之音能令人生此意[2]。

《易》謂"不鼓缶而歌,則大耋之嗟,凶",悲衰暮,故爲樂,不爲則^①復,嗟年景之不足也⁽³⁾。

【注】

（1）向：臨近。○衰暮：遲暮,指晚年。○樂：喜歡。○留連：留戀不捨。○光景：光陰,喻指生命。

（2）桑榆：日落時光照桑榆樹端,因以指日暮,比喻晚年。○暮景：夕陽,傍晚的景色,比喻垂老之年。○貪：癡迷。○鄭衛之音：指春秋戰國時鄭、衛等國的民間音樂。《禮記·樂記》："鄭衛之音,亂世之音也。""魏文侯問於子夏曰：'吾端冕而聽古樂,則唯恐臥；聽鄭衛之音,則不知倦。敢問古樂之如彼,何也？新樂之如此,何也？'"。《論語·陽貨》："惡鄭聲之亂雅樂也。"

（3）不爲則復：不奢望重新年輕。○年景：猶"光景"。

九四。突如其來如,焚如,死如,棄如。《象》曰："突如其來如",无所容也。

30·7　處多懼之地而以乘剛,故其來也遽,其處也危,无所容安,如見棄逐,皆所麗之失中也⁽¹⁾。三,剛而不可乘；五,正而不見容⁽²⁾。

【注】

（1）懼：危險。○遽：慌張。○容安：容納安置。○棄逐：拋棄驅逐。

（2）剛：指九三爲陽爻。○正：指六五居上卦中位。

---

① "則",明清校本作"別"。

六五。出涕沱若，戚嗟若，吉。《象》曰：六五之吉，離王公也。

30·8　言王公之貴，人之所附。下以剛進，己雖憂危[1]，終以得眾而吉者，柔麗中正也[2]。

【注】

（1）憂危：憂慮惶懼。

（2）柔麗中正：指六五以陰爻居處上卦中位，得中正之道。

上九。王用出征，有嘉折首，獲匪其醜，无咎。《象》曰："王用出征"，以正邦也。

30·9　"有嘉折首"，服而善之也[1]。"獲匪其醜"，執訊弗賓，示威以正邦而已[2]。離道已成，然後不附可征。

【注】

（1）服：即"折首"，信服。○善：嘉也。

（2）醜：類也。○執訊：謂對所獲敵人加以訊問。《詩·小雅·出車》："執訊獲醜，薄言還歸。"鄭玄箋曰："執其可言問、所獲之眾以歸者，當獻之也。"○賓：臣服。○示威：顯示威力，《春秋左氏傳》昭公十三年："叔向曰：'諸侯不可以不示威。'"○正：安定。

橫渠易説卷中

下經

咸

咸,亨,利貞。取女吉。

31·1 咸之爲道,以虛受爲本[1];有意於中[2],則滯
於方體而隘矣[3]。

【注】

(1)虛受:指虛心接受,語參《象辭》"君子以虛受人"。

(2)意:《正蒙·中正篇》曰"意,有思也",指思慮謀劃。
○中:指咸卦三個陽爻。

(3)滯:凝積。○方體:猶形體,指形象、形狀,參"神无
方而易无體"。○隘:狹隘。

31·2 拇、腓、股、脢、輔[1],以一卦通體高下爲言[①][2]。

【注】

(1)拇:此指脚的大指。○腓:小腿後的肉,小腿肚。○
股:大腿,即自胯至膝蓋的部分。○脢:背脊肉,即脊椎兩旁
的瘦肉。○輔:人的頰骨。

(2)以:用也。○通體:全部,此指整個咸卦。○高下:
指爻位而言。

《象》曰:咸,感也。柔上而剛下,二氣感應以相與,止而説,
男下女,是以"亨,利貞,取女吉"也。天地感而萬物化生,聖

---

① 此條原在上條之末,今據明吕本及文義單列。

人感人心而天下和平。觀其所感，而天地萬物之情可見矣。

31·3 "咸，感也。"其爻雖相應而詞多不吉，顧其時如何耳[1]。説者多以咸、恒配天地，殊不知咸自可配天地，故於《序卦》獨不言咸[2]。咸既可以配天地，則恒亦可以配天地，皆夫婦之道也[3]。咸之爲言，皆也，故語咸則非事[4]。"咸，感也"，不可止以夫婦之道謂之咸，此一事耳。男女相配，故爲咸也。感之道不一[5]：或以同而感，聖人感人心以道[6]，此是以同也；或以異而應[7]，男女是也，二女同居則无感也；或以相悦而感，或以相畏而感，如虎先見犬，犬自不能去，犬若見虎則能避之；又如磁石引針，相應而感也。若以愛心而來者，自相親；以害心而來者，相見容色自别[8]。"聖人感人心而天下和平"，是風動之也；聖人"老吾老以及人之老"，而人欲老其老，此是以事相感也[9]。感如影響[10]，无復先後，有動必感。咸，感而應，故曰："咸，速也[11]。"

【注】

（1）相應：指咸卦上下卦之三爻均同位陰陽正應。○詞：辭也，指爻辭。○顧：《説文》"還視也"，段注"返而視也"。

（2）説者：指解釋咸、恒卦之人。○配：匹配。

（3）夫婦之道：即陰陽之道，咸、恒卦其爻皆陰陽相應。

（4）《説文》曰："咸，皆也。"○非事：指不是具體的事情。

（5）不一：不局限於一事一物。

（6）感人心以道：即以道感觸人心。感，《説文》曰"動人心也"。

（7）異：同類而屬性相反。○應：相互吸引。

（8）愛心：喜愛之情。《禮記·樂記》：“其愛心感者，其聲和以柔。”○害心：害人害物之心。○容色：容貌神色。

（9）風動之：參《毛詩序》：“風，風也，教也，風以動之，教以化之。”又恒卦《象辭》曰：“雷風相與，巽而動。”《易傳·說卦》曰：“雷以動之，風以散之。”○老吾老以及人之老：語見《孟子·梁惠王上》。

（10）影響：指影子和回聲。

（11）咸，速也：語見《雜卦》。

《象》曰：山上有澤，咸。君子以虛受人。

31·4　山上有澤，非交感不能也[1]。感物之善，莫若以虛受人[2]。有所係慕，皆非正吉[3]。故六爻皆以有應，不盡卦義而有所譏也。

【注】

（1）交感：相互感應。

（2）以虛受人：以謙虛之心接受他人。

（3）係慕：牽掛嚮往，指心中有私念。○正吉：能守正道而不自亂之吉祥。

初六。咸其拇。《象》曰：“咸其拇”，志在外也。

六二。咸其腓，凶，居吉。《象》曰：雖凶居吉，順不害也。

31·5　居則吉[1]，趨則凶[2]，以“男下女”爲正[3]，咸之道也。

【注】

（1）居：静守在家。

（2）趨：躁進出行。

（3）男下女：語見《彖辭》，指咸卦艮下兌上，艮代表少男，兌代表少女。

九三。咸其股，執其隨，往吝。《象》曰："咸其股"，亦不處也。志在隨人，所執下也。

31·6 心寧静於此，一向定疊，前縱有何事亦不恤也，休將閑細碎在思慮(1)。《易》曰："何思何慮？天下殊塗而同歸，一致而百慮(2)。"天地之道，惟有日月、寒暑之往來(3)，屈伸、動静兩端而已。在我"精義入神以致用"(4)，則細碎皆不能出其間。在於術内，已過、未來者，事著在心，畢竟何益(5)！浮思游想盡去之，惟圖向去，日新可也(6)。孔子以富不可求，則曰"從吾所好"；以思爲无益，則曰"不如學也"：故於咸三以見此義(7)。

【注】

（1）寧静：安定，安静。○定疊：安排妥當。○何事：任何事情。○恤：憂慮。○休：不要。○閑細碎：指無關緊要的瑣碎事情。

（2）何思何慮？天下殊塗而同歸，一致而百慮：語見《繫辭下》，孔穎達疏："言天下萬事終則同歸於一，但初時殊異其塗路也。"指由不同途徑達到同一目的地。

（3）日月、寒暑之往來，語參《繫辭下》："日往則月來，月往則日來，日月相推而明生焉；寒往則暑來，暑往則寒來，寒暑相推而歲成焉。往者屈也，來者信也，屈信相感而利生焉。”〇屈伸：語參《繫辭下》：“尺蠖之屈，以求信也；龍蛇之蟄，以存身也。”

（4）精義入神以致用：語見《繫辭下》。精義入神，指精研微妙的義理，進入神妙的境界。致用，指付諸實用。

（5）術：《廣韻》“技術也”。〇已過：已經過去，指現在以前的時期。〇著：執著也。〇畢竟：到底，終歸。

（6）浮思游想：指不切實的思考和想法。〇去：剔除。〇圖：謀劃。〇向去：猶今後，以後。〇按：“浮思”，原即“罘罳”。古代設在宮門外或城角的屏，用以守望和防禦。

（7）從吾所好：語見《論語·述而》：“子曰：富而可求也，雖執鞭之士，吾亦爲之；如不可求，從吾所好。”〇不如學也：語見《論語·衛靈公》：“子曰：吾嘗終日不食，終夜不寢以思，无益，不如學也。”〇按：“終夜不寢以思，无益”，一讀作“終夜不寢，以思无益”。

九四。貞吉悔亡。憧憧往來，朋從爾思。《象》曰：“貞吉悔亡”，未感害也。“憧憧往來”，未光大也。

31·7　釋氏以感爲幻妄[1]，又有憧憧思以求朋者[2]，皆不足道也。

【注】

（1）釋氏以感爲幻妄：馮椅《厚齋易學》卷十八咸卦九四下引作：張子厚曰：“釋氏以感爲幻妄。夫天地之常，以其心普萬物而無心；聖人之常，以其情順萬事而無情。故君子之心，莫若廓然而大公，物來則順應。苟規規於外誘之除，將見滅於東而生於西也，非惟日之不足，顧其端無窮，不可得而除也。"又引程正叔、楊中立語，且評曰："三子者之言雖微有異同，而可以推其端也。"（清文淵閣《四庫全書》本）王太岳《四庫全書考證》卷一《厚齋易學》卷十八《經下篇輯傳》謂"咸九四'貞吉悔亡'注，張子厚曰：釋氏以感爲幻妄。案：此一段係大程子《答張子書》，此冠以'張子厚曰'必有訛誤，今無別本可校，姑仍其舊"。（清《武英殿聚珍版叢書》本）○感：通過感官所獲取的信息、知識等。○幻妄：虛幻不真實。

（2）憧憧：陸德明《經典釋文》引王肅語曰"憧憧，往來不絕貌"，指急切不安的樣子。

31·8　以陽居陰[1]，非躁感於物者也；然體兑性悦[2]，未免乎思以求朋之累也。蓋體悦之初，應止之始[3]。已勞於上，朋止於下，故憧憧得朋。未爲光大，不持以正，則有諂瀆之悔[4]。

【注】

（1）以陽居陰：指九四以陽爻居陰位。

（2）體兑性悦：九四在上體兑卦初位，兑爲悦。

（3）體悦之初：指九四在上體兑卦初位。○應止之始：指九四與在下體艮卦初位之初六相呼應。

（4）光大：光明正大。○正：合乎法則的。○諂瀆：諂媚褻瀆。

31·9　感非有意[1]，咸三思以求朋，此則不足道。

【注】

（1）有意：有私念、思慮。

31·10 聖人惟於屈伸有感⁽¹⁾，能有屈伸，所以得天下之物，何用憧憧以思而求朋！大抵咸卦六爻皆以有應，不盡咸道，故君子欲得虛受人。能容以虛，受人之道也。苟曉屈伸，心儘安泰寬裕⁽²⁾。蓋爲不與物校⁽³⁾，待彼伸則己屈，然而屈時少，伸時多。假使亂亡^①橫逆⁽⁴⁾，亦猶屈少伸多，我尚何傷！日月、寒暑、往來，正以相屈伸故不相害。尺蠖之屈以求伸，龍蛇之蟄以存身，又精義入神以致用，利用安身以崇德⁽⁵⁾。

【注】

（1）感：感慨。

（2）儘：《字彙》"同'盡'"，最也，極也。○安泰：安定平靜。○寬裕：寬大，寬容。

（3）校：角也，比也。

（4）亂亡：猶離亂。○橫逆：指厄運，橫禍。

（5）尺蠖之屈以求伸"至"利用安身以崇德：均見《繫辭下》，注釋見上文（第164、165頁）。

九五。咸其脢，无悔。《象》曰："咸其脢"^②，志末也。

31·11 九五處悅之中⁽¹⁾，未免偏係之弊⁽²⁾，故不能感

---

① "亡"，原闕，據清校本補。

② "无悔象曰咸其脢"，原闕，據諸校本補。

人心，而曰“咸其脢”，惟聖人然後能感人心也。一无“曰”字。

【注】

（1）悦：指上體兑卦。○中：上卦中位也。

（2）偏係：偏私。

上六。咸其輔、頰、舌。《象》曰：“咸其輔、頰、舌”，滕口説也。

恒

震上
巽下　恒，亨，无咎，利貞。利有攸往。

《彖》曰：恒，久也。剛上而柔下。雷風相與，巽而動，剛柔皆應，恒。“恒，亨，无咎，利貞”，久於其道也。天地之道，恒久而不已也。“利有攸往”，終則有始也。日月得天而能久照，四時變化而能久成，聖人久於其道而天下化成。觀其所恒，而天地萬物之情可見矣。

32·1　觀書當不以文害辭[1]，如云義者出於思慮忖度，《易》言“天地之大義”，則天地固无思慮。“天地之情”、“天地之心”皆放此[2]。

【注】

（1）以文害辭：謂拘於文字而誤解整體意義。《孟子·萬章上》曰：“說《詩》者不以文害辭，不以辭害志。”朱熹注：“文，字也。辭，語也……言說《詩》之法，不可以一字而害一句之義，不可以一句而害設辭之志。”

（2）放：同“仿”，效也。

按：參《張子語録·語録中》，《張載集》第322頁。○又，參《横渠易説》67·6。

《象》曰：雷風，恒。君子以立不易方[1]。

---

[1] 原在釋文32·1上，考察釋文32·1爲《象辭》注，故移置於此。

初六。浚恒，貞凶，无攸利。《象》曰：浚恒之凶，始求深也。

32·2　柔巽在下以應於上，持用爲常，求之過深也[1]。故人道之交貴乎中禮[2]，且久漸而成也。"持"，一作"特"。

【注】

（1）柔巽在下：指初六陰爻在下體巽卦初位。○應於上：初六陰爻呼應上卦九四陽爻。○用："浚"也，掘之使深（高亨注）。

（2）人道之交：即人與人的交往之道。○中禮：合乎禮儀。

九二。悔亡。《象》曰：九二悔亡，能久中也。

32·3　以陽係陰[1]，用以爲常[2]，不能无悔，以其久中故免[3]。

【注】

（1）以陽係陰：即以陽繼陰，指初六陰爻承比九二陽爻。

（2）用以爲常：猶習以爲常。

（3）久中：九二居下卦中位，象中正之道，故能久於中正之道。○免：幸免。

九三。不恒其德，或承之羞，貞吝。《象》曰："不恒其德"，无所容也。

32·4　進則犯上，退則乘剛，故動則招悔取辱[1]。惟常守一德，庶幾取容，故曰"'不恒其德'，則无所容也"[2]。一有"雖然貞吝，德則可常也"。

【注】

（1）犯：冒犯，衝撞。○上：指九四。○剛：指九二。○動：即進退也，指搖擺不定。○招悔取辱：招惹悔恨，自取恥辱，指九三與二、四皆不成比。

（2）常守一德：指長期操持一種德性而不懈怠。○庶幾：或許可以。○取容：爭取被接納。

九四。田无禽。《象》曰：久非其位，安得禽也。

32·5　田以時至則禽或可得⁽¹⁾，處常非位則功无以致⁽²⁾，故君子降志辱身⁽³⁾，不可常也。

【注】

（1）田：田獵。○以時至：按照節令施行。

（2）處常：指在恒卦中。○非位：指九四以陽爻居陰位。

（3）降志辱身：降低自己的志向，屈辱自己的身份。《論語·微子》曰：“柳下惠、少連，降志辱身矣。”

六五。恒其德，貞，婦人吉，夫子凶。《象》曰：婦人貞吉，從一而終也。夫子制義，從婦凶也。

上六。振恒，凶。《象》曰：振恒在上，大无功也。

32·6　卦例於上爻多處之以貴而无位，高而无民，至恒又不可以此處，但見其不常在上，故大无功也⁽¹⁾。《易》道灼然義理分明，自存乎卦，惟要人玩之乃得⁽²⁾。

【注】

（1）卦例：此指《易傳》所解釋的《周易》卦爻的體例。

○處：處理，對待。○貴而无位，高而无民：語見《繫辭上》：“‘亢龍有悔。’子曰：‘貴而无位，高而无民，賢人在下位而无輔，是以動而有悔也。’”○不常在上：“振恒”也，變動不定。

（2）灼然：明顯貌。○義理分明：指道理清楚明白。○自存乎卦：自然地存在於卦爻中。○玩：研討，反復體會。

遯

遯，亨，小利貞。

《彖》曰："遯亨"，遯而亨也。剛當位而應，與時行也。"小利貞"，浸而長也。遯之時義大矣哉！

33·1 "當位而應"，理不當遯[1]，以陰長故遯[2]，故曰"與時行"，又曰"小利貞"，又曰"遯而亨也"。

【注】

（1）遯：《序卦》曰"遯者，退也"，《雜卦》曰"遯則退也"，孔疏曰"隱退逃避之名"。

（2）長：滋長。

《象》曰：天下有山，遯。君子以遠小人，不惡而嚴。

33·2 "遠小人，不惡而嚴"，"惡"讀爲"憎惡"之"惡"，"遠小人"不可示此惡也；惡則患及之[1]，又焉能遠！嚴之爲言，"敬小人而遠之"之義也[2]。

【注】

（1）患：危險。

（2）敬小人而遠之：尊敬小人，但不願接近。語本《論語·雍也》："務民之義，敬鬼神而遠之。"

初六。遯尾，厲，勿用有攸往。《象》曰：遯尾之厲，不往何災也？

33・3　危而不往，何也？遯既後時⁽¹⁾，往則取災，故知者違難在乎先幾⁽²⁾。

【注】

（1）後時：不及時，失時。

（2）知：智也。○違難：即避難。○先幾：預先洞知事情的發展。

六二。執之用黄牛之革，莫之勝説。《象》曰：執用黄牛，固志也。

33・4　黄牛，中順也⁽¹⁾。陰邪浸長，二居君臣正合之位，戡難救時，莫若中順固志，使姦不能干；不然，小人易間矣⁽²⁾。

【注】

（1）中順：指六二爲陰爻，爲柔順，居處下卦中位，有正中之道。

（2）陰邪：陰險邪惡，此指陰爻。○浸：逐漸滲透。○君臣正合：指君臣各司其位，同志同德。○戡難救時：消弭禍亂，匡救時弊。○固志：堅定心志，穩定情緒。孔穎達疏：“固志者，堅固遯者之志，使不去已也。”○姦：指犯法作亂者。○干：發生。○間：挑撥。

九三。係遯，有疾厲，畜臣妾，吉。《象》曰：係遯之厲，有疾憊也。“畜臣妾吉”，不可大事也。

33・5　爲内之主，得位之正，立愛其下，畜臣妾之道盡矣⁽¹⁾。然以斯處遯，危疾宜焉⁽²⁾。

【注】

（1）爲內之主：指九三陽爻是內卦艮卦之主宰。○得位之正：指九三以陽爻居陽位。○立愛其下：九三與六二比鄰呼應，陽畜陰也。立，顯現。

（2）危疾：指"疾厲"，指危險與疾病。

九四。好遯，君子吉，小人否。《象》曰：君子好遯，"小人否"也。

33·6　有應於陰，不惡而嚴，故曰"好遯"(1)。小人暗於事幾，不忿怒成仇，則私溺爲累①矣(2)。

【注】

（1）有應於陰：九四陽爻與初六陰爻正相呼應。○不惡而嚴：語見《象辭》。

（2）暗於事幾：熟知事情的微妙變化。○忿怒成仇：因憤怒而心懷仇恨。○私溺：偏愛。

九五。嘉遯，貞吉。《象》曰："嘉遯貞吉"，以正志也。

33·7　"嘉""好"義同，然五居正處中(1)，能正其志，故獲貞吉。

【注】

（1）居正處中：指九五以陽爻居陽位，處上卦中位。

上九。肥遯，无不利。《象》曰："肥遯无不利"，无所疑也。

―――――――――
① "累"，明清校本作"慮"。

大　壯

震上乾下　大壯，利貞。

《彖》曰：大壯，大者壯也。剛以動，故壯。"大壯利貞"，大者正也。正大，而天地之情可見矣。

《象》曰：雷在天上，大壯。君子以非禮弗履。

34·1　克己反禮，壯莫甚焉，故《易》於大壯見之[1]。

【注】

（1）克己反禮：即"克己復禮"，約束自我，使言行合乎先王之禮。《論語·顏淵》："克己復禮爲仁。"何晏《集解》："馬曰：'克己，約身也。'孔曰：'復，反也。身能反禮，則爲仁矣。'"○壯：宏偉。○見：體現。

34·2　克己，下學上達，交相養也[1]。下學則必達，達則必上，蓋不行則終何以成德？明則誠矣，誠則明矣，克己要當以理義戰退私己[2]。蓋理乃天德，克己者必有剛強壯健之德乃勝己[3]。"雷在天上，大壯。君子以非禮弗履"。夫酒清，人渴而不敢飲；肴乾，人飢而不敢食；非強有力者，不能人所不能[4]。人所以不能行己者，於其所難者則惰，其異俗者雖易而羞縮[5]。惟心弘則不顧人之非笑，所趨義理耳，視天下莫能移其道[6]。然爲之，人亦未必怪，正以在己者，義理不勝惰與羞縮之病[7]。消則有長，不消則病常在，消盡則是"大而化之之謂聖"[8]。意思齷齪，无由作事[9]。在古，氣節之士冒死以有爲，於義未必中，然非有志概者莫能[10]。況吾於義理已明，何爲不爲？正以不剛，惟大壯乃能克己。蓋君子欲身行之，爲事業以教天下[11]。今夫爲長者折枝，非不能也，但恥以爲屈而不爲耳，不顧義理之若何[12]。

【注】

（1）下學上達：指學習人情事理，進而認識自然的法則。《論語·憲問》："子曰：不怨天，不尤人，下學而上達，知我者其天乎。"何晏《集解》引孔安國語曰："下學人事，上知天命。"○交相：互相。

（2）明則誠矣，誠則明矣：語本《禮記·中庸》："自誠明，謂之性；自明誠，謂之教。誠則明矣，明則誠矣。"○戰退私己：消除私心、私欲。

（3）剛強：意志、性格堅強。○壯健：身體健康強壯。○勝己：克服私欲。

（4）酒清：酒清澈，指酒精度高。○肴乾：指肉的油脂少，肉質硬。

（5）行己：指立身行事。《論語·公冶長》："子謂子產有君子之道四焉：其行己也恭，其事上也敬，其養民也惠，其使民也義。"○難：畏懼。《荀子·君道》："故君子恭而不難。"久保愛注曰："難讀爲戁。……《爾雅》：'戁，懼也'。"○惰：懈怠。○異俗：指風俗不同。《禮記·王制》："廣谷大川異制，民生其間者異俗。"或指奇異的風俗。《漢書·禮樂志》："易亂除邪，革正異俗。"〇羞縮：羞澀畏縮。

（6）心弘：心中光大。〇非笑：非議嘲笑。〇趨：走向、歸向。〇視：通"示"，向……展示。《說文》段注曰："凡我所爲使人見之亦曰視。"

（7）在己者：內在於自己而本來就擁有的。〇勝：《說文》段注曰："凡能舉之，能克之，皆曰勝。"

（8）大而化之之謂聖：語見《孟子·盡心上》："可欲之謂善，有諸己之謂信，充實之謂美，充實而有光輝之謂大，大而化之之謂聖，聖而不可知之之謂神。"

（9）意思：意圖，用意。〇齷齪：氣量狹小，品行卑劣。〇无由：沒有門徑；沒有辦法。《儀禮·士相見禮》："某也願見，无由達。"鄭玄注："无由達，言久無因緣以自達也。"〇作事：處事，作爲。

（10）氣節之士：指有志氣和節操的人。〇志概：節操。

（11）身行：猶"力行"，指親自努力實行。《禮記·中庸》："力行近乎仁。"〇爲：做也。〇教天下：指培育天下求學之人。《孟子·盡心上》："君子之所以教者五：有如時雨化之者，有成德者，有達財者，有答問者，有私淑艾者。"

（12）爲長者折枝，非不能也：語見《孟子·梁惠王上》："挾太山以超北海，語人曰'我不能'，是誠不能也。爲長者折枝，語人曰'我不能'，是不爲也，非不能也。"〇顧：考慮。〇若何：如何，怎麼樣。

初九。壯于趾，征凶，有孚。《象》曰："壯于趾"，其孚窮也。

九二。貞吉。《象》曰：九二貞吉，以中也。

九三。小人用壯，君子用罔，貞厲。羝羊觸藩，羸其角。《象》曰："小人用壯"，君子罔也。

34·3 以陽居陽，正也；然乘下之剛，故危[1]。小人用此而進，如羝羊觸藩以爲壯[2]，故多見困。君子知幾則否[3]。藩以喻四，三有應，所之在① 進而位正理直[4]。小人處之，必以剛動。

【注】

（1）以陽居陽：指九三以陽爻居處陽位。○乘下之剛：指九三以陽爻而處在九二陽爻之上。

（2）羝羊觸藩：公羊角鈎在籬笆上，比喻進退兩難。

（3）知幾：知曉事物發生變化的隱微徵兆。

（4）三有應：指九三陽爻與上六陰爻互有援應。○所之在進：所去的地方在前面。○位正理直：當位而有應也。

九四。貞吉，悔亡。藩決不羸，壯于大輿之輹。《象》曰："藩決不羸"，尚往也。

34·4 乘剛本有悔，不用其壯，故貞吉[1]。三以四爲藩，九四上无陽爻，故曰"藩決"。壯輿之輹[2]，往无咎也。四能不爲陰累，守己以正，則吉而无乘剛之悔，且得衆陽之助以銷陰慝[3]。

---

① "三有應所之在"，薈要本校勘記：此句文義未明，疑有訛落，但無別本可校，姑仍其舊。

【注】

（1）乘剛：九四居處九三陽爻之上。〇不用其壯：指不使用暴力强力，隱藏鋒芒實力。

（2）輹：車箱下面鈎住車軸的部件。

（3）陰應：指陰氣。

六五。喪羊于易，无悔。《象》曰：“喪羊于易”，位不當也。

34·5　羊外柔而内很，六五以陰處陽，羊喪之象也[1]。能去其内剛[2]，不拒來者[3]，則无悔，故曰“喪羊于易，无悔”。履柔危之地，乘壯動之剛，固之必悔者①，位非其所堪也[4]。

【注】

（1）很：假借爲“狠”，凶惡，暴戾。〇以陰處陽：指六五以陰爻居處陽位。

（2）内剛：“内很”也，或指其爻位。

（3）來者：四陽爻也。

（4）履柔危之地：六五爲陰爻，爲柔，居五位，下有四陽爻進犯，故危。〇乘壯動之剛：四陽爻爲强盛躁動，爲剛進，而六五居乘其上。〇必悔：必然悔恨、後悔。

上六。羝羊觸藩，不能退，不能遂，无攸利，艱則吉。《象》曰：“不能退，不能遂”，不詳也。“艱則吉”，咎不長也。

---

① 薈要本校勘記：“固知必悔者”，“知”訛“之”，今改。按：“之”爲代詞，“固之”指固守此位。“知”即知道，“固知”指已經知道。薈要本之意可參考。

34·6　剛競用觸則進退皆凶，危懼求全則咎有時而息也[1]。然上六以陰居上，不詳事宜[2]，用壯而觸，故進退不能。

【注】

（1）剛競：剛健强勁。○觸：抵、頂。○危懼求全：憂慮恐懼以乞求保全。

（2）事宜：關於事情的安排與布置。

晉

䷢ 離上坤下　晉，康侯用錫馬蕃庶，晝日三接。

《彖》曰：晉，進也，明出地上。順而麗乎大明，柔進而上行，是以“康侯用錫馬蕃庶，晝日三接”也。

《象》曰：明出地上，晉。君子以自昭明德。

初六。晉如摧如，貞吉。罔孚裕，无咎《象》曰：“晉如摧如”，獨行正也。“裕无咎”，未受命也。

35·1 居晉之初，正必見摧，故摧如不害於貞吉也[(1)]。未孚於人，或未見聽，寬以居之乃无咎[(2)]。然初六有應在四，居下援上，未安其分，故曰“未受命也”。

【注】

（1）摧如：指遭受挫折的狀態。摧，挫折。○不害於：不妨礙。

（2）未：“罔”也。○寬以居之：“裕”也。

六二。晉如愁如，貞吉。受茲介福，于其王母。《象》曰：“受茲介福”，以中正也。

35·2 進而无撓，多失於肆，故愁如乃吉[(1)]。六五以陰居尊，故稱“王母”，俱以柔中，故受福可必也[(2)]。

【注】

（1）撓：《説文》“擾也”，阻擾。○肆：《玉篇》“放也，恣也”。

（2）以陰居尊：指六五以陰爻居上卦中位。○俱以柔中：指六二、六五均以陰爻居中位。○受福可必：即“必可受福”。

六三。衆允，悔亡。《象》曰：“衆允”之志，上行也。

35·3　上歷九四[1]，不爲衆信，則取悔可必；若志應在上[2]，晉爲衆允[3]，則悔亡。

【注】

（1）上歷九四：指六三以陰爻承比上卦九四陽爻。○歷：選擇。

（2）若：同“而”，表示轉折。○志應在上：指六三陰爻與上卦上九陽爻志氣相應。

（3）晉：進也。

九四。晉如鼫鼠，貞厲。《象》曰：“鼫鼠貞厲”，位不當也。

35·4　鼫鼠爲物[1]，貪而畏人；體陽在進[2]，反據陰位；故動止皆失[3]，與六三之義爲相反矣。

【注】

（1）鼫鼠：指一種危害農作物的鼠，《大戴禮記·勸學》：“螣蛇無足而騰，鼫鼠五伎而窮。”一指螻蛄，孔穎達疏：“鼫鼠有五能而不成伎之蟲也。”蔡邕《勸學篇》云：“鼫鼠五能，不成一伎術。”注曰：“能飛不能過屋，能緣不能窮木，能游不能度谷，能穴不能掩身，能走不能先人。”《本草經》云：“螻蛄一名鼫鼠。”

（2）體陽：指九四爲陽爻。○在進：尚進取也。

（3）動止：猶進退與静守。

六五。悔亡，失得勿恤。往吉，无不利。《象》曰："失得勿恤"，
往有慶也。

　　35·5　進而遇陽，故失得不恤而吉也[1]。位不當必有
悔[2]，獲吉則悔亡。
　　【注】
　　（1）陽：上九也。○失得：失而復得。○不恤："勿恤"，
不憂慮。
　　（2）位不當：以陰居陽也。

上九。晉其角，維用伐邑，厲吉无咎，貞吝。《象》曰："維
用伐邑"，道未光也。

　　35·6　窮无所往，故曰角[1]。居明之極，其施未光而
應尚狹[2]。持此以進，伐邑討叛而已[3]。危而幸吉[4]，以
得无咎，然終吝道也。无可進而進不已，惟伐邑於内而可
矣，如君子則知止也[5]。
　　【注】
　　（1）窮：以爻位言。○角：隅也，指角落，孔疏曰"西南
隅也"。
　　（2）明：上卦爲離，爲明，《彖辭》《象辭》皆曰"明出
地上"之明。○施未光：語見屯卦九五《象辭》，指作爲還没
有取得輝煌宏大的成就。○應：指上九與六三的互應。○尚：

仍然。

（3）持：依仗。○伐邑討叛：討伐屬邑的叛亂。

（4）危而幸吉："厲吉"也，幸免於難而轉爲吉祥。

（5）知止：謂懂得適可而止。《韓詩外傳》卷五："貪物而不知止者，雖有天下不富矣。"

明　夷

坤上
離下　明夷，利艱貞。

《彖》曰：明入地中，明夷。内文明而外柔順，以蒙大難，文王以之。"利艱貞"，晦其明也。内難而能正其志，箕子以之。

36·1　文王體一卦之用，箕子以六五一爻之德[1]；文王難在外，箕子難在内也[2]。

【注】

（1）一卦之用：《象辭》"君子以莅衆，用晦而明"也，指君子處事外晦内明。〇箕子：名胥餘，殷商末期人，殷紂王叔父，官太師，封於箕（今山西晉中市太谷區東北）。〇六五一爻之德：六五爻辭曰"箕子之明夷，利貞"，指君子遭難退隱而得吉利。

（2）文王難：指紂王囚西伯於羑里之事，見《史記》卷四《周本紀》。〇箕子難：指箕子被貶爲奴隸而佯狂之事，見《史記》卷三十八《宋微子世家》。

《象》曰：明入地中，明夷。君子以莅衆，用晦而明。

36·2　不任察而不失其治也[1]。

【注】

（1）任察：任用監察。

初九。明夷于飛，垂其翼。君子于行，三日不食。有攸往，主人有言。《象》曰："君子于行"，義不食也。

36·3 進應於上[1]，爲三所困，故曰"于飛垂翼"。君子避患當速，勢不與抗，退而遠行，不遑暇食，静以自守，非有所往之時也[2]。

【注】

（1）進應於上：初九陽爻與六四陰爻爲正應。

（2）速：及時也。○勢：形勢。○不與：不利於。○不遑暇食：没有閒暇時間從容地吃飯，語見《尚書·無逸》："自朝至於日中昃，不遑暇食，用咸和萬民。"孔穎達疏："遑亦暇也。重言之者，古人自有複語。猶云'艱難'也。"

六二。明夷，夷于左股，用拯馬壯，吉。《象》曰：六二之吉，順以則也。

36·4 與三同體，三爲六應，故曰"夷于左股"[1]。居中履順[2]，難不能及，故曰"用拯馬壯，吉"。馬謂初九，亦爲己用，故欲拯闇同[3]。

【注】

（1）與三同體：六二、九三互爲陰陽相比，志趣相同。○三爲六應：九三與上六爲陰陽正應。○夷：傷也。

（2）居中履順：六二處下卦中位陰位，又爲陰爻，故順。

（3）爲己用：六二陰爻乘比於初九陽爻。○闇：愚昧。○同：朋也，指初九。

九三。明夷于南狩，得其大首，不可疾貞。《象》曰："南狩"

之志,乃大得也。

36·5　九三進獲明夷之主⁽¹⁾,故曰"南狩得其大首"。

【注】

（1）獲:"狩"也,獵取。○明夷之主:"大首"也,指上六。

六四。入于左腹,獲明夷之心,于出門庭。《象》曰:"入于左腹",獲心意也。

36·6　與上六同爲一體,故曰"入于左腹";與五親比,故曰出門"獲明夷之心"⁽¹⁾。蓋用柔履中,其志相得,故曰"獲心意也"⁽²⁾。

【注】

（1）與上六同爲一體:指六四與上六均屬上卦。○與五親比:指六四與六五相比臨且親近。○明夷之心:指六五。

（2）用柔履中:指六四以陰爻居陰位。○志:"心意"也。○相得:彼此投合。

六五。箕子之明夷,利貞。《象》曰:箕子之貞,明不可息也。

36·7　雖近於闇,然柔順履中⁽¹⁾,闇不能掩,箕子之正也。

【注】

（1）柔順履中:指六五以陰爻居上卦中位。

上六。不明晦,初登于天,後入于地。《象》曰:"初登于天",照四國也。"後入于地",失則也。

家　人

巽上
離下　家人，利女貞。

《彖》曰：家人，女正位乎内，男正位乎外。男女正，天地之大義也。家人有嚴君焉，父母之謂也。父父，子子，兄兄，弟弟，夫夫，婦婦，而家道正。正家而天下定矣。

《象》曰：風自火出，家人。君子以言有物，而行有恒。

37·1 家道之始，始諸飲食烹飪，故曰“風自火出”[1]。

【注】

（1）家道：指治家之方法、道理。〇始：前指“根本”，後指“滋生”。

37·2 家人，道在於烹爨[1]。一家之政，樂不樂、平不平，皆繫乎此[2]。

【注】

（1）烹爨：《集韻》“烹，煮也”，《廣雅》“爨，炊也”，同義反復，指做飯。

（2）政：家庭事務。〇樂：融洽。〇平：祥和。〇繫：牽涉，關聯。

初九。閑有家，悔亡。《象》曰：“閑有家”，志未變也。

37·3 男處女下[1]，悔也。

【注】

（1）男處女下：初九以陽爻居處六二陰爻之下，陽爻象男，陰爻象女。

六二。无攸遂，在中饋，貞吉。《象》曰：六二之吉，順以巽也。

九三。家人嗃嗃，悔厲吉；婦子嘻嘻，終吝。《象》曰："家人嗃嗃"，未失也。"婦子嘻嘻"，失家節也。

37·4 位爲過中[1]，則履非得宜，與其慢也寧嚴[2]。

【注】

（1）位爲過中：指九三爻位超過六二之中位。

（2）與其：連詞，在比較兩件事或兩種情況的利害得失而表示有所取捨時，表示不贊成的一面。○慢：《説文》"惰也"，"不畏也"。○寧：情願。《説文》"願詞也"。○嚴：莊重。

六四。富家，大吉。《象》曰："富家大吉"，順在位也。

37·5 柔順在位[1]，故能長保其富。

【注】

（1）柔順在位：指六四以陰爻居處陰位。在位，猶"得位"。

九五。王假有家，勿恤，吉。《象》曰："王假有家"，交相愛也。

37·6 有應在二[1]，得男女內外[2]，家道大正[3]，足以化成天下[4]，故王假之[5]。

【注】

（1）有應在二：六二陰爻與九五陽爻爲正應。

（2）得男女内外：指六二陰爻在内卦中位，九五陽爻在外卦中位，且各以陰爻居陰位，以陽爻居陽位，故曰得。

（3）大正：猶“中正”，指不偏不倚合乎中道。

（4）化成天下：語見賁卦《彖辭》：“文明以止，人文也……觀乎人文，以化成天下。”同“天下化成”，語見恒卦《彖辭》：“聖人久於其道而天下化成。”化成，教化成功。

（5）假：至也。

上九。有孚威如，終吉。《象》曰：威如之吉，反身之謂也。

37・7　以陽居尊[1]，故“威如”；身修而家齊[2]，故“終吉”。

【注】

（1）以陽居尊：指上九以陽爻居處上卦高貴之上位。

（2）身修而家齊：猶“修身而齊家”也，指身心德性得到陶冶涵養從而使家庭融洽和睦，此釋“反身”。○修身，齊家：語出《禮記・大學》：“欲齊其家者，先修其身。”又復卦《象辭》曰：“不遠之復，以修身也。”○反身：返躬自省，檢束自我身心，參蹇卦《象辭》“君子以反身修德”。《禮記・中庸》：“順乎親有道，反諸身不誠，不順乎親矣；誠身有道，不明乎善，不誠乎身矣。”《孟子・盡心上》：“萬物皆備於我矣，反身而誠，樂莫大焉；強恕而行，求仁莫近焉。”

睽

睽，小事吉。

《彖》曰：睽，火動而上，澤動而下。二女同居，其志不同行。説而麗乎明，柔進而上行，得中而應乎剛，是以“小事吉”。天地睽而其事同也，男女睽而其志通也，萬物睽而其事類也。睽之時用大矣哉！

《象》曰：上火下澤，睽。君子以同而異。

38·1 一於異⁽¹⁾，則乖而不合⁽²⁾，故“和而不同”⁽³⁾。

【注】

（1）一：本也，同也。○異：不同。

（2）乖：反常，《玉篇》“睽也，戾也，背也”。《序卦》：“家道窮必乖，故受之以睽。睽者，乖也。”○不合：不和，相違背，不和睦。

（3）和而不同：謂和衷相濟而又各有所見，不苟同於人。語出《論語·子路》：“君子和而不同，小人同而不和。”何晏《集解》：“君子心和，然其所見各異，故曰不同。”

初九。悔亡。喪馬勿逐自復。見惡人，无咎。《象》曰：“見惡人”，以辟咎也。

38·2 履睽之始，悔也⁽¹⁾。能以貴下賤，故悔亡馬復⁽²⁾。屈下惡人，能免於咎⁽³⁾。

【注】

（1）履睽之始：指初九居處睽卦第一爻，喻指人剛接觸乖離之事或人。○悔：指有災禍。

（2）以貴下賤：指初九以高貴之陽爻處低賤之下位。○悔亡馬復：災難消弭，丟失的馬自己返回。

（3）屈下：即"屈己下人"，指委屈自己，對人謙讓。○免："辟"也。

九二。遇主于巷，无咎。《象》曰："遇主于巷"，未失道也。

38·3 守正居中，故能求主於乖喪之際，不失其道⁽¹⁾。乖，睽主有不可顯遇之時⁽²⁾。

【注】

（1）守正居中：指九二居處下卦中位，持守正中之道。○求主：即"遇主"，指九二陽爻與六五陰爻相互志應。○乖喪之際：指九二以陽爻居陰位，失位也。

（2）睽主：睽卦之卦主，六五爻也。○顯遇：容易遇到。

六三。見輿曳，其牛掣，其人天且劓，无初有終。《象》曰："見輿曳"，位不當也。"无初有終"，遇剛也。

38·4 乘剛遇敵⁽¹⁾，輿衛皆困。

【注】

（1）乘剛：指六三陰爻乘比九二陽爻，又以陰爻居陽位，"位不當也"。○遇敵：指六三陰爻承比九四陽爻。

九四。睽孤，遇元夫，交孚，厲无咎。《象》曰："交孚无咎"，志行也。

六五。悔亡。厥宗噬膚，往何咎？《象》曰："厥宗噬膚"，往有慶也。

38·5　二能勝三⁽¹⁾，如噬膚耳⁽²⁾，何間已往⁽³⁾。

【注】

（1）二能勝三：指六三陰爻乘比九二陽爻，而陽可以戰勝陰。

（2）噬膚：吃肉。

（3）何間：此猶"何咎"。

上九。睽孤，見豕負塗，載鬼一車，先張之弧，後説之弧，匪寇婚媾，往遇雨則吉。《象》曰：遇雨之吉，群疑亡也。

蹇

坎上
艮下　蹇，利西南，不利東北。利見大人。貞吉。

39·1　蹇之世⁽¹⁾，大人乃能成功⁽²⁾。

【注】

（1）世：此指卦之六爻所構成的體系。

（2）大人：原指貴族，此指德行高尚、志趣高遠的人。

《彖》曰：蹇，難也，險在前也。見險而能止，知矣哉！“蹇利西南”，往得中也。“不利東北”，其道窮也。“利見大人”，往有功也。當位“貞吉”，以正邦也。蹇之時用大矣哉！

39·2　見險能止，然不可終止而已⁽¹⁾。當見大人之德，進之坤順致養之地，則得其中⁽²⁾。若更退守艮止，則難无時而解也，故曰“‘不利東北’，其道窮也”⁽³⁾。至於解卦，則曰“‘其來復吉’，乃得中也”⁽⁴⁾，與此互見矣。蓋難在內外，與震之動止則相反爾⁽⁵⁾。

【注】

（1）見：遭遇。○險：上卦為坎，為危險。○終：經常。○止：下卦為艮，為停止。

（2）當：應該。○見：顯現。○進之：到達。○坤順致養之地：指六二，坤卦《文言》：“坤道其順乎，承天而時行。”《說卦》曰：“坤也者，地也，萬物皆致養焉。”○中：正位。

（3）更：更改。○退守：後退防守。○艮止：指初六。○无時：不知何時也。○解：停止。

（4）"其來復吉"，乃得中也：語見解卦《象辭》。

（5）難在内外：指内外交困。蹇卦下艮上坎，艮爲山，坎爲水，山阻水險，行動困難。○震之動止則相反：指震卦之中雖然也險阻重重，但能進退自如，動靜合宜。

《象》曰：山上有水，蹇。君子以反身脩德①。

初六。往蹇來譽。《象》曰："往蹇來譽"，宜待也。

　　39·3　蹇難之際⑴，用心存公⑵，无所偏係⑶，故譽美可獲⑷。

【注】

（1）難：遇險。

（2）用心存公：專心而正直。

（3）偏係：偏袒牽挂。

（4）譽美可獲：即可獲美譽。

六二。王臣蹇蹇，匪躬之故。《象》曰："王臣蹇蹇"，終无尤也。

九三。往蹇來反。《象》曰："往蹇來反"，内喜之也。

六四。往蹇來連。《象》曰："往蹇來連"，當位實也。

　　39·4　連，順也，序也⑴。蹇反當位，正吉⑵。六四未能出險，故可止；而順序以俟難之解，當位處陰之實⑶。

_____

① 原在釋文39·2上，考察釋文39·2爲《象辭》注，故移置於此。

【注】

（1）連：《廣韻》"續也"。○順、序：均有接續、沿續
之意。

（2）反：返也。○當位：指六四以陰爻居陰位。

（3）止：停止。○順序：順着次序。○俟：等候。○解：
解決，結束。○陰：指爻位。○實：實情也。

九五。大蹇朋來。《象》曰："大蹇朋來"，以中節也。

39·5 剛中之德[1]，爲物所歸[2]。

【注】

（1）剛中：指九五以陽爻處上卦中位、陽位。

（2）歸：依附。

上六。往蹇來碩，吉，利見大人。《象》曰："往蹇來碩"，志
在內也。"利見大人"，以從貴也。

39·6 與解繇同義[1]。

【注】

（1）繇：古同"籀"，指占卜的文辭。○解繇：指解卦爻辭。

解

䷧ 震上
坎下　解，利西南。无所往，其來復吉。有攸往，夙吉。

《彖》曰：解，險以動，動而免乎險，解。“解利西南”，往得衆也。“其來復吉”，乃得中也。“有攸往夙吉”，往有功也。天地解而雷雨作，雷雨作而百果草木皆甲坼。解之時大矣哉！

40·1 難免人患散，則得衆者吉[1]。往而不返，則生他變[2]。有所往而不速，將後於時也[3]。故无所往則靜吉，有所往則速吉[4]。

【注】

（1）難：災難。○免：避免，渡過。○患：憂患。○散：消解。○得衆：謂得人心。

（2）往而不返：語見《莊子·逍遥遊》。○他變：意外變故。

（3）速：快。○後：《説文》“遲也”。

（4）靜吉：指因靜受而得吉祥。○速吉：指因快速而得吉祥。

《象》曰：雷雨作，解。君子以赦過宥罪①。

初六。无咎。《象》曰：剛柔之際，義“无咎”也。

40·2 險難方解，未獲所安，近比於二[1]，非其咎也。

———————————

① 原在釋文40·1上，考察釋文40·1爲《彖辭》注，故移置於此。

【注】

（1）近比於二：指初六陰爻承比於九二陽爻。

九二。田獲三狐，得黃矢，貞吉。《象》曰：九二貞吉，得中道也。

40·3 險亂方解，不正自疑之陰，皆自歸附而順聽也，故曰"田獲三狐"（1）。不以三狐自累，上合於五，則得黃矢之象也（2）。

【注】

（1）正：使端正。○自疑：自我懷疑。○陰：指初六、六三、六五陰爻。○歸附：歸順依附。○順聽：順從聽從。○田：指田獵。

（2）自累：自我束縛、牽累。○上合於五：九二陽爻應合上卦六五陰爻。○黃矢：金矢，此指六五得信任。

六三。負且乘，致寇至，貞吝。《象》曰："負且乘"，亦可醜也。自我致戎，又誰咎也？

40·4 不正而近比二剛（1），不能致一（2），故有小人負乘之象（3），貪以致寇也。

【注】

（1）不正：指六三以陰爻居陽位。○近比二剛：指六三與九二、九四相比鄰。

（2）致一：猶專一。

（3）有小人負乘之象：指六三陰爻在九二陽爻之上。乘，居高臨下。相鄰的兩爻，陰爻在上，陽爻在下，稱陰乘陽。

九四。解而拇，朋至斯孚。《象》曰：“解而拇”，未當位也。

40·5　位不當則所履者邪[1]，故失位之陰[2]，因得駢附[3]。險亂即解，解之則朋信。“當”，一作“正”。

【注】

（1）位不當：指九四以陽爻居陰位。○所履者：所占據的，喻指所控制的。

（2）失位之陰：指六三。

（3）駢附：猶“駢拇”，語見《莊子·駢拇》，指並連相依附。

六五。君子惟有解，吉，有孚于小人。《象》曰：“君子有解”，小人退也。

40·6　君子道亨，則邪類之退必矣[1]。

【注】

（1）邪類：陰邪之類。

上六。公用射隼于高墉之上，獲之，无不利。《象》曰：“公用射隼”，以解悖也。

40·7　忘義而貪[1]，故以喻隼[2]。

【注】

（1）忘義：忘掉信義。

（2）隼：孔疏曰“貪殘之鳥，鷂鸇之屬”。

損

䷨ ^{艮下}_{兌上} 損，有孚，元吉，无咎，可貞，利有攸往。曷之用，二簋可用享。

《彖》曰：損，損下益上，其道上行。損而“有孚，元吉，无咎，可貞，利有攸往。曷之用，二簋可用享”，二簋應有時。損剛益柔有時，損益盈虛，與時偕行。

　　41・1　“損下益上”，損剛益柔，非可常行，必“有孚，元吉，无咎，可貞”，然後利有所進^{（1）}，故下云“有時”。

　　【注】

　　（1）利有所進：即“利有攸往”。

《象》曰：山下有澤，損。君子以懲忿窒欲^①。

初九。已事遄往，无咎，酌損之。《象》曰：“已事遄往”，尚合志也。

　　41・2　損剛益柔有時^{（1）}，損不可過，抑而居下^{（2）}，有爲而然^{（3）}，故事已則當速反於上，與四合志^{（4）}。損不以中，未免於咎也。

　　【注】

　　（1）有時：“酌”也。

　　（2）抑而居下：指初九被壓制，居處於下卦初位。

---

① 原在釋文41・1上，考察釋文41・1爲《彖辭》注，故移置於此。

（3）有爲而然：有所作爲就可以了。

（4）與四合志：指初九陽爻與六四陰爻志向應合。

九二。利貞。征凶，弗損益之。《象》曰："九二利貞"，中以爲志也。

　　41·3　以陽居陰，剛德已損，故以征則凶[1]。能志於正[2]，則雖損非損，其實受益。

【注】

（1）以陽居陰：指九二以陽爻居陰位。○剛德：九二爲陽爻，其德爲剛。○以征：用征，指進行征伐。

（2）志：有志於，專心。

六三。三人行，則損一人；一人行，則得其友。《象》曰："一人行"，三則疑也。

　　41·4　六三本爲上六，與坤同體，若連茹彙征[1]。三人並行，則反非益上之道也[2]。

【注】

（1）六三本爲上六：此以卦變言，指泰卦上六與九三互變，遂成損卦。此用蜀才、荀爽例，虞翻謂"泰初之上"。○坤：此指泰卦上體坤卦。○連茹彙征：語自泰卦初九爻辭，曰："拔茅茹，以其彙，征吉。"

（2）反：反而。

六四。損其疾，使遄有喜，无咎。《象》曰："損其疾"，亦可喜也。

41·5　六三志應於上，近不相得⁽¹⁾。不固其路，使速應於上則初九之應无所間阻，故曰“損其疾”⁽²⁾。使彼有喜⁽³⁾，故己亦可喜而无咎也。

【注】

（1）六三志應於上：指六三陰爻志應上九陽爻。〇相得：相配，相稱。

（2）固：禁錮，閉塞。〇間阻：阻隔，間隔。

（3）彼：六三也。

六五。或益之十朋之龜，弗克違，元吉。《象》曰：六五“元吉”，自上祐也。

41·6　龜弗能^①違，言受益之可必，信然不疑也⁽¹⁾。“或益之”，上九自外來而比之⁽²⁾，況其下者乎！

【注】

（1）龜：指貴重物。〇違：拒絶。〇受益之可必：即必可受益之。〇信然不疑：即確信不疑。

（2）上九自外來而比之：指六五陰爻承比於上九陽爻。

上九。弗損益之，无咎，貞吉。利有攸往，得臣无家。《象》曰：“弗損益之”，大得志也。

41·6　上九本爲九三⁽¹⁾，雖爲損下，其實上行，故云“弗損益之”。損終反益，反如益卦，損上而益下則可“大

————
① “能”，通志堂本、薈要本、文淵經部及子部本均作“克”。

得志”[2]。至於“得臣无家”[3]，言①所有之多也。以剛在上，受下之益多矣，故无所②施損，當反益於下，故曰“弗損益之”[4]。

【注】

（1）上九本爲九三：參六三爻注。

（2）損終反益：語見王弼注，指損卦上九雖處於終位，但能返回增益在下的爻。《序卦》曰：“損而不已必益。”又李鼎祚《集解》引王肅語曰：“損極則益。”〇反如益卦：損卦的反益如同益卦。〇大得志：張載於无妄卦初九爻、升卦六五爻注曰：“《易》所謂‘得志’者，聖賢獲其願欲者也。”（升卦下無“者也”二字）參无妄卦初九爻注（第135頁）。

（3）得臣无家：張載於无妄卦初九爻、升卦六五爻注曰：“‘得臣无家’，堯之志也；‘貞吉升階’，舜之志也。”參无妄卦初九爻注。

（4）以剛在上：指上九以陽爻處上卦上位。〇无所施損：即“利有攸往”也，猶施無所損。〇反益：猶“反哺”。

---

① “言”，原作“咎”，據底本旁注及章校本改。
② “无所”，原作“大川”，據底本旁注及章校本改。

益

䷩ 巽上　益，利有攸往。利涉大川。
震下

《彖》曰：益，損上益下，民説无疆。自上下下，其道大光。
"利有攸往"，中正有慶。"利涉大川"，木道乃行。益動而巽，
日進无疆。天施地生，其益无方。凡益之道，與時偕行。

　　42·1 上巽下動者[1]，損上益下之道。木以動而巽[2]，
故"利涉大川"。否卦九四下而爲初九[3]，故曰"天施地
生"，又曰"損上益下"，又曰"自上下下"。

【注】

　　（1）上巽下動：指益卦之象，上卦爲巽爲順，下卦爲震
爲動。

　　（2）以動而巽："益動而巽"也。

　　（3）否卦九四下而爲初九：張載此以否卦九四陽爻與初
六陰爻互變解，不知所本何人。○按：唐李鼎祚《集解》曰：
"虞翻曰：'否上之初也'。""蜀才曰：'此本否卦。'案：乾
之上九下處坤初，坤之初六上升乾四，損上益下者也。"清
毛奇齡《推易始末》卷二曰："蜀才曰：'此本否卦，乾四之
初。'虞翻曰：'否四之初也，損上益下。'"清王闓運《周易
説》卷四："虞曰：'四之初，坤爲无疆，震爲喜笑，以貴下賤，
大得民，故説无疆。'蜀才曰：'此本否卦。案：乾之九四下
處坤初，坤之初六上升乾四，損上益下者也。'"民國馬其昶

《周易費氏學》卷四:"蜀才曰:'此本否卦,乾下之初。'""虞翻曰:'乾下之坤,萬物出震,故天施地生。'"○又按:程頤言"巽震二卦,皆由下變而成","陽下居初,陰上居四",與張載同。李光地《周易折中》初九爻謂"卦以損四益初爲義"。張載若有所本,或本之蜀才。

《象》曰:風雷,益。君子以見善則遷,有過則改 [①]。
初九。利用爲大作,元吉,无咎。《象》曰:"元吉无咎",下不厚事也。

42·2 以剛陽之德施益於下 [(1)],故利用大作。然必元吉乃无咎也。

【注】

(1)剛陽之德:初九爲陽爻,其德主剛陽。○施益於下:此以卦變言,參《象辭》注。

六二。或益之十朋之龜,弗克違,永貞吉。王用享于帝,吉。《象》曰:"或益之",自外來也。

42·3 "或益之十朋之龜,弗克違",言損上益下之道理不可易,人皆信之,雖十朋之龜亦不能違此道也 [(1)]。往見損,九五居中體柔,蒙上之益,修報於下 [(2)]。享帝之美 [(3)],莫盛此焉。"或益之",必有自外來而益之者也。

【注】

(1)道理:事理,規律。○易:"違"也。○此道:指損上

---

① 原在釋文 42·1 上,考察釋文 42·1 爲卦辭、《象辭》注,故移置於此。

益下之道。

（2）居中：指九五居上卦中位。○體柔：指上卦爲巽爲柔順。○蒙：承受。○益：好處。○修：實行。○報：回報。

（3）帝：天也。○美：偏愛。

六三。益之用凶事，无咎。有孚，中行告公用圭。《象》曰：益用凶事，固有之也。

　　42·4　中行者，不私於應⁽¹⁾，无所偏係也。用心不私，以拯凶難，雖非王者之佐，可以用之牧伯以爲藩屏之臣矣⁽²⁾。體躁居陽，上有剛應，持此施益，用拯凶難，乃其固能也，故无咎可必⁽³⁾。然亦須執禮告上公而行，方合中道⁽⁴⁾。其曰“告公”者，未足專進爲王者之佐也。

【注】

（1）不私於應：不以私心應物也。應，上九也。

（2）以拯凶難：可以挽救凶險危難。○佐：僚屬。○牧伯：指地方諸侯或最高治理者。孔穎達曰：“《曲禮》云：‘九州之長曰牧。’《王制》云‘千里之外設方伯’，‘八州八伯’。然則牧、伯一也。伯者，主一州之長；牧者，言牧養下民。……鄭玄云：‘殷之州牧曰伯，虞夏及周曰牧。’”○藩屏之臣：比喻鎮守邊防、保衛國家的重臣。

（3）體躁居陽：指六三以陽爻居陽位，爲陽爻故體躁。○上有剛應：指六三陰爻與上九陽爻爲正應，爲陽故剛。○持：憑藉。○固能：“固有”也，指本來的能力。

（4）執禮：“用圭”也，指執守禮制。○告：稟告。○上公：周制，三公（太師、太傅、太保）八命，出封時，加一命，稱爲上公。《周禮·春官·典命》："上公九命爲伯，其國家、宮室、車旗、衣服、禮儀皆以九爲節。"鄭玄注："上公，謂王之三公有德者，加命爲二伯。二王之後亦爲上公。"賈公彦疏："案下文，三公八命，出封皆加一等。"○中道："中行"也，中正之道。

六四。中行告公從，利用爲依遷國。《象》曰："告公從"，以益志也。

42·5　以陰居陰，體巽應卑，持此施益，可以爲依遷之國[1]。純用卑柔仍告上公，見從方可用事，无剛故也[2]。不足告王[3]，故曰"告公"。

【注】

（1）以陰居陰：指六四以陰爻居陰位。○體巽：指六四處上體巽卦。○應卑：六四與初九爲正應，初九處下卦下位爲卑。○爲依遷之國：即"爲依遷國"。依，依附，憑藉，高亨釋作"殷"。遷國，遷都也。

（2）卑柔：六四陰爻處巽之下位，又與下卦下位初九相應，故謙卑柔順。○見從：意見被採納。

（3）不足：指職位、官位級別不够。

42·6　本爲初六，寄位於四[1]；居陰體巽，所趨在下；以爲依遷之國，人所容信[2]。然必中行不私，然後可告，必見從，蓋上以益下爲心也[3]。

【注】

（1）寄位於四：寄宿在第四爻位。

（2）容信：容納信任。

（3）中行不私：堅守中正之道，不徇私情。○心：核心、準則。

九五。有孚惠心，勿問元吉。有孚惠我德。《象》曰：“有孚惠心”，勿問之矣。“惠我德”，大得志也。

上九。莫益之，或擊之，立心勿恒，凶。《象》曰：“莫益之”，偏辭也。“或擊之”，自外來也。

42・7　體剛質巽，志應在下，位亢於上，故“立心勿恒”[1]。“或擊之”，反“或益之”之義爲文[2]，故又云“自外來也”。

【注】

（1）體剛：上九爲陽爻，故陽剛。○質巽：上九處巽卦，故順從。○志應在下：指上九陽爻與下卦六三陰爻志氣相應。○位亢於上：指上九處上卦上位。○立心勿恒：指用心不能穩定持久。

（2）或益之：語見六二爻辭。

42・8　未嘗損己，而云“莫益之”，作《易》者因益卦而言爾[1]。

【注】

（1）《繫辭下》：“子曰：君子安其身而後動，易其心而後語，定其交而後求。君子修此三者，故全也。危以動，則民不與也；懼以語，則民不應也；無交而求，則民不與也；莫之與，則傷之者至矣。《易》曰：'莫益之，或擊之，立心勿恒，凶。'"

夬

夬,揚于王庭,孚號有厲。告自邑,不利即戎,利有
攸往。

43·1 益而不已,必決,故受之以夬[1]。

【注】

（1）語出《序卦》,曰:“益而不已,必決,故受之以夬。
夬者,決也。”○夬:決斷。

《象》曰:夬,決也,剛決柔也。健而説,決而和。“揚于王
庭”,柔乘五剛也。“孚號有厲”,其危乃光也。“告自邑,不
利即戎”,所尚乃窮也。“利有攸往”,剛長乃終也。

43·2 不可以必勝而忽慢[1],故能矜慎則愈光也[2]。

【注】

（1）忽慢:猶輕慢,指輕視怠慢。

（2）矜慎:猶謹慎,指莊重小心。

43·3 除惡務本[1],故利有所進而後爲德乃終[2]。

【注】

（1）除惡務本:指鏟除惡勢力必須杜絕根本。語見《尚
書·泰誓下》:“樹德務滋,除惡務本。”蔡沈曰:“去惡則務絶
根本。”

（2）利有所進:即“利有攸往”。○爲德乃終:釋“剛長

乃終"。

《象》曰：澤上於天，夬。君子以施禄及下，居德則忌。

43·4 "君子道長"[1]，故非德之禁可以必行[2]。然不可恃令之行，无恩以及下也[3]。

【注】

（1）君子道長：語見《雜卦傳》，曰"夬，決也，剛決柔也；君子道長，小人道憂也"，指君子之道不斷滋長。

（2）非德之禁可以必行：釋"居德則忌"，王弼注曰："忌，禁也。法明斷嚴，不可以慢，故居德以明禁也。"非德之禁，指非議德性的禁令、法令。

（3）恃：依仗。○令："禁"也，指禁令、法令。○无恩：不"施禄"也。

初九。壯于前趾，往不勝，爲咎。《象》曰：不勝而往，咎也。

43·5 言能慮勝而往[1]，則无咎。

【注】

（1）慮：思慮周全。○勝：勝任。

九二。惕號，莫夜有戎，勿恤。《象》曰："有戎勿恤"，得中道也。

43·6 警懼申號，能孚號而有屬也[1]。以必勝之剛，決至危之柔[2]。能自危慮，雖有戎，何恤[3]！能得中道，故剛而不暴[4]。

【注】

（1）警懼申號：釋"惕號"，指警戒恐懼而大聲呼救。○孚號而有厲：引自夬卦卦辭："孚號有厲。"孔穎達疏曰："'孚號有厲'者，號，號令也，行決之法，先須號令。夬以剛決柔，則是用明信之法而宣其號令，如此即柔邪者危。"

（2）以：憑藉。○必勝之剛：陽爻其德爲剛，此以九二指代夬卦五個陽爻，勢力衆强，故云"必勝"。○至危之柔：指上六陰爻一柔在上而勢力孤弱。

（3）自危慮：指九二能居安思危。○戎：指進犯的軍隊。○恤：憂慮。

（4）能得中道：指九二居處下中位，能持守中正之道。○剛而不暴：指九二雖是剛進陽爻，但不暴躁。

九三。壯于頄，有凶。君子夬夬獨行，遇雨若濡，有慍，无咎。《象》曰："君子夬夬"，終无咎也。

43·7 九三以陽居陽，進決^①於上，是"壯于頄"也⁽¹⁾。不得中道，過壯或凶，故曰"有凶"⁽²⁾。君子明於事幾，能夬於用夬，進而緩之以善其終，不假用衆，故曰"獨行"；使之悦從，故曰"遇雨若濡"⁽³⁾。君子之心終无係累^②，故必有慍⁽⁴⁾。雖其有慍，於正无害，故曰"无咎"，故^③君子之道綽然餘裕，終不爲咎也⁽⁵⁾。

---

① "決"，清校本作"夬"。

② "无係累"，原闕，據明清校本補。

③ "故"，原闕，據明清校本補。

【注】

（1）以陽居陽：指九三以陽爻居處陽位。○進決於上：指九三處下卦上位，與上卦上位之上六陰爻互相志應。○壯于頄：王弼注曰："頄，面權也，謂上六也。最處體上，故曰'權'也。"

（2）不得中道：不能持守中正之道，指九三"處剛長而助柔"，"夬爲剛長，而三獨應上六，助於小人"。（王弼注）○過壯：過於剛進。

（3）明於事幾：善於發現事物的徵兆。○能夬於用夬：釋"夬夬"，王弼注曰："君子處之，必能棄夫情累，決之不疑。"○進而：繼續向前，更進一步。○緩之以善其終：慢慢處理，把事情從頭到尾都做好，猶"善始善終"。○不假用衆：指不借用衆人的勢力。○使之悅從：指九三使上六心悅誠服地跟從。○遇雨若濡：指"久旱逢甘霖"又"相濡以沫"之意。○按：王弼注曰："若不與衆陽爲群，而獨行殊志，應於小人，則受其困焉。'遇雨若濡'，有恨而无所咎也。"

（4）終无係累：終究沒有牽係拖累。○愠：恨也，遺憾。

（5）於正无害：即"无害於正"，指對正中之道沒有傷害。○綽然餘裕：寬綽有餘，亦指應對從容、胸懷寬廣。語自《孟子·公孫丑下》："我無官守，我無言責也，則吾進退豈不綽綽然有餘裕哉？"趙岐注曰："今我居師賓之位，進退自由，豈不綽綽然舒緩有餘裕乎。綽、裕皆寬也。"○終不爲咎：最終不會導致悔恨。

九四。臀无膚，其行次且。牽羊悔亡，聞言不信。《象》曰：
"其行次且"，位不當也。"聞言不信"，聰不明也。

43·8 一陰在上，衆陽爭趨，三其正應，己獨乘之，故
行止皆凶[1]。牽羊者必讓而先之，則爲①力也易[2]。溺於
所趨，必不能用，故曰"聞言不信"[3]。溺於心者，聽必不
聰[4]。

【注】

（1）一陰在上：指上六陰爻處在夬卦上位。○衆陽爭趨：
指衆多陽爻力求向上前進。○三其正應：指九三陽爻與上六
陰爻爲正應。○己獨乘之：指九四凌駕於九三之上。○行止：
指行步止息，猶言動和定。

（2）牽羊者：猶"效羊者"，《禮記·曲禮上》："效馬效羊
者右牽之。"鄭玄注："用右手便。"○讓而先之：即"先讓之"。
讓，退也。○爲力也易：即"易爲力也"，容易使勁。

（3）溺：執迷不悟。○所趨：指所追求的。○聞言不信：
不相信所聽到的話。

（4）溺於心者：指沉溺於自我内心的人。○聽必不聰：
必定不能虛心聽取意見。

九五。莧陸夬夬，中行无咎。《象》曰："中行无咎"，中未
光也。

43·9 陽近於陰，不能无累[1]，故必正其行然後免咎[2]。

---

① "爲"，原無，據明清校本、《粹言》補。

【注】

（1）陽近於陰，不能无累：指九五陽爻承比於上六陰爻，難免於被陰爻係累。

（2）必正其行：指九五必須持守正中之道，端正德行。

上六。无號，終有凶。《象》曰：无號之凶，終不可長也。

姤

乾上巽下 姤，女壯，勿用取女。

《彖》曰：姤，遇也，柔遇剛也。“勿用取女”，不可與長也。天地相遇，品物咸章也。剛遇中正，天下大行也。姤之時義大矣哉！

44・1 非中爻不能備卦德[1]，故曰“剛遇中正”[2]。

【注】

（1）備卦德：指承載一卦之德，即成爲卦主。

（2）剛遇中正：指九五爻。

《象》曰：天下有風，姤。后以施命誥四方。

44・2 上所以用柔於下者，誥令莫大焉[1]。

【注】

（1）誥令：指朝廷、君上發布的命令。○莫大焉：指最高級別的，如《左傳》宣公二年“善莫大焉”，昭公五年“罪莫大焉”，《孟子・盡心上》“樂莫大焉”。

初六。繫于金柅，貞吉。有攸往，見凶，羸豕孚蹢躅。《象》曰：“繫于金柅”，柔道牽也。

44・3 金、柅，二物也[1]。處姤之時，不牽於近則所往皆凶[2]。孚，信也。豕方羸時，力未能動，然至誠在於蹢躅，得申則申矣⁽³⁾。如李德裕處置閹宦，徒知其帖息威伏，而忽於志不妄逞，照察少不至則失其幾也⁽⁴⁾。

【注】

（1）金：王弼曰“堅剛之物”，高亨曰“黄銅”。○柅：王弼曰“制動之主”，高亨曰“織布帛之一種工具，纏綫於其上，綫之一端繫於機”。

（2）牽：“繫”也。

（3）豕：豬。○方：正在，正當。○羸：瘦弱。○力未能動：即“未能動力”。動，用也。○至誠：“孚”也，信也。○躑躅：徘徊不進的樣子。○申：通“伸”，舒展。

（4）徒：只。○帖息：馴服。○威伏：屈服於威嚴。○忽於志：疏忽大意。○不妄逞：不隨意放縱。○照察：明察，照見。○少不至：即“稍不至”。○失其幾：指失去先機。

九二。包有魚，无咎，不利賓。《象》曰：“包有魚”，義不及賓也。

九三，臀无膚，其行次且，厲无大咎。《象》曰：“其行次且”，行未牽也。

44·4 行而无所與遇，故曰“行未牽也”，進退无所係也⁽¹⁾。

【注】

（1）行：“進退”也。○无所與遇：没有與之相遇的，即“未牽也”，“无所係也”。○按：“臀无膚，其行次且”，又見於夬卦九四爻辭，孔穎達疏曰：“‘次且’，行不前進也。”

九四。包无魚，起凶。《象》曰：无魚之凶，遠民也。

九五。以杞包瓜，含章，有隕自天。《象》曰：九五"含章"，中正也。"有隕自天"，志不舍命也。

44·5 杞之爲物，根固於下；瓜之爲實，潰必自内[1]。九五以中正剛健，含章宅尊，而遇陰柔浸長之時，厚下安宅，潰亂是防，盡其人謀而聽天命者也[2]。"以杞包瓜"，文王事紂之道[3]。厚下以防中潰，盡人謀而聽天命者歟[4]！

【注】

（1）杞：高大之木。（黄壽祺、張善文注）〇物：植物。〇固：堅守。〇瓜：段玉裁《説文解字注》曰"蓏也"，指草本植物的果實。〇實：果實。〇潰：腐爛。〇按：杞，《説文解字》"枸杞也"。王弼曰："杞之爲物，生於肥地者也。"孔穎達疏謂："先儒説杞，亦有不同。馬云'杞，大木也'，《左傳》云'杞梓、皮革自楚往'，則爲杞梓之杞。《子夏傳》曰作'杞苞瓜'，《薛虞記》云'杞，杞柳也。杞性柔韌，宜屈橈，似苞瓜'，又爲杞柳之杞。案王氏云'生於肥地'，蓋以杞爲今之枸杞也。"高亨謂："杞借爲芑。芑，白苗嘉穀也。"〇又按：包瓜，王弼注："包瓜爲物，繫而不食者也。"孔疏曰："苞瓜爲物，繫而不食。"阮元《校勘記》："《釋文》'包，子夏作苞'。"《周易集解纂疏》引作"苞"。高亨謂："包，裹也。"黄壽祺、張善文曰："包，裹也，猶言'蔽護'。"〇按：王宗傳《童溪易傳》（宋開禧刻本）卷二十、朱震《漢上易傳》（《四部叢刊續編》景宋刻本）卷五，皆引張載語"杞，周於下者也"。

（2）中正剛健：指九五爲陽爻，其德剛強健碩，居處上卦中位有中正之德。○含章：包含美質。又見坤卦：“六三，含章可貞。”孔穎達疏：“章，美也。”○宅尊：指九五之爻位尊貴。○遇陰柔浸長之時：姤卦之象也。○厚下：指鞏固根基。○安宅：猶“安居”，語見《詩·小雅·鴻雁》：“雖則劬勞，其究安宅。”○潰亂是防：即“是防潰亂”，指從而預防腐敗、混亂（散亂）。○盡其人謀而聽天命：盡人智謀之所能，而後聽任事態自然發展變化。

（3）文王事紂之道：即“厚下”“防潰”。

（4）厚下以防中潰：同“厚下安宅，潰亂是防”。○按：依此句，張載解“以杞包瓜”之“包”可能與高亨、黃壽祺等相同。

上九。姤其角，吝，无咎。《象》曰：“姤其角”，上窮吝也。

44·6　窮不知變⁽¹⁾，吝之道也。

【注】

（1）窮：釋“角”，指盡頭。○變：“權”也，變通。

萃

兑上坤下　萃，亨。王假有廟，利見大人，亨，利貞。用大牲，吉，利有攸往。

45·1　姤者，遇也。物相遇而後聚，故受之以萃[1]。

【注】

（1）引《序卦》辭以釋“萃”也。○受之以萃：猶“以萃受之”。受，通“授”，授予。《説文》：“受，相付也。”王筠曰：“手部授，人部付，皆曰‘予也’。今以付説受，則是受、授同字矣。”

45·2　與渙卦義同，故繇詞互見[1]。

【注】

（1）繇詞：即“爻辭”。

45·3　萃而不見大人之德[1]，吝道也。

【注】

（1）萃：聚也。○見：通“現”，顯現，體現。○大人之德：中正之德也。

《象》曰：萃，聚也。順以説，剛中而應，故聚也。“王假有廟”，致孝享也。“利見大人，亨”，聚以正也。“用大牲，吉，利有攸往”，順天命也。觀其所聚，而天地萬物之情可見矣。

45·4　聚而致享[1]，必有廟乃盡其實[2]。

【注】

（1）致享：語自“致孝享”。享，孔疏曰“獻也”，高亨曰“祭也”，獻祭，祭祀。

（2）有廟：高亨曰“有猶於也”，廟指宗廟。○盡其實：即盡其孝也。實，《廣雅》曰“誠也”，此指孝親祭祖的誠心。

45·5　聚而不見大人之德，吝道也^{（1）}。

【注】

（1）互見於爻辭注45·3。

45·6　聚不以正，私邪勝也^{（1）}。

【注】

（1）正：指“大人之德”，中正之德。○私邪：偏私邪曲。

45·7　富聚之世^{（1）}，順天之命^{（2）}，用大牲有所進爲宜^{（3）}。

【注】

（1）富：一指財富；一通“福”，指“富貴壽考”，既有財有勢又得享高壽。○世：指卦象。

（2）順天之命：即“順天命也”，王注、孔疏皆依《彖辭》“順以説”解。司馬光《迂書·士則》：“違天之命者，天得而刑之；順天之命者，天得而賞之。”

（3）大牲：祭祀所用的牛。○進：增強，增加。

45·8　散而通之^{（1）}，順天命而不凝於物也。“凝”，一作“疑”^①。

---

① 按：“疑”通“凝”，定也，止也。

【注】

（1）散而通之：聚不能無散，故必使分離而通暢。

《象》曰：澤上於地，萃。君子以除戎器，戒不虞①。

初六。有孚不終，乃亂乃萃，若號，一握爲笑，勿恤，往无咎。

《象》曰："乃亂乃萃"，其志亂也。

45·9 萃聚之世，物各以近相求；所處遠者，雖有其應，不能專一(1)。初六，履不以中，萃而志亂，故爲衆輕侮(2)。若能啼號齎咨，專一其守，不恤衆侮，則往而无咎(3)。

【注】

（1）萃聚之世，物各以近相求：語自孔疏"萃聚之時，貴於近合"。○所處遠者，雖有其應：指初六與九四陰陽志應，但相距遙遠。○不能專一：釋"有孚不終"，王注曰"心懷嫌疑"，"不能守道"。

（2）履不以中：指初六爻位不在中位，不能持守中正之道。○萃而志亂：釋"乃亂乃萃"，指有意聚集但神志錯亂。○爲衆輕侮：被衆人輕慢欺侮。

（3）啼號齎咨：釋"號"，指哭叫嘆息。"齎咨"，見萃卦上六爻辭，猶"齎嗟"，王弼注曰："齎咨，嗟嘆之辭也。"○專一其守：釋"一握爲笑"，指專心致一、堅守職分，能與衆人握手言笑。○不恤衆侮：釋"勿恤"，指不憂慮衆人的輕侮。○按：王注曰："一握者，小之貌也。爲笑者，懦劣之貌也。"孔疏同。

---

① 原在釋文45·4上，考察釋文45·4至45·8爲《象辭》注，故移置於此。

六二。引吉,无咎,孚乃利用禴。《象》曰:"引吉无咎",中未變也。

45·10 物思其聚之時,能自持不變⁽¹⁾,引而後往⁽²⁾,吉乃无咎⁽³⁾。凡言"利用禴"⁽⁴⁾,皆誠素著白於幽明之際⁽⁵⁾,未孚而略禮⁽⁶⁾,則神怒而民怨。

【注】

（1）自持不變:即"中未變也"。六二以陰爻居陰位,爲當位;又處下卦中位,有正中之德:故能持守中正之道,不因外物而變易。

（2）引而後往:先退後然後再前進。

（3）此釋"引吉无咎"。王注曰:"居萃之時,體柔當位,處坤之中,己獨處正,與衆相殊,異操而聚,民之多僻,獨正者危。未能變體以遠於害,故必見引,然後乃'吉'而'无咎'也。"孔疏曰:"萃之爲體,貴相從就,聚道乃成。今六二以陰居陰,復在坤體,志於靜退,則是守中未變,不欲相從者也。乖衆違時,則致危害,故須牽引乃得'吉'而'无咎'也。"

（4）禴:王注曰:"禴,殷春祭名也,四時祭之省者也。"指簡約的祭祀。

（5）誠素:亦作"誠愫",指情愫,真情實意。〇著白:明白,顯著。〇幽明之際:幽明交匯之時。幽明,指有形和無形的事物。《繫辭上》:"仰以觀於天文,俯以察於地理,是故知幽明之故。"韓康伯注:"幽明者,有形无形之象。"

（6）未孚:不忠信。〇略禮:疏漏於禮儀。略,王注"省",

孔疏"薄"也,指簡陋,不莊重。

六三。萃如嗟如,无攸利,往无咎,小吝。《象》曰:"往无咎",上巽也。

九四,大吉,无咎。《象》曰:"大吉无咎",位不當也。

45·11 位非極顯而有物之萃[1],非大吉則悔吝必矣[2]。

【注】

(1)位非極顯:釋"位不當也",指九四居上卦初位,又以陽爻處陰位。○有物之萃:有物來聚集,王注"下據三陰,得其所據"也。

(2)大吉:指"有物之萃"。

九五。萃有位,无咎,匪孚,元永貞,悔亡。《象》曰:"萃有位",志未光也。

45·12 居得盛位不能見[1],以大人之德係應於二[2],故曰"有位";履非不正[3],故无咎。然非君人之大信[4],爲德非厚[5],不能无悔,故"元永貞"而後"悔亡"。

【注】

(1)居得盛位:指九五居上卦中位。○見:通"現",釋"光",彰顯光大也。

(2)以大人之德:憑藉正中之德。○係應於二:九五牽係志應六二。

(3)履非不正:即"履正""當位"也,指九五以陽爻處陽位。

（4）非君人之大信：釋"匪孚"，指沒有君主盛大的威信。
君人，人君，國君。

（5）爲德非厚：德性不高尚厚重。參坤卦《象辭》："地
勢坤，君子以厚德載物。"

上六。齎咨涕洟，无咎。《象》曰："齎咨涕洟"，未安上也。

45·13　以陰居上 (1)，極物之萃 (2)，非所堪也 (3)。

【注】

（1）以陰居上：指上六以陰爻居上卦上位。

（2）極物之萃：天地萬物的聚集達到了極致。

（3）非所堪也：釋"'齎咨涕洟'，未安上也"，指此萃聚不
是上六所能勝任的，所以嘆息哭泣，不敢安居上位。堪，勉强
承受。涕洟，孔疏曰："自目出曰涕，自鼻出曰洟。"

升

坤上
巽下 升，元亨，用見大人，勿恤。南征吉。

《彖》曰：柔以時升，巽而順，剛中而應，是以大亨。"用見大人，勿恤"，有慶也。"南征吉"，志行也。

46·1 萃者，聚也。聚而上者謂之升，故受之以升⁽¹⁾。

【注】

（1）引《序卦》以釋"升"。

46·2 乾之九二，"利見大人"而以時之上^{①(1)}。升之九二，有六五配合之慶⁽²⁾，故可見大人之德，南征而勿恤也⁽³⁾。

【注】

（1）以時之上：按照一定的時間升至上位。

（2）六五配合之慶：指升卦九二陽爻與六五陰爻志氣相應，即"剛中而應"。

（3）南征：南行也。○勿恤："吉"也，不需憂慮。

《象》曰：地中生木，升。君子以順德積小以高大^②。

初六。允升，大吉。《象》曰："允升大吉"，上合志也。

46·3 允，信也⁽¹⁾。自信於己⁽²⁾，與上合志而升⁽³⁾。

---

① "上"，原作"止"，據底本旁注及文義改。

② 原在釋文46·1上，考察釋文46·1、46·2爲《彖辭》注，故移置於此。

【注】

（1）允，信也：並見《爾雅》《説文》。○按：王注、孔疏皆曰："允，當也。"高亨謂"進也"，引于省吾語曰："允者，信然之辭。甲骨卜辭與事實相符每言允。"

（2）自信於己：初六上無應援，故唯有自信而已。

（3）上：九二、九三也。○合志：高亨曰"符合志願"。○按：王注曰："與九二、九三合志俱升。"孔疏曰："上謂二、三也，與之合志俱升。"

九二。孚乃利用禴，无咎。《象》曰：九二之孚，有喜也。

46·4　與萃六二同[1]。

【注】

（1）萃六二爻辭曰："无咎，孚乃利用禴。"

九三。升虚邑。《象》曰："升虚邑"，无所疑也。

46·5　上皆陰柔[1]，往无所疑[2]。

【注】

（1）上：指上卦三爻，四、五、上也。○陰柔：上卦三爻皆爲陰爻，爲柔順。

（2）无所疑：孔疏曰："往必得邑，何所疑乎？"。

六四。王用亨于岐山，吉，无咎。《象》曰："王用亨于岐山"，順事也。

六五，貞吉，升階。《象》曰："貞吉升階"，大得志也。

46·6　柔中極尊[1]，不拒來者，使物皆階己而升[2]，正而且吉[3]，志宜大獲也[4]。《易》所謂"得志"者，聖賢獲其願欲。"得臣无家"，堯之志也；"貞吉升階"，舜之志也[5]。

【注】

（1）柔中：指六五以陰爻居上卦中位。〇極尊：指六五之爻位最爲尊貴。

（2）使物皆階己而升：釋"升階"，指讓萬物以自己爲階梯而上升。

（3）正而且吉："貞吉"也。

（4）志宜大獲：釋"大得志"，指志向恰好得以實現。

（5）"《易》所謂"至"舜之志也：參見无妄卦初九爻（第135頁）、損卦上九爻注釋（第204頁）。

上六。冥升，利于不息之貞。《象》曰："冥升"在上，消不富也。

困

兑上
坎下　困，亨。貞，大人吉，无咎。有言不信。

《彖》曰：困，剛揜也。險以説，困而不失其所亨，其唯君子乎！“貞大人吉”，以剛中也。“有言不信”，尚口乃窮也。

《象》曰：澤无水，困。君子以致命遂志。

47·1　升而不已必困，故受之以困[1]。困於險下[2]，柔不自振[3]，非窮而能亨[4]，“致命遂志”者也[5]。

【注】

（1）升而不已必困，故受之以困：語見《序卦》。

（2）險：下卦爲坎爲險。

（3）柔：柔弱，指陰爻。〇自振：王注“自通”，孔疏“自濟”。振，振作，脱困。

（4）非窮：指雖然處在危險困厄之地，但不喪失志向。

（5）致命遂志：高亨謂“捨棄生命以行其志願”。

初六。臀困于株木，入于幽谷，三歲不覿。《象》曰：“入于幽谷”，幽不明也。

47·2　處困者，正乃无咎[1]；居非得中[2]，故幽而不明[3]。

【注】

（1）正：當位也。以陰爻居陰位，或以陽爻居陽位者也。

（2）居非得中：指初六爻位不在中位。

（3）幽而不明：隱晦而不鮮明也。

九二。困于酒食，朱紱①方來。利用享祀。征凶，无咎。《象》曰：“困于酒食”，中有慶也。

47·3　困危之際，物思所附⁽¹⁾。九二以剛居中正，大人之吉，上下交説，不施聰明⁽²⁾。美物方至⁽³⁾，然未可有爲，故以祭則吉，以征則凶。征雖或凶，於義无咎⁽⁴⁾。“際”，一作“世”。

【注】

（1）所附：所依附、歸附的。

（2）九二以剛居中正：指九二以陽爻居處下卦中位，有中正之德。○交説：相互取悦。○不施聰明：不施展聰明才智以相互取悦。

（3）美物方至：即“朱紱方來”。朱紱，指丹紅色的蔽膝，君主、大夫均可佩戴，縫在長衣之膝前以爲飾。（高亨）

（4）於義无咎：指受天子之命征伐，符合大義，不會有過失。

六三。困于石，據于蒺藜，入于其宮，不見其妻，凶。《象》曰：“據于蒺藜”，乘剛也。“入于其宮，不見其妻”，不祥也。

九四。來徐徐，困于金車，吝，有終。《象》曰：“來徐徐”，

_____

①“紱”，通志堂本作“韍”，下同。薈要本校勘記：“朱紱方來”，刊本“紱”訛“韍”，下“困於赤紱”之“紱”同，今並改。

志在下也。雖不當位，有與也。

47·4 心有偏係[(1)]，吝也。以陽履柔[(2)]，故有終。

【注】

（1）偏係：私心挂念也。

（2）以陽履柔：指九四以陽爻居處陰位。

九五。劓刖，困于赤紱，乃徐有説，利用祭祀。《象》曰：“劓刖”，志未得也。“乃徐有説”，以中直也。“利用祭祀”，受福也。

47·5 以陽居陽，處困以剛，威怒以求物之來，是反爲赤紱所困者也，與九二之義反矣[(1)]。苟能徐以俟之，乃心有説，故曰“乃徐有説”[(2)]。物既自至，以事鬼神，然後福可致焉[(3)]。處困用中，可以不失其守而已，故言“利用祭祀”，然非有爲之時也[(4)]。

【注】

（1）以陽居陽：指九五以陽爻居處陽位。〇處困以剛：指九五爲陽剛之象而爲困主宰。〇威怒：猶震怒，盛怒。〇赤紱：此借指戴赤紱的大夫。

（2）徐以俟之：指慢慢等待時機。〇心有説：心中會感到喜悦。

（3）以事鬼神：指用自至之物祭祀鬼神。〇福可致：指得到鬼神的佑護而受福。

（4）處困用中：指九五處上卦中位，有執中之德。〇不失其守：不喪失自己所堅守的本分。○非有爲之時：指不是可以有所作爲的時候。

上六。困于葛藟，于臲卼，曰動悔有悔，征吉。《象》曰：“困于葛藟”，未當也。“動悔有悔”，吉行也。

47·6 處困之極，重剛在下，不得其肆⁽¹⁾；居非所安，舉則招悔，取捨皆咎，故行然後吉⁽²⁾。一云：“動悔有悔”，猶云“動悔之悔”也。

【注】

（1）處困之極：指上六居處上卦上位，極爲困難。○重剛在下：指九四、九五兩陽爻在下位。○不得其肆：指上六不能隨意後退。

（2）居非所安：指居處困之極致，又乘比於下面兩個陽爻之上，難以安穩。○舉則招悔：“動悔”也。○取捨皆咎：知“有悔”也。○行然後吉：“征吉”也。

井

☷上 井，改邑不改井，无喪无得。往來井井。汔至亦未繘
☴下 井，羸其瓶，凶。

《彖》曰：巽乎水而上水，井，井養而不窮也。“改邑不改
井”，乃以剛中也。“汔至亦未繘井”，未有功也。“羸其瓶”，
是以凶也。

《象》曰：木上有水，井。君子以勞民勸相。

48·1 養而不窮[1]，莫若勞民而勸相也[2]。

【注】

（1）養而不窮：給養人而沒有窮盡。

（2）勞民而勸相：在勞民之時，勸民互助。（高亨）

初六。井泥不食，舊井无禽。《象》曰：“井泥不食”，下也。“舊
井无禽”，時舍也。

九二。井谷射鮒，甕敝漏。《象》曰：“井谷射鮒”，无
與也。

九三。井渫不食，爲我心惻。可用汲，王明，並受其福。《象》
曰：“井渫不食”，行惻也。求“王明”，受福也。

48·2 井以既出爲功，井道之成在於上六，三其正應而
又以陽居陽，充滿可汲，爲五所間，功不上施，故爲我心惻。
然若上六明於照物，則上下遠邇皆獲其利[1]。“井渫不食”，

強施行,惻然且不售,作《易》者之嘆歟①⁽²⁾！

【注】

（1）明於照物：即明照於物,指人善於識別事物。明照,明察,詳察。〇利：指上六的恩惠。

（2）井渫不食：謂井雖浚治,潔淨清澈,但不被飲用。比喻潔身自持,而不爲人所知。王弼注：“渫,不停汙之謂也。”孔穎達疏：“井渫而不見食,猶人修己全潔而不見用。”高亨曰：“渫,水清潔也。”〇施行：執行,實踐。〇惻然：悲痛的樣子。〇不售：不能實現,此指不能“受福”。

六四。井甃,无咎。《象》曰：“井甃无咎”,修井也。

48·3　无應於上,无敝漏於下⁽¹⁾,故但免咎而已。

【注】

（1）敝漏：猶洩漏,指修理好崩壞的井。參王弼注。

九五。井洌,寒泉食。《象》曰：寒泉之食,中正也。

48·4　“井洌寒泉”,美而可汲者也,剛中之德爲衆所利。

上六。井收勿幕,有孚,元吉。《象》曰：“元吉”在上,大成也。

_____

① “強施行,惻然且不售,作《易》者之嘆歟”,薈要本校勘記：此數句文義未明,疑有脱誤。

革

䷰ 兌上
離下　革，巳日乃孚。元亨利貞，悔亡。

《彖》曰：革，水火相息，二女同居，其志不相得曰革。“巳日乃孚”，革而信之。文明以説，大亨以正。革而當，其悔乃亡。天地革而四時成，湯武革命，順乎天而應乎人。革之時大矣哉！

《象》曰：澤中有火，革。君子以治曆明時。

初九。鞏用黄牛之革。《象》曰：“鞏用黄牛”，不可以有爲也。

49·1 賤而无應，非大亨以正之德，中堅自守，不可有爲(1)。

【注】

（1）以正之德，中堅自守：釋“鞏用黄牛之革”。王弼注曰：“鞏，固也。黄，中也。牛之革，堅仞不可變也。固之所用，常中堅仞，不肯變也。”

六二。巳日乃革之，征吉，无咎。《象》曰：“巳日革之”，行有①嘉也。

49·2 俟上之唱，革而往應(1)；柔中之德(2)，所之乃吉。

【注】

（1）唱：倡導。○革：改也。○往應：“征”也，指前往

---

① “有”，原作“可”，據明清校本改。

應合。

（2）柔中之德：指六二以陰爻居下卦中位，象徵具有柔
順正中的德行。

九三。征凶，貞厲。革言三就，有孚。《象》曰：“革言三就”，
又何之矣？

49・3　以文明炎上，剛陽之德進而之兌⁽¹⁾。兌内柔外
剛，勢窮必反，故以征則凶⁽²⁾。能守正戒懼，文命告之，此
三革言，彼三從命，必然可信之理也⁽³⁾。一云：征則雖正
而危。

【注】

（1）文明：下卦爲離，象徵文明，此以九三指代之。○炎：
火苗升騰，離爲火，故有此説，此指文明之火照耀。○上：指
上六。○剛陽之德：九三爲陽爻，又居陽位，均爲陽剛。○兌：
指上卦（☱）。

（2）兌内柔外剛：疑“兌”當作“離”。上卦兌（☱）内
陽外陰，故爲内剛外柔；下卦離（☲）内陰外陽，故爲内柔外
剛。且兌卦《彖辭》曰“剛中而柔外”。○勢窮：指大勢已去，
處境困難。○反：返。指應當慎重自守。○以征則凶：妄動
前進會有危險。

（3）守正：持守正道。○戒懼：警戒有所敬畏。○文命：
文德教命。○告：頒布。○此三革言，彼三從命：王弼注曰：“已
處火極，上卦三爻，雖體水性，皆‘從革’者也。自四至上，從
命而變，不敢自違，故曰‘革言三就’。”

九四。悔亡。有孚，改命，吉。《象》曰：改命之吉，信志也。

49·4　約己居陰⁽¹⁾，心无私係⁽²⁾，革而必當，見孚於衆⁽³⁾，改命倡^①始⁽⁴⁾，信己可行⁽⁵⁾，故吉。

【注】

（1）約己居陰：指九四陽爻自我約束居處陰位，陽爻本性剛進，故曰"約己"。

（2）心无私係：心中光明，沒有偏私係念。九四爲陽爻，有剛正之德。

（3）見孚於衆：被衆人所信任。

（4）改命：改變命令。○倡始：首倡。

（5）信己：指衆人信任自己。○可行：指自己的志願可以得到踐行。

九五。大人虎變，未占有孚。《象》曰："大人虎變"，其文炳也。

49·5　以剛居尊，説而唱下，爲衆所覬，其文炳然⁽¹⁾；不卜而孚，望而可信，下觀而化，革著盛焉⁽²⁾。

【注】

（1）以剛居尊：指以陽爻居處第五爻位。○説：悦也。○唱：倡也。○炳然：明顯、光明的樣子。

（2）望而可信：看見變革並認爲可以信任。○下觀而化：下面的人看見變革就能順從。

---

① "倡"，原無，據明吕本補。通志堂本、薈要本作"唱"。

49・6　"大人虎變"，夫何疚之有[1]！

【注】

（1）虎變：謂虎皮的花紋斑斕多彩，比喻因時制宜，革新創制，斐然可觀。○疚：憂苦。

49・7　虎變文章大，故明[1]；豹變文章小，故蔚[2]。

【注】

（1）文章：指錯雜的色彩或花紋，比喻變化的具體情況。○大：盛大。○明："炳"也，指明顯、光明的樣子。

（2）小：細密。○蔚：華美，有文采。

上六。君子豹變，小人革面，征凶，居貞吉。《象》曰："君子豹變"，其文蔚也。"小人革面"，順以從君也。

49・8　以柔爲德[1]，不及九五剛中炳明[2]，故但文章蔚縟[3]，能使小人改觀而從也[4]。

【注】

（1）以柔爲德：上六以陰爻居處陰位，有柔順之德。

（2）剛中炳明：指九五以陽爻居中位，其德行光明睿智。

（3）文章蔚縟：釋"文蔚"。縟，繁密。

（4）改觀而從：改變本來的看法、觀感，順從君子之德行。

49・9　盛德之容，顏孟以上始可以觀[1]。若顏子變則必大變，即"大人虎變"。虎變則其文至也，如此則不待占而有信。君子所至之分以致文，則足以爲班班之縟[2]。革面而聽命，己不敢犯，此所謂盡飾之道，斯行者遠矣，然猶是就小成上以致其文⁽³⁾。顔子地位，於豹變已爲褻就，未必肯於此發見，此所以如愚⁽⁴⁾。愚雖是於吾言无所不説，然必夫子省其私，始知不愚⁽⁵⁾。察其人焉，惟是徇内尚質爾⁽⁶⁾。然發則不小發，大抵止乃有光明。艮曰"時止則止，時行則行，其道光明"，形則著，著則明，必能止則有光明⁽⁷⁾。今作事特未決，蓋非止也；止乃決爲，然後就其上文章^{①(8)}。顔子見其進，未見其止；未止故未發見其所止，又必欲如所期⁽⁹⁾。蓋未見夫子着心處，故未肯止，是之謂"隱而未見，行而未成"，是以"勿用"⁽¹⁰⁾。學者至此地位⁽¹¹⁾，亦必如愚。然顔子學^②舉措亦无不致文中節處，自是^③謂"博我以文"，則文豈不足⁽¹²⁾？但顔子不以爲意，所謂"有若无，實若虚"也⁽¹³⁾。有顔子之心，則不爲顔子之文，可也⁽¹⁴⁾。

【注】

（1）盛德之容：指聖人德行盛大的樣子。○顔孟以上：指功夫修養達到顔回、孟子的層次之後。

（2）班班：猶彬彬，文質兼備貌。

（3）革面而聽命：釋"小人革面"，謂改變臉色或態度。王弼注："小人樂成則變面以順上也。"孔穎達疏："小人革面者，小人處之但能變其顔面容色順上而已。"○犯：牴牾。○盡飾：竭盡美飾。《禮記·玉藻》："弔則襲，不盡飾也；君在則裼，盡飾也。"陳澔曰："盡飾者，盡其文飾之道以爲敬。"○小成：

---

① "然後就其上文章"，薈要本校勘記：此句疑有脱誤。

② "學"，章校本删。

③ "是"，章校本删。

指略有成就。

（4）豹變：謂如豹紋那樣發生顯著的變化。幼豹長大退毛，其後皮毛光澤有文采。○褻就：輕慢遷就。○發見：顯現，此處指知足。○如愚：像愚笨的人一樣。語見《論語·爲政》："子曰：'吾與回言終日，不違如愚。退而省其私，亦足以發。回也不愚。'"下"省其私"同。

（5）於吾言无所不說：語自《論語·先進》："子曰：'回也非助我者也，於吾言無所不說'。"說，悦也，順也，指認同、遵從。○省其私：指燕居獨處時自我反省體察。

（6）察其人：觀察、瞭解一個人。○徇内：側重於内在德性。○尚質：注重本質稟性。

（7）時止則止，時行則行，其道光明：語自艮卦《彖辭》，有省略。○形則著，著則明：語自《禮記·中庸》："其次致曲。曲能有誠，誠則形，形則著，著則明，明則動，動則變，變則化，唯天下至誠爲能化。"張載《禮記説·中庸》謂："致曲不貳，則德有定體；體象誠定，則文節著見；一曲致文，則餘善兼照；明能兼照，則必將徙義；誠能徙義，則德自通變；能通其變，則圓神無滯。"○止：指知所止。○光明：指希望。

（8）未決：沒有決斷。○決爲：十分堅決、十分肯定的行爲。○就：根據，依據。○文章：此處作動詞。

（9）見其進，未見其止：語自《論語·子罕》："子謂顔淵曰：'惜乎！吾見其進也，未見其止也。'"

（10）着心：即"著心"，指用心、關心。○隱而未見，行而未成：語自乾卦《文言》。○勿用：語自乾卦初九爻辭。

（11）此地位：指"潛龍勿用"之時。

（12）學舉措：指學行，即學識與行爲。〇中節：指守節秉義，中正不變。〇博我以文：語自《論語・子罕》："顏淵喟然嘆曰：'仰之彌高，鑽之彌堅；瞻之在前，忽焉在後。夫子循循然善誘人，博我以文，約我以禮，欲罷不能。既竭吾才，如有所立卓爾。雖欲從之，末由也已。'"

（13）有若无，實若虛：語自《論語・泰伯》："曾子曰：'以能問於不能，以多問於寡；有若無，實若虛，犯而不校。昔者吾友嘗從事於斯矣。'"

（14）顏子之心：指顏回的志向。〇顏子之文：指顏回的成就。

鼎

䷱ 離上
巽下　　鼎，元吉亨。

《彖》曰：鼎，象也。以木巽火，亨飪也。聖人亨以享上帝，而大亨以養聖賢。巽而耳目聰明，柔進而上行，得中而應乎剛，是以元亨。

《象》曰：木上有火，鼎。君子以正位凝命。

50·1　正始而取新[1]，莫先於正位而定命也[2]。

【注】

（1）正始：正其始。《毛詩序》曰："《周南》《召南》，正始之道，王化之基。"《文選》劉良注："正始之道，謂正王道之始也。"即合乎禮儀、法則之始。○取新：《雜卦》曰："革，去故也；鼎，取新也。"後作成語"革故鼎新"，舊指朝政變革或改朝換代，現泛指革除舊弊，創立新制。

（2）正位：指持正以居其位，王弼注曰："明尊卑之序也。"○定命："凝命"也，指完成君上（或上天）所予的命令，王弼注曰："以成教命之嚴也。"

初六。鼎顛趾，利出否。得妾以其子，无咎。《象》曰："鼎顛趾"，未悖也。"利出否"，以從貴也。

50·2　柔牽於上，必有義乃可[1]。"鼎顛趾"，必出否[2]。妾從子貴，必以有子乃不悖於義也[3]。

【注】

（1）柔牽於上：指鼎的造形是上虛柔而下堅實。王弼謂：“凡陽爲實而陰爲虛，鼎之爲物，下實而上虛。”牽，《玉篇》曰“連也”。小畜卦九二爻辭“牽復”孔疏曰：“牽，謂牽連。”○有義：符合義理。

（2）否：王弼謂：“不善之物也。”高亨曰：“惡也。”

（3）妾從子貴：妾爲賤位，因得子而去其賤且貴爲主婦。王弼謂：“取妾以爲室主，亦‘顛趾’之義也。”此可參《公羊傳》隱公元年：“桓何以貴？母貴也。母貴則子何以貴？子以母貴，母以子貴。”

九二。鼎有實，我仇有疾，不我能即，吉。《象》曰：“鼎有實”，慎所之也。“我仇有疾”，終无尤也。

50·3　以陽居中，故有實(1)；實而與物競，則所喪多矣，故所之不可不慎也(2)。“我仇”，謂三也(3)。三爲革、爲塞，固已路而爲患者也(4)。使其有疾而不能加我，則美實可保而吉可致也(5)。然四亦惡三，三常懼焉，是有疾而无尤也(6)。

【注】

（1）以陽居中：指九二以陽爻居下卦中位。○實：依下文“美實”，則指食物。孔疏謂“實謂陽也”。

（2）競：相爭也。○所之不可不慎也：釋“慎所之也”。慎，謹慎，慎重。

（3）仇：孔疏曰“仇是匹也”。匹，配也，妻也。○三：指九三爻。王弼謂：“我仇，謂五也。”

（4）三爲革、爲塞：指九三爻辭“鼎耳革，其行塞”。革，脫落。塞，止也。○固已路：堵塞了九二前進的道路。○爲患者：製造災禍的人。

（5）使：假使。○加：妨礙。○美實：豐美的食物。

（6）惡：厭惡。○懼：畏懼。○有疾而无尤：指九三遭遇困厄不會阻礙九二，則九二的前進便沒有可憂慮的。

九三。鼎耳革，其行塞，雉膏不食，方雨虧悔，終吉。《象》曰：“鼎耳革”，失其義也。

50·4　耳革行塞，處二陽之間，上下俱實也[1]。上下革塞，則雖有美實而不見取[2]。若二使應五，四使應初，則其悔可虧，故曰“方雨虧悔”[3]。能終不固塞其路，則吉可召也；革塞之，則失其義矣[4]。以陽居陽，承乘皆剛，悔也[5]。有九四之革，其行不得上通，此鼎耳之失義也[6]。

【注】

（1）耳革行塞：鼎耳脫落，前行停止。○處二陽之間：指九三處在九二、九四兩個陽爻中間。○實：滿也，塞也，指不能通行。

（2）革塞：堵塞也。下同。○美實：釋“雉膏”，指鮮嫩的肉。○不見取：釋“不食”，指不能被獲取、食用。

（3）二使應五：即“使二應五”，指九二陽爻與六五陰爻爲正應。○四使應初：即“使四應初”，指九四陽爻與初六陰爻爲正應。

（4）能終不固塞其路：指如果二、四最終不堵塞九三的道路。○召：致也，指獲得。○義：孔疏曰"虛中納受之義"。

（5）以陽居陽：指九三以陽爻居陽位。○承乘皆剛：指九三下乘比九二陽爻，上承比九四陽爻。

（6）革：變革，此指道路變化，前行不暢。○鼎耳之失義：即"鼎失耳之義"。

九四。鼎折足，覆公餗，其形渥，凶。《象》曰："覆公餗"，信如何也？

六五，鼎黃耳金鉉，利貞。《象》曰："鼎黃耳"，中以爲實也。

50·5　居中，故其耳黃[1]；體柔，故其鉉金[2]；柔，故利於貞[3]。一作"利於勁正"。

【注】

（1）居中：指六五居上卦中位。○黃：孔疏曰"中也"。

（2）體柔：指六五爲陰爻，爻體柔順。○鉉：高亨曰："舉鼎之具，形如木棍，穿入鼎之兩耳，二人共舉之。"○金：孔疏曰"剛也"，高亨謂"黃銅"。

（3）利於貞：此指以柔納剛，利於持守正中之道。

上九。鼎玉鉉，大吉，无不利。《象》曰："玉鉉"在上，剛柔節也。

50·6　以剛居上，能貞潔如玉以成鼎道，不牽陰柔以固其節，則吉无不利[1]。鼎，象也[2]。足陰腹陽，耳虛鉉剛，故曰"剛柔節"也[3]。

【注】

（1）以剛居上：指上九以陽爻居上卦上位。〇能：表假設。〇貞潔如玉：指持守像玉一般的純正高潔。〇不牽陰柔：指不被陰柔牽絆。〇固其節：固守自己如玉的氣節。

（2）鼎，象也：鼎卦《象辭》。象，王注曰"法象也"。

（3）足陰：指初六陰爻。〇腹陽：指二、三、四陽爻。〇耳虛：指六五陰爻。〇鉉剛：指上九陽爻。〇剛柔節：指鼎卦剛柔相配，各有節度。節，高亨曰"有節度也"。節度，節序度數，指規則，法則。

震

䷲ 震上
　震下　　震，亨。震來虩虩，笑言啞啞，震驚百里，不喪匕鬯。
《彖》曰："震，亨"。"震來虩虩"，恐致福也。"笑言啞啞"，
後有則也。"震驚百里"，驚遠而懼邇也。出可以守宗廟社稷，
以爲祭主也。

51·1　此卦純以君出子在而言[1]，則震之體全而用顯[2]，
故曰"出可以守宗廟社稷"，不雜言君父共國之時也[3]。

【注】

（1）君出子在：指君主出巡狩等事，而長子留守宗廟社
稷，攝祭主之禮事。○按：依《序卦》《說卦》，震卦指代長子。

（2）體全：指長子具備留守宗廟社稷的所有根本條件。
○用顯：指長子的能力得以施展、顯現。

（3）不雜言：指不混爲一談。○君父：在國爲君，指國事；
在家爲父，指家事。○共國：指共治國事。○按：朱震《漢上
易傳》引錄此條。○又按：《宋元學案補遺》卷十六《伊川學
案補遺下》曰："此卦以君出子在而言，不雜言君父共國之時
也。"黃東發曰："此說釋《程傳》之義可明。"

《象》曰：洊雷，震。君子以恐懼修省[①]。

初九。震來虩虩，後笑言啞啞，吉。《象》曰："震來虩虩"，

---

① 原在釋文 51·1 上，考察釋文 51·1 爲《彖辭》注，故移置於此。

恐致福也。“笑言啞啞”，後有則也。

六二。震來厲，億喪貝，躋于九陵，勿逐，七日得。《象》曰：“震來厲”，乘剛也。

51·2 初動而之上，故曰“躋于九陵”[1]。億，必也[2]。

【注】

（1）初動：指初九陽爻躁動、好動。〇躋：孔疏曰“升也”，高亨曰“登也”。〇九陵：九重之嶺，形容其高。

（2）億，必也：王注、孔疏謂：“億，辭也。”高亨曰：“億，發語詞，猶惟也。”

六三。震蘇蘇，震行无眚。《象》曰：“震蘇蘇”，位不當也。

51·3 蘇蘇，亦索索之義[1]。處非其地，故危困不一；能懼而改，行則无眚矣[2]。

【注】

（1）蘇蘇：畏懼不安貌。孔穎達疏：“蘇蘇，畏懼不安之貌。”陸德明《釋文》引王肅曰：“躁動貌。”〇索索：震上六爻辭，恐懼貌，顫抖貌。孔穎達疏：“索索，心不安之貌。”

（2）處非其地：即“位不當也”，指六三以陰爻居處陽位。〇危困：指危急窮困。〇不一：指因恐懼而不專心。〇改：指端正心態，專注。〇无眚：沒有災難過錯。

九四。震遂泥。《象》曰：“震遂泥”，未光也。

51·4 處眾陰之中[1]，爲眾附比[2]，剛陽之德而以位陰[3]，故泥而未光也[4]。

【注】

（1）處衆陰之中：王弼曰“處四陰之中”。

（2）爲衆附比：王弼曰“爲衆陰之主”。附比，歸附從屬。

（3）剛陽之德：九四是陽爻，象徵剛健之德。○而以位陰：指九四以陽爻居處陰位。

（4）泥：指陷於危困，驚慌失措，難以持正不懼。○未光：指剛陽之德未能光大。

六五。震往來厲，億无喪，有事。《象》曰：“震往來厲”，危行也。其事在中，大“无喪”也。

51·5　懼往亦厲，懼來亦厲，能行己以危，則富貴可保，故曰“无喪有事”，猶云“不失其所有”也[1]。以其乘剛，故危；以其在中，故无喪；禍至與不至皆懼，則无喪有事[2]。

一有云“懼陰之中”。

【注】

（1）厲：危險。○行己以危：指行爲端正。危，端正的，正直的。○无喪有事：指無損失於事。○不失其所有：或取孟子“不失其赤子之心者”之義。（《孟子·離婁下》）

（2）乘剛：指六五以陰爻居處九四陽爻之上。○在中：指六五處上卦中位，有正中之德。○懼：指戒懼，猶居安思危之義。

上六。震索索，視矍矍，征凶。震不于其躬，于其鄰，无咎。婚媾有言。《象》曰：“震索索”，中未得也。雖凶无咎，畏鄰戒也。

51·6 危以動，懼以語，无交而求，則民弗與也，故以征則凶；能以鄰爲懼，則可免咎[1]。鄰，謂五也。五既附四，己或與焉，則招悔而有言矣[2]。能以鄰爲戒，不待及身而戒，則无咎[3]。

【注】

（1）危以動，懼以語：指人面臨危險，不知所措，行爲和言語都很混亂。○无交而求：指沒有與之交往，而想有所索取。○弗與：不給，不同意。○以征則凶：指用武力必定難以取勝。○能以鄰爲懼：指能够警惕鄰國所遇到的災難。

（2）五既附四：指六五陰爻已經依附於九四陽爻。○己或與焉：指上六陰爻想與六五陰爻交往。○招悔而有言：指招致悔恨而且會被譴責。

（3）以鄰爲戒：即"以鄰爲懼"。○及身：指波及到自己或本國。○而：通"能"，指能够。

艮

艮上
艮下　艮其背，不獲其身，行其庭，不見其人，无咎。

52·1　雖處喧闐[（1）]，亦无害於爲學。有人於此，或日月而至焉，亦有終日而不至者；及其久也，去者常少。若居於家，聞嬰孩之啼則有不忍之心，聞奴婢喧戾則猶有不容之意[（2）]，至於市井紛囂[（3）]，一不與我事，何傷於存誠養志[（4）]！《易》曰：“艮其背，不獲其身，行其庭，不見其人，无咎。”夫入他人之庭，不見其人，可止也。“艮其背”，至近於人也；然且不見，以其上下无應也。“時止則止，時行則行，動靜不失其時，其道光明”，學者必時其動靜[（5）]，則其道乃不蔽昧而明白[（6）]。今人從學之久[（7）]，不見進長，正以莫識動靜。見他人擾擾[（8）]，非關己事而所修亦廢。由聖學觀之，冥冥悠悠[（9）]，以是終身[（10）]，謂之光明可乎？

【注】

（1）喧闐：即喧鬧，指喧嘩吵鬧。闐，同“哄”。

（2）喧戾：指大聲吵鬧，行爲乖張。

（3）紛囂：指紛亂喧囂。

（4）存誠：謂心懷坦誠。語本乾卦九二《文言》：“閑邪存其誠。”孔穎達疏：“言防閑邪惡，當自存其誠實也。”○養志：指涵養志氣、意志。語見《孟子·離婁上》：“若曾子，則可謂養志也。事親若曾子者可也。”

（5）時其動静：指按照一定的時機，當動則動，當静則静。

（6）蔽昧：昏蔽愚昧。

（7）從學之久：指從事某種學問已經很久。

（8）擾擾：指紛亂貌，煩亂。

（9）冥冥悠悠：指昏昧憂慮的樣子。

（10）終身：終竟此身，指一生。

《彖》曰：艮，止也。時止則止，時行則行，動静不失其時，其道光明。“艮其止”，止其所也。上下敵應，不相與也，是以“不獲其身，行其庭，不見其人，无咎”也。

52·2《易》言“光明”者，多艮之象[1]。著，則明之義也。

【注】

（1）此爲張載所總結之《易》例。

《象》曰：兼山，艮。君子以思不出其位。

52·3 位，所安之分也。如“素夷狄行乎夷狄，素患難行乎患難”[1]。

【注】

（1）素夷狄行乎夷狄，素患難行乎患難：語見《禮記·中庸》。

初六。艮其趾，无咎。利永貞。《象》曰：“艮其趾”，未失正也。

六二。艮其腓，不拯其隨，其心不快。《象》曰：“不拯其隨”，未退聽也。

52・4　腓，體之隨也⁽¹⁾。不能禁其趾而徒止其腓，腓所未聽，故心不能快⁽²⁾。

【注】

（1）隨：指依附物。高亨曰：“隨借爲隋，垂肉也。”

（2）快：舒暢。

九三。艮其限，列其夤，厲薰心。《象》曰：“艮其限”，危薰心也。

52・5　一身而動止中列⁽¹⁾，危至薰心⁽²⁾。

【注】

（1）一身：指全身，渾身。○動止中列：指全身行爲分散，上下失調。○按：王弼注曰：“限，身之中也。三當兩象之中，故曰‘艮其限’。”“艮之爲義，各止於其所，上下不相與，至中則列矣。”“施止體中，其體分焉。”○又按：艮六四，孔疏曰：“艮卦總其兩體以爲二身，兩體不分，乃謂之全，全乃謂之身。以九三居兩體之際，在於身中，未入上體，則是止於下體，不與上交，所以體分夤列。”

（2）危：指危險，釋“厲”。○薰心：謂心受薰灼而憂苦昏亂。王弼注：“危亡之憂，乃薰灼其心也。”孔疏曰：“薰，燒灼也。”

六四。艮其身，无咎。《象》曰：“艮其身”，止諸躬也。

52・6　止於心，故能艮其身⁽¹⁾。咸之九四“朋從爾思"(2)，義近之。

【注】

（1）止於心：指內心恭順平靜。○艮其身：指行爲舉止合於禮，不妄動。

（2）朋從爾思：語見艮卦九四爻辭。此指如若心中恭敬，行爲端正，不必刻意尋求則友朋自會到來。

六五。艮其輔，言有序，悔亡。《象》曰："艮其輔"，以中正也。

52·7 不能施止於心而能止其言(1)，故悔可亡也。

【注】

（1）不能施止於心：指不能控制自己心中的想法。○止其言：指控制自己的言語。

上九。敦艮，吉。《象》曰：敦艮之吉，以厚終也。

漸

漸，女歸吉，利貞。

《彖》曰：漸之進也，女歸吉也。進得位，往有功也；進以正，可以正邦也。其位，剛得中也；止而巽，動不窮也。

53·1 漸者，天地之施交[1]。“女歸吉”、“進得位”，皆指六四。“施”，一作“始”。

【注】

（1）漸者，天地之施交：指否卦之上卦乾卦的九四陽爻下至三位變爲九三，下卦坤卦的六三陰爻上至四位變爲六四。

《象》曰：山上有木，漸。君子以居賢德善俗。

53·2 居可久之德[1]，難從无徵之德[2]，君子不以責人。君子以賢德自居，不强率人[3]，待其心回，故善俗自然[4]。一作“不可推行无徵難從之德”。

【注】

（1）居：接受。

（2）從：聽從。

（3）率：鞭策。

（4）善俗自然：民俗自然有所改善。

初六。鴻漸于干。小子厲，有言，无咎。《象》曰：小子之厲，義无咎也。

53·3 鴻爲水鳥，漸進之，始出，至於干[1]。鴻鵠之志，非小子所量。見其出陸，爭欲危之，且疑其所處，非君子信己而行，義无咎也。

【注】

（1）鴻：《説文》“鴻鵠也”。《玉篇》“鴈也”。《詩傳》云：“大曰鴻，小曰鴈”。〇干：涯岸。

六二。鴻漸于磐，飲食衎衎，吉。《象》曰：“飲食衎衎”，不素飽也。

53·4 衎衎，和樂貌[1]。飲食和樂，不徒飽而已，言獲志之多也[2]。

【注】

（1）和樂：指和睦快樂。

（2）獲志：指實現自己的志願。

九三。鴻漸于陸。夫征不復，婦孕不育，凶。利禦寇。《象》曰：“夫征不復”，離群醜也。“婦孕不育”，失其道也。“利用禦寇”，順相保也。

53·5 漸卦九三、六四易位而居，三離上卦，四離下體，故曰“夫征不復，婦孕不育”[1]。然相與之固，物莫能間，故“利用禦寇”也[2]。“征不復”者，變爲艮且得位也，如六四之得桷；三、四非正合，故曰“失其道”也[3]。

【注】

（1）漸卦九三、六四易位而居：指漸卦由否卦三、四爻交換位置演變而來。○三離上卦：漸卦九三是否卦九四陽爻從上體乾卦下降至三位而成。○四離下體：漸卦六四是否卦六三陰爻自下體坤卦上升至四位而成。

（2）相與之固：指九三、六四交互所成的堅固關係。○間：離間。

（3）變爲艮且得位：指否卦九四變爲漸卦九三，使下體由坤卦變爲艮卦，並且獲得了下體卦主的地位。○桷：平整的樹枝。○三、四非正合：指九三與六四雖成相比，四依附於三，但不是正當關係。

六四。鴻漸于木，或得其桷，无咎。《象》曰："或得其桷"，順以巽也。

53·6　木非鴻所居，如四之易位而在上也。然本坤之爻，進而爲巽(1)，故"或得其桷"，居之可安也。順巽則衆所與也，故得所安。

【注】

（1）本坤之爻，進而爲巽：指六四陰爻本爲否卦下體坤卦六三，上至四位，使上體變爲巽卦。

九五。鴻漸于陵，婦三歲不孕，終莫之勝，吉。《象》曰："終莫之勝，吉"，得所願也。

上九。鴻漸于陸，其羽可用爲儀，吉。《象》曰："其羽可用爲儀，吉"，不可亂也。

53·7　无應於下(1)，羽潔无汙(2)，且處於高，故曰

“漸陸”。

【注】

（1）无應於下：指上九與九三皆是陽爻，不成呼應關係。

（2）羽潔无汙：羽翼潔白無瑕，喻指心志堅定而没有瑕疵。

歸　妹

震上
兌下　歸妹，征凶，无攸利。

《彖》曰：歸妹，天地之大義也。天地不交而萬物不興。歸妹，人之終始也。說以動，所歸妹也。“征凶”，位不當也。“无攸利”，柔乘剛也。

54·1 泰之九三進而在四，六四降而在三，故曰“天地之大義”也[1]。然泰道將終，征將爲否[2]，故曰“凶”。

【注】

（1）泰之九三進而在四：指泰卦九三陽爻上升至四位變爲歸妹卦之九四。○六四降而在三：指泰卦六四陰爻下降至三位變爲歸妹卦之六三。

（2）征：指泰卦九三之進。

54·2 三、五皆乘剛[1]，必退反乃吉[2]。

【注】

（1）三、五皆乘剛：指六三、六五陰爻爻位皆凌駕於陽爻之上。

（2）退反：後退返回。

54·3 歸妹與革，均是澤爲大卦，義不相干，故革具四德而歸妹初不言德也[1]。妹者，是少女之稱也。對長男而言之，故言少女[2]。先儒爲姪娣之義[3]，於卦不見，於爻辭則有君與娣之稱。長男而與長女，是人之常也；少女而與少男，是人之感也⁽⁴⁾。"説以動"，須是歸妹，聖人直是盡人情。

【注】

（1）歸妹與革，均是澤爲大卦：大卦亦稱兼畫卦，爲一種取象方法，或脱胎自卦體説，自京房之後盛行，指將陰陽相同的爻看成一爻，從而把一個六爻卦看成三爻卦。具體的分爲兩種：一是以六爻作爲整體取大卦，一種是以六爻中相鄰的四爻、五爻爲整體取大卦。張載此處，似指歸妹下卦與革卦上卦而言，均爲兌澤之象。未知其説源自何處，俟考。○革具四德：指革卦卦辭"元亨利貞"。

（2）長男：指上體震卦。○少女：指下體兌卦。

（3）姪娣：古代貴族嫁女，以姪女和妹妹從嫁爲媵妾。《禮記·曲禮下》謂："國君不名卿老世婦，大夫不名世臣姪娣。"孔穎達疏："姪是妻之兄女，娣是妻之妹，從妻來爲妾也。"

（4）長女：指三畫巽卦。○少男：指三畫艮卦。○常、感：皆指人的正常情感。

《象》曰：澤上有雷，歸妹。君子以永終知敝。

54·4　永常禮之終⁽¹⁾，知人情之敝⁽²⁾。

【注】

（1）永常禮之終：釋"永終"，指長久保持夫婦的人倫之道。

（2）知人情之敝：釋"知敝"，指知曉人驕奢淫逸的情欲弊端,並予以防治。

初九。歸妹以娣。跛能履,征吉。《象》曰:“歸妹以娣”,
以恒也。跛能履吉,相承也。

54·5　陽處於上[1],不可不隨,故“征吉”。以兌應震,
合卦之義,常道也[2]。爻爲陽故能履,非匹故跛[3]。

【注】

(1)陽處於上:指陽爻處於上升的趨勢。

(2)以兌應震,合卦之義:指下體兌卦順從上體震卦,符
合歸妹卦的大義。

(3)爻爲陽故能履:指初九爲陽爻,行爲正當。○非匹
故跛:指娣不是正配,猶如跛人之足。

九二。眇能視,利幽人之貞。《象》曰:“利幽人之貞”,未
變常也。

54·6　震動乎上,雖匹而不至,所以眇;陽中,故能
視[1]。不援上,幽人之正也[2]。

【注】

(1)匹:指九二陽爻與六五陰爻相匹配。○眇:視力弱,
此指視而不見。○陽中:指九二以陽爻居處中位。

(2)幽人之正:指九二居處下體兌澤之中位。

六三。歸妹以須,反歸以娣。《象》曰:“歸妹以須”,未當也。

54·7　三陰本彙征在上,今六三反下而爲兌,故曰“歸

妹以須⁽¹⁾，反歸以娣”。女當待年於家⁽²⁾，今待年夫家而反歸⁽³⁾，故曰“未當”。

【注】

（1）須：等待。

（2）女當待年於家：指六三應當回歸四位。

（3）待年夫家而反歸：指六三居處下卦，等待回歸上卦的時機。

九四。歸妹愆期，遲歸有時。《象》曰：“愆期”之志，有待而行也。

54·8　九四當速交而爲泰，今獨後者⁽¹⁾，三有所待也，故曰“愆期”⁽²⁾。

【注】

（1）後：滯後。

（2）愆期：誤期，過期。

六五。帝乙歸妹，其君之袂，不如其娣之袂良。月幾望，吉。《象》曰：“帝乙歸妹，“不如其娣之袂良”也，其位在中，以貴行也。

54·9　歸妹，交泰之事備矣⁽¹⁾，與泰六五同，又於此見□□^①爲之戒也。以其貴行，故戒其滿以幾望⁽²⁾。一作“又於此見新，故之戒也”。

―――――――――
① 章校本謂：“□□”疑係“愆期”二字。

【注】

（1）交泰之事備矣：指六五爻位陰陽和諧，諸事具備。

（2）貴行：王弼注曰“位在乎中，以貴而行”，孔穎達曰
“其位在五之中，以貴盛而行”。○戒其滿以幾望：以接近月
圓爲喻，警示防止其自滿。

上六。女承筐无實，士刲羊无血，无攸利。《象》曰：上六无
實，承虛筐也。

54·10　上六與六三皆陰，故士女无實[1]。

【注】

（1）士女：指夫婦。○无實：指只有名分，没有實質關係。

豐

豐，亨。王假之。勿憂，宜日中。

55·1 "宜日中"，不宜過中也。

《彖》曰：豐，大也。明以動，故豐。"王假之"，尚大也。"勿憂，宜日中"，宜照天下也。日中則昃，月盈則食，天地盈虛，與時消息，而況於人乎？況於鬼神乎？

55·2 "月盈則食"，中弦[1]，盈之極也。此人鬼所以惡盈禍盈也[2]。

【注】

（1）中弦：《論衡·四諱》謂："月中分謂之弦"。此指月圓之時，與上弦、下弦相對。

（2）惡盈禍盈：指對待圓滿狀態的謹慎和戒備的態度。

《象》曰：雷電皆至，豐。君子以折獄致刑。

55·3 盛明如天[1]，大之至也。動於上而明於下，故"折獄致刑"，民不惑矣。

【注】

（1）盛明：猶"聖明"，指德性智術超絕。

初九。遇其配主，雖旬无咎，往有尚。《象》曰："雖旬无咎"，過旬災也。

55·4　所之在進^①，光大其宜也⁽¹⁾，故往而有尚⁽²⁾。非均是陽爻，則蔀暗之災⁽³⁾，與六二"疑疾"无以異也。

【注】

（1）宜：長處。

（2）有尚：得到獎賞。

（3）蔀暗之災：遮蓋後陰暗所造成的災難。

六二。豐其蔀，日中見斗，往得疑疾，有孚發若，吉。《象》曰："有孚發若"，信以發志也。

55·5　凡言往者，皆進而之上也⁽¹⁾。初進而上，則遇陽而有尚。二既以陰居陰而又所應亦陰，故往无所發，愈增疑疾；能不私於累，信然接物，乃吉⁽²⁾。"宜日中"而所應得陰⁽³⁾，故曰"見斗"。五在君位，故以斗喻夜見之象。

【注】

（1）凡言往者，皆進而之上也：此又張載所立一《易》例。

（2）以陰居陰：指六二以陰爻居處陰位。○所應亦陰：指六二所呼應的六五也是陰爻。○不私於累，信然接物：不徇私於負累，能誠心接納外物。

（3）所應得陰：指六五。

九三。豐其沛，日中見沫，折其右肱，无咎。《象》曰："豐其沛"，不可大事也。"折其右肱"，終不可用也。

55·6　所應在陰⁽¹⁾，故曰"豐沛"。能"折其右肱"，

---

① "所之在進"，薈要本校勘記：疑有脱誤。

絕去上六而不累其明⁽²⁾，則可免咎也。光大之上，陰柔之
終⁽³⁾，不可用也。

【注】

（1）所應在陰：指上六。

（2）絕去：堅決去除。○累：拖累。

（3）陰柔之終：指上六以陰爻居處終位。

九四。豐其蔀，日中見斗，遇其夷主，吉。《象》曰：“豐其
蔀”，位不當也。“日中見斗”，幽不明也。“遇其夷主”，吉
行也。

55·7 无應於下，近比於五，故亦云“見斗”⁽¹⁾；正應
亦陽⁽²⁾，故云“夷主”。

【注】

（1）无應於下：九四與初九均爲陽爻，故不成呼應。○近
比於五：指九四陽爻親近於比鄰的六五陰爻。

（2）正應亦陽：指初九。

六五。來章，有慶譽，吉。《象》曰：六五之吉，有慶也。

55·8 來章，反比陽則明也⁽¹⁾；有慶⁽²⁾，得配於四也。

【注】

（1）來：指六二之應。○章：通“彰”，指彰顯。○反比：
指六五與九四由上至下的親比關係。

（2）有慶：指九四之應。

上六。豐其屋，蔀其家，闚其户，闃其无人，三歲不覿，凶。

《象》曰：“豐其屋”，天際翔也。“闚其户，闃其无人”，自藏也。

55·9“豐屋”“蔀家”，自蔽之甚⁽¹⁾。猶大明之世而夷墨其行，窮大而失居者也⁽²⁾。處上之極，不交於下而居動之末⁽³⁾，故曰“天際翔也”。

【注】

（1）自蔽：自我遮蔽，與世隔絕。

（2）大明之世：指天下太平的年代。○夷墨其行：指行爲傲慢而不檢點。○窮大而失居：居大位者容易因驕矜而失其所居之處。語本《序卦》：“窮大者必失其居，故受之以旅；旅而无所容，故受之以巽。”簡省作“窮大失居”，後用來指多而不適用之意。

（3）不交於下：指不與其位之下的人交往。

旅

旅，小亨。旅貞吉。

《彖》曰："旅小亨"，柔得中乎外而順乎剛，止而麗乎明，是以"小亨旅貞吉"也。旅之時義大矣哉！

《象》曰：山上有火，旅。君子以明慎用刑而不留獄。

初六。旅瑣瑣，斯其所取災。《象》曰："旅瑣瑣"，志窮災也。

56·1 瑣瑣[1]，不能致命遂志[2]，身窮而志卑也[3]；冗細其所爲[4]，取災之道也。

【注】

（1）瑣瑣：鄙陋、平庸。

（2）致命遂志：犧牲性命以完成志向。語又見困卦《象辭》："澤无水，困。君子以致命遂志。"

（3）身窮而志卑：身份低微而又志向短小。

（4）冗細：繁雜瑣碎。

六二。旅即次，懷其資，得童僕，貞。《象》曰："得童僕，貞"，終无尤也。

56·2 居得位[1]，即次之義[2]，得三之助[3]，故曰"懷其資"。下有一陰，无所係累，故曰"得童僕，貞"。

【注】

（1）居得位：指六二居處下卦中位。

（2）即次：指前往旅舍。

（3）得三之助：指六二與九三的親比關係。

九三。旅焚其次，喪其童僕，貞厲。《象》曰："旅焚其次"，亦以傷矣。以旅與下，其義喪也。

56·3 以陽居陽，其志亢也^{（1）}；旅而驕亢，焚次宜也^{（2）}。下比二陰，喪其御下之正，危厲之道^{（3）}。

【注】

（1）以陽居陽：指九三以陽爻居處陽位。○志亢：志氣高昂。

（2）旅而驕亢：指旅行之時行爲驕橫且過於剛猛。○焚次宜：指喪失居所與童僕。

（3）危厲：危險。

九四。旅于處，得其資斧，我心不快。《象》曰："旅于處"，未得位也。"得其資斧"，心未快也。

56·4 以陽居陰^{（1）}，"旅于處"也。所應在初^{（2）}，初爲"瑣瑣"，志窮卑下^{（3）}，不能大助於己，但"得其資斧"之用而已。志未有得，故其心不快。

【注】

（1）以陽居陰：指九四以陽爻居處陰位。

（2）所應在初：指初六與九四的呼應關係。

（3）志窮卑下：指初六志向短小、身份低賤。

六五。射雉，一矢亡，終以譽命。《象》曰："終以譽命"，上逮也。

56·5　四處陰應下⁽¹⁾，堅介難致⁽²⁾，雉之象也；以力致之，徒喪其矢。喪矢，喪其直也⁽³⁾。文明居中，必不失其直，當終得譽美。

【注】

（1）四處陰應下：指九四居處陰位，與初六相呼應。

（2）堅介：指强大的助手。

（3）直：價值。

上九。鳥焚其巢，旅人先笑後號咷。喪牛于易，凶。《象》曰：以旅在上，其義焚也。"喪牛于易"，終莫之聞也。

56·6　以陽極上，旅而驕肆者也⁽¹⁾；失柔順之正，故曰"喪牛于易"。易，肆也。肆怒而忤物⁽²⁾，雖有凶危，其誰告之？故曰"終莫之聞"也。

【注】

（1）驕肆：驕縱放肆。

（2）肆怒而忤物：容易發怒，與人不合。

巽

☰ 巽上
巽下 巽，小亨。利有攸往，利見大人。

《彖》曰：重巽以申命。剛巽乎中正而志行，柔皆順乎剛，是以"小亨，利有攸往，利見大人"。

《象》曰：隨風，巽。君子以申命行事。

初六。進退，利武人之貞。《象》曰："進退"，志疑也。"利武人之貞"，志治也。

57·1 體柔居下[1]，在巽之始，謙抑過中[2]，故施於武人之貞則適得其宜。"進退"者，柔不自決之象也[3]。

【注】

（1）體柔居下：指初六以陰爻居處下位。

（2）謙抑過中：過於謙虛退讓。

（3）柔不自決：行事猶豫不決，不能當機立斷。

九二。巽在牀下，用史、巫紛若，吉，无咎。《象》曰：紛若之吉，得中也。

57·2 以陽居陰，其志下比，无應於上[1]，故曰"巽在牀下"。然不失中道，下爲之用，故"史、巫紛若"，樂爲之使。吉而无咎，非如上九"喪其資斧"。史、巫，論虛華過實者[2]。言不失中道，則樂盡其誠者眾矣。

【注】

（1）其志下比，无應於上：指九二與初六成親比關係，而
與九五不成呼應。

（2）虛華過實：虛浮而不切實際，不真實。

九三。頻巽，吝。《象》曰：頻巽之吝，志窮也。

57·3　三處陽剛，失巽之道。乘剛而動[1]，頻吝所宜，
志在比物[2]，故吝。如復之六三，志窮也。

【注】

（1）乘剛：指九三與九二之關係。

（2）志在比物：指九三與六四之關係。

六四。悔亡，田獲三品。《象》曰：“田獲三品”，有功也。

57·4　柔順之德，以陰居位，雖或乘剛，悔終可亡。近
比於五，不爲諂妄[1]，而又二、三并爲所獲。不私其累而樂
爲己用，田獲之類也。使三陽見獲[2]，四之功也。

【注】

（1）諂妄：阿諛奉承，荒唐虛妄。

（2）見獲：被俘獲、收服。

九五。貞吉，悔亡，无不利，无初有終。先庚三日，後庚三日，
吉。《象》曰：九五之吉，位正中也。

57·5　解見蠱卦。志不以正，則將有悔。“先庚三日”，
讓始也[1]；“後庚三日”，存終也[2]。雖體陽居尊，无應於

下，故不可爲事之唱乃吉。不著於繇辭者，巽非憂患之時
故也。

【注】

（1）讓始：開始時謙讓。

（2）存終：最終取得好的結果。

上九。巽在牀下，喪其資斧，貞凶。《象》曰：“巽在牀下”，
上窮也。“喪其資斧”，正乎凶也。

57·6　柔巽過極[1]，難爲之下，物不爲用，故曰“喪其
資斧，凶”。資斧尚喪[2]，餘用殫矣[3]。

【注】

（1）柔巽過極：過於柔順。

（2）資斧：資財與器用，泛指旅費。

（5）殫：《説文》“殛盡也”。

兑

☱ 兑上
兑下　兑，亨，利貞。

《彖》曰：兑，説也。剛中而柔外，説以利貞，是以順乎天而應乎人。説以先民，民忘其勞；説以犯難，民忘其死。説之大，民勸矣哉！

《象》曰：麗澤，兑。君子以朋友講習。

初九。和兑，吉。《象》曰：和兑之吉，行未疑也。

58·1　以陽居下，无所比附。出門同人[1]，行自信者也[2]。

　　【注】

　　（1）出門同人：外出時與人相處和諧，語見同人卦初九《象辭》。

　　（2）行自信：舉止行動很自信。

九二。孚兑，吉，悔亡。《象》曰：孚兑之吉，信志也。

58·2　私係於近[1]，悔也。誠於接物[2]，信而不妄[3]，吉且悔亡。

　　【注】

　　（1）私係於近：指九二之於六三。

　　（2）誠於接物：以誠心實意接納外物。

　　（3）信而不妄：有信譽，不亂説話。

六三。來兑，凶。《象》曰：來兑之凶，位不當也。

九四。商兑未寧，介疾有喜。《象》曰：九四之喜，有慶也。

58·3 通其邪佞[1]，使進而上，則小人道長而不寧；以
諂爲疾而拒外之[2]，則終不失其得偶之慶也。

【注】

（1）邪佞：釋“介疾”，指奸邪小人。

（2）以諂爲疾：把諂媚視作疾病。

九五。孚于剥，有厲。《象》曰：“孚于剥”，位正當也。

58·4 説六三之進[1]，則是孚於剥[2]，近危之道也。
故處乎盛位者，佞不可親也[3]。當正位而進小人，信乎剥
之道也。

【注】

（1）説：通“悦”。

（2）剥：指陽氣逐漸被陰氣剥盡。

（3）佞：指奸佞小人。

上六。引兑。《象》曰：“上六引兑”，未光也。

58·5 與三爲類而引升之[1]，雖不傷類，然未足多也。

【注】

（1）與三爲類：指上六與六三均爲陰爻，且都居處上位。

○引升：引導使之地位上升。

涣

涣 _{巽上}_{坎下}　涣，亨。王假有廟，利涉大川，利貞。

59·1　萃"王假有廟"，涣然後聚道乃久⁽¹⁾，故"王假有廟"互見於此。凡言"有廟"者，聚道之極也。

【注】

（1）聚道：指凝聚已經涣散之人心，順從天道。

《彖》曰："涣，亨"，剛來而不窮，柔得位乎外而上同。"王假有廟"，王乃在中也。"利涉大川"，乘木有功也。

59·2　"財散則民聚"⁽¹⁾，王乃在涣中之一也。

【注】

（1）財散則民聚：語見《禮記·大學》："德者本也，財者末也。外本內末，爭民施奪。是故財聚則民散，財散則民聚。"

《象》曰：風行水上，涣。先王以享于帝立廟^①。

初六。用拯馬壯，吉。《象》曰：初六之吉，順也。

59·3　處險之下⁽¹⁾，故必用拯；无應於上，順比九二之剛；拯而馬壯⁽²⁾，其吉宜也。

【注】

（1）處險之下：指初六居處下體坎卦下位。

---

① 原在釋文 59·2 上，考察釋文 59·1 爲《象辭》注，故移置於此。

（2）拯而馬壯：順承於强壯的馬（指九二）。

九二。渙奔其杭，悔亡。《象》曰："渙奔其杭"，得願也。

59·4　奮於險中[1]，進而之前，則難解悔亡[2]，故曰"奔其杭"。三四皆險[3]，故曰"得願"。若退累於初[4]，則險不能出，其悔終存。

【注】

（1）奮於險中：指九二以陽爻居處下坎之中位。

（2）難解悔亡：災難解除，隱患消逝。

（3）三四皆險：指六三、六四皆是九二擺脱險難時的阻礙。

（4）退累於初：指九二後退將險難連及初六。

六三。渙其躬，无悔。《象》曰："渙其躬"，志在外也。

59·5　援上而進[1]，惟求自脱於險，无悔而已，非能及物者也[2]。

【注】

（1）援上而進：指六三援應上九，積極前進。

（2）及物：兼顧救濟其他人物。

六四。渙其群，元吉。渙有丘，匪夷所思。《象》曰："渙其群，元吉"，光大也。

59·6　已處險外[1]，无私其應[2]，常以拯衆爲心，則其志光大獲吉；若志在所歸之地[3]，近累於五，則非能平均其慮者也[4]。

【注】

（1）己處險外：指六四爻位。

（2）无私：不徇私。

（3）所歸之地：指僅僅追求個人的安逸。

（4）平均其慮：指思慮能兼顧衆人。

九五。渙汗其大號，渙王居，无咎。《象》曰："王居无咎"，正位也。

59·7 爲渙之主[1]，使物遍被其澤，"正位凝命"[2]，可以免咎。不私於應，故能均布其大號也[3]。渙然廓大[4]，以王道自居乃无咎[5]。

【注】

（1）爲渙之主：指九五是渙卦卦主。

（2）正位凝命：指以正念正心立身於正確的地位，凝聚力量，完成自身使命。語見鼎卦《象傳》："木上有火，鼎。君子以正位凝命。"

（3）大號：指君主的號令。

（4）渙然：更新的樣子。○廓大：度量寬宏。

（5）以王道自居：指君主以王道思想治理國家。參《孟子·梁惠王上》"寡人之於國也"章。

上九。渙其血去，逖出，无咎。《象》曰："渙其血"，遠害也。

59·8 乘剛在上[1]，若係於三[2]，害不可免；能絕棄陰類[3]，遠去其難[4]，則可免咎。

【注】

（1）乘剛：指上九凌駕在九五陽爻之上。

（2）係：拴結，關聯。

（3）絕棄陰類：指徹底拋棄六三陰爻。

（4）遠去其難：遠遠地避開六三所帶來的災難。

節

坎上兌下 節，亨。苦節，不可貞。

《彖》曰："節，亨"，剛柔分而剛得中。"苦節，不可貞"，其道窮也。説以行險，當位以節，中正以通，天地節而四時成。節以制度，不傷財，不害民。

60·1 以苦節爲貞⁽¹⁾，其道之窮必矣⁽²⁾。

【注】

（1）苦節：指過度節制。或指竹枚或蓍草的節枯萎了。

○貞：指正道，或占筮。

（2）窮：窮盡，終止。

《象》曰：澤上有水，節。君子以制數度，議德行^①。

初九。不出戶庭，无咎。《象》曰："不出戶庭"，知通塞也。

60·2 見塞於九二⁽¹⁾，故不出。

【注】

（1）見塞：被阻塞。

九二。不出門庭，凶。《象》曰："不出門庭，凶"，失時極也。

60·3 體柔位陰⁽¹⁾，故"不出門庭，凶"。

---

① 原在釋文60·1上，考察釋文60·1爲《彖辭》注，故移置於此。

【注】

（1）體柔：指下體兌卦。

六三。不節若，則嗟若，无咎。《象》曰：不節之嗟，又誰咎也？

60·4　處非其位[1]，失節也。然能居不自安[2]，則人將容之，故无咎。兌，説也，故能嗟咨取容[3]。

【注】

（1）處非其位：指六三以陰爻居處陽位。

（2）自安：指自以爲安定。

（3）嗟咨：感嘆，感慨。○取容：指討好他人以求容身。

60·5　王弼於此"无咎"又別立一例[1]，只舊例亦可推行[2]，但能嗟其不節有過之心則亦无咎也。若武帝下罪己之詔而天下悦[3]，大人過既改，則復何咎之有！

【注】

（1）又別立一例：王弼注曰："自己所致，无所怨咎。"

（2）舊例：指對"无咎"的解釋，即無所歸咎。

（3）武帝下罪己之詔：指漢武帝於征和四年頒布的《輪臺詔》，檢省自己政治生涯的得失。

六四。安節，亨。《象》曰：安節之亨，承上道也。

九五。甘節，吉，往有尚。《象》曰：甘節之吉，居位中也。

60·6　以剛居中，得乎盛位，優爲其節者也[1]。守之不懈，富貴常保，故曰"往有尚"。

【注】

（1）優爲其節者：釋“甘節”，指以節制爲美德。

上六。苦節，貞凶，悔亡。《象》曰：“苦節貞凶”，其道窮也。

60·7 處險之極[1]，故曰“苦節”。苦節而不正，悔也必正而凶，則道雖窮而悔亡[2]；苦節反若獲吉[3]，取悔必多。

【注】

（1）處險之極：指上六居處上卦坎之上位。

（2）悔也必正而凶，則道雖窮而悔亡：及時悔悟，選擇是正確的却也必然充滿凶險，道路雖然到了盡頭，但引以爲憾的事情也就消亡了。

（3）反若：反而像。

中 孚

巽上
兑下　中孚，豚魚吉，利涉大川，利貞。

《彖》曰：中孚，柔在內而剛得中，説而巽，孚乃化邦也。“豚魚吉”，信及豚魚也。“利涉大川”，乘木舟虚也。中孚以利貞，乃應乎天也。

61·1　中孚，上巽施之，下悦承之，其中必有感化而出焉者。蓋孚者，覆乳之象[1]，有必生之理。信且正[2]，天之道也。

【注】

（1）覆乳：孵卵。

（2）信且正：誠信而且正當。

《象》曰：澤上有風，中孚。君子以議獄緩死①。
初九。虞吉，有他，不燕。《象》曰：“初九虞吉”，志未變也。

61·2　爲信之始，其信未孚，而志應在四；進有二、三，剛柔之間，非以禮自防[1]，使爲衆所信，取悔之道也。故必防其萌[2]，使志不亂，孚交如則威如[3]，乃吉。

【注】

（1）以禮自防：憑藉禮儀來自我保護。

（2）必防其萌：必須保護好其萌芽階段。

---

① 原在釋文61·1上，考察釋文61·1爲《彖辭》注，故移置於此。

（3）孚交如則威如：語見大有卦六五爻辭："厥孚交如，威如，吉。"孚交，交接的樣子，孔穎達疏："交，謂交接也。如，語辭也。"

九二。鳴鶴在陰，其子和之。我有好爵，吾與爾靡之。《象》曰："其子和之"，中心願也。

61·3 居中體巽，无所私係。德必有鄰[1]，物願所歸。位以德致，爲五所任，故曰"與爾靡之"。靡，偃也，順從之也。

【注】

（1）德必有鄰：語自《論語·里仁》："德不孤，必有鄰。"

六三。得敵，或鼓或罷，或泣或歌。《象》曰："或鼓或罷"，位不當也。

61·4 處非所安，物之所惡。剛而乘之，柔不相比。進退之際，惟敵是求，不恒其德[1]，莫非己致。一作"惟敵是得，故求之"云云。

【注】

（1）不恒其德：語見恒卦九三爻辭，謂："不恒其德，或承之羞，貞吝。"

六四。月幾望，馬匹亡，无咎。《象》曰："馬匹亡"，絕類上也。

61·5 誠以接物，體巽居柔，陰德之盛美者也。陰德盛美，物所願交⁽¹⁾，故必一其所應⁽²⁾。絶類於上⁽³⁾，使陰不疑陽⁽⁴⁾，如月近望而不過於盈，可以无咎。一作"免咎"。

【注】

（1）交：交往。

（2）一：都，一概。

（3）類：指陰類。

（4）疑：猜忌。

九五。有孚攣如，无咎。《象》曰："有孚攣如"，位正當也。

61·6　處乎盛位而信⁽¹⁾，不交物⁽²⁾，未免於咎也。

【注】

（1）信：誠信。

（2）交物：指牽繫天下。

上九。翰音登于天，貞凶。《象》曰："翰音登于天"，何可長也？

61·7　處信之極⁽¹⁾，好居物上⁽²⁾；信而无實⁽³⁾，窮上必凶。一云：將變而爲小過也。

【注】

（1）信：指中孚卦。

（2）好居物上：喜歡凌駕於萬物之上。

（3）信而无實：徒有誠信之名而不行其事。

小　過

䷽震上艮下　小過，亨，利貞。可小事，不可大事。飛鳥遺之音，不宜上，宜下，大吉。

《彖》曰：小過，小者過而亨也。過以利貞，與時行也。柔得中，是以小事吉也。剛失位而不中，是以不可大事也。有飛鳥之象焉，“飛鳥遺之音，不宜上，宜下，大吉”，上逆而下順也。

62·1　時宜用過[1]，雖過，正也。

【注】

（1）時宜用過：這個時機允許出現過失。

62·2　失其所安者[1]，必矯其所爲以求安[2]。過於自大，其勢必危；過於自損，可以獲吉：故曰上逆而下順，飛鳥之象。

【注】

（1）所安：指爻位。

（2）矯：糾正，改正。

《象》曰：山上有雷，小過。君子以行過乎恭，喪過乎哀，用過乎儉。

62·3　過恭、哀、儉[1]，皆宜下之義[2]。

【注】

（1）過：過度。○恭：恭敬。○哀：悲傷。○儉：節儉。

（2）下：降低程度。

初六。飛鳥以凶。《象》曰："飛鳥以凶"，不可如何也。

六二。過其祖，遇其妣，不及其君，遇其臣，无咎。《象》曰："不及其君"，臣不可過也。

62·4　與其上比於陽，不若下遇於陰；與其上合於五，不若退附於初：宜下之義也。无應於上，故能免咎。臣居己下(1)，猶不可過，況其它乎！

【注】

（1）臣居己下：指作爲臣僕的六二只能安分於自己的位置。

九三。弗過防之，從或戕之，凶。《象》曰："從或戕之"，凶如何也？

62·5　居陽以剛而應於上，爲衆所疾(1)；非過爲防慎(2)，人或戕之(3)，凶之甚也。

【注】

（1）疾：嫉恨。

（2）過爲防慎：過度防備謹慎。

（3）戕：迫害。

九四。无咎，弗過遇之，往厲必戒，勿用永貞。《象》曰："弗過遇之"，位不當也。"往厲必戒"，終不可長也。

62·6 道非剛亢，故无咎。有應於下，故曰"弗過遇之"。過此以往⁽¹⁾，難无以除⁽²⁾，故危而必戒。不可常然，故"勿用永貞"。一云：九四以陽居陰而乘九三之剛，非其過也，乃適與之遇爾，故无咎。若率是而往⁽³⁾，必危以爲戒，終不可久，故"勿用永貞"，當思奮爾⁽⁴⁾。

【注】

（1）過此以往：從此以後。

（2）難无以除：困難無法消除、避免。

（3）率：不慎重。

（4）思奮：指持守正道。

六五。密雲不雨，自我西郊，公弋取彼在穴。《象》曰："密雲不雨"，已上也。

62·7 不能畜剛止健⁽¹⁾。凡言"自我西郊"，進而不已也。柔得中，小事吉，故曰"公弋取彼在穴"。非及物之功⁽²⁾，且不能摧敵止暴也⁽³⁾。三止於下⁽⁴⁾，隱伏之象，故曰"在穴"。小過有飛鳥之象，故因曰"取彼在穴"。雨必蒸聚⁽⁵⁾，自下而上，則其潤澤周普⁽⁶⁾。今自西而東，趨其所應，其"施未光也"。"已上"，亦尚往之義。

【注】

（1）畜剛止健：蓄養陽剛之才，制止冒進。

（2）及物之功：指造福萬物的功績。

（3）摧敵止暴：摧毀敵人，制止暴力。

（4）三止於下：指九三陽爻停留在下卦。

（5）蒸聚：升騰凝聚。

（6）潤澤周普：使天下都得到滋潤。

上六。弗遇過之，飛鳥離之，凶，是謂災眚。《象》曰："弗遇過之"，已亢也。

62·8　不宜上而上，乃自取之災也。

既　濟

坎上
離下　既濟，亨小，利貞。初吉終亂。

《彖》曰："既濟亨"，小者亨也。"利貞"，剛柔正而位當也。
"初吉"，柔得中也。終止則亂，其道窮也。

63·1　通其變然後可久[1]，故止則亂也[2]。

【注】

（1）通其變：指通權達變。語參《繫辭上》："極數知來
之謂占，通變之謂事。"

（2）止則亂：制止則導致混亂。

《象》曰：水在火上，既濟。君子以思患而豫防之[①]。
初九。曳其輪，濡其尾，无咎。《象》曰："曳其輪"，義无
咎也。
六二。婦喪其茀，勿逐，七日得。《象》曰："七日得"，以中
道也。
九三。高宗伐鬼方，三年克之，小人勿用。《象》曰："三年
克之"，憊也。

63·2　上六險而應，此處卦之未濟[1]，以終亂者也[2]，
故以比鬼方[3]。九三以陽居陽，文明而正，故用師雖久，困
而必克。小人用之，取亡之道也。

---

① 原在釋文63·1上，考察釋文63·1爲《彖辭》注，故移置於此。

【注】

（1）卦之未濟：指卦的最後一個爻位。

（2）終：終止。

（3）鬼方：國名，古代西北地區的少數民族部落。

六四。繻有衣袽，終日戒。《象》曰："終日戒"，有所疑也。
九五。東鄰殺牛，不如西鄰之禴祭，實受其福。《象》曰："東
鄰殺牛"，不如西鄰之時也。"實受其福"，吉大來也。

　　63·3　東鄰，上六也；西鄰，六四也。過於濟，厚也^{（1）}；
幾於中，時也。濟而合禮，雖薄受福。九五，既濟之主，舉
上與下，其義之得，不言而著也。

【注】

（1）濟：救助。○厚：優待。

上六。濡其首，厲。《象》曰："濡其首厲"，何可久也？

未　濟

☳☲ 離上
坎下　未濟，亨。小狐汔濟，濡其尾，无攸利。

《彖》曰：“未濟，亨”，柔得中也。“小狐汔濟”，未出中也。“濡其尾，无攸利”，不續終也。雖不當位，剛柔應也。

《象》曰：火在水上，未濟。君子以慎辨物居方。

初六。濡其尾，吝。《象》曰：“濡其尾”，亦不知極也。

九二。曳其輪，貞吉。《象》曰：九二貞吉，中以行正也。

六三。未濟，征凶，利涉大川。《象》曰：“未濟征凶”，位不當也。

64·1 有强援於上[1]，故“利涉大川”。非義躁進[2]，凶之道也。

【注】

（1）强援：指上六。

（2）非義躁進：不符合道義，却貿然急躁前行。

九四。貞吉，悔亡，震用伐鬼方，三年有賞于大國。《象》曰：“貞吉悔亡”，志行也。

64·2 剛陽之德，迫近至尊[1]，非正而吉，悔所招也。初處險中，叛而未一[2]；奮動討伐[3]，其勢必克；堪上之任[4]，是以有賞。

【注】

（1）至尊：指六五。

（2）叛而未一：叛軍尚未形成氣候。

（3）奮動討伐：主動快速地征討。

（4）堪上之任：勝任天子的任命。

六五。貞吉，无悔。君子之光，有孚，吉。《象》曰："君子之光"，其暉吉也。

上九。有孚于飲酒，无咎。濡其首，有孚失是。《象》曰：飲酒濡首，亦不知節也。

64·3　飲酒而至於濡首⁽¹⁾，不節之甚也⁽²⁾，其必失此樂也⁽³⁾。有孚^①。

【注】

（1）濡首：濡濕了頭部。

（2）不節：不知節制。

（3）必失此樂：必然喪失飲酒的快樂，偏離正道。

---

① "孚"，據諸校本補。薈要本校勘記："有孚"下似有闕文，但無可查增，姑仍其舊。

横渠易説卷下

繫辭上

天尊地卑，乾坤定矣。卑高以陳，貴賤位矣。

65·1 先分天地之位[(1)]，乾坤立則方見易[(2)]，故其事无非易也。所以先言天地，乾坤易之門户也。不言高卑而曰卑高者亦有義，高以下爲基，亦是人先見卑處，然後見高也。

【注】

（1）位：地位。

（2）乾坤：指天地的德性，亦指陰陽二氣。○立：立位。○易：變化。

65·2 不見兩則不見易[(1)]。□□[①]物物象天地[(2)]。

【注】

（1）兩：指事物内部對立統一的兩個方面，即乾坤，陰陽。

（2）物物：種種事物，即天地萬物。

65·3 不曰天地而乾坤云者[②]，言其用也[(1)]。乾坤亦何形？猶言神也[(2)]。人鮮識天，天竟不可方體[(3)]，姑指日月星辰處，視以爲天。陰陽言其實[(4)]，乾坤言其用，如言剛柔也。乾坤，則所包者廣。

---

① "□□"，薈要本旁注曰"闕"，章校本删。

② "不曰天地而乾坤云者"，章校本改"乾坤云者"作"曰乾坤者"。

【注】

（1）用：效用，作用。

（2）神：神妙莫測。張載以之指稱太虚、氣化的莫測，是天性、天德。

（3）方體：形體。

（4）實：實質。

動静有常，剛柔斷矣。

65·4　動静、陰陽，性也。剛柔⁽¹⁾，其體，未必形。

【注】

（1）剛柔：《易經》的基本概念，表示天地萬物和卦爻的對立統一的兩個方面，性質與陰陽相同，而層次略低。

65·5　静專動直⁽¹⁾，不爲物累⁽²⁾，則其動静有常，不牽制於物也。然則乾爲剛果⁽³⁾，斷然不疑矣。“直”，一作“著”。

【注】

（1）專：專一，純一。○直：正，不歪斜。

（2）爲物累：即“牽制於物”。

（3）剛果：剛毅果斷。

65·6　天地動静之理，天圓則須動轉⁽¹⁾，地方則須安静。

【注】

（1）動轉：旋轉。

方以類聚，物以群分，吉凶生矣①。

在天成象，在地成形，變化見矣。

65·7　有形有象⁽¹⁾，然後知變化之驗⁽²⁾。

【注】

（1）有形有象：有形體，有現象。

（2）驗：徵象，徵兆。

是故剛柔相摩，

65·8　以人言之，喘息是剛柔相摩⁽¹⁾。氣一出一入，上下相摩錯也⁽²⁾，於鼻息見之。人自鼻息相摩以蕩於腹中⁽³⁾，物既消爍⁽⁴⁾，氣復升騰。

【注】

（1）摩：摩擦。

（2）摩錯：摩擦。

（3）蕩：震盪，搖盪。

（4）消爍：消融。

八卦相盪，鼓之以雷霆，潤之以風雨；日月運行，一寒一暑。

乾道成男，坤道成女②。

乾知大始，坤作成物。乾以易知，坤以簡能。

65·9　天地雖一物⁽¹⁾，理須從此③分別。“大始”者⁽²⁾，

① 原無，據《易》文補。

② 原無，據《易》文補。

③ “此”，原無，據《精義》補。

語物之始。乾全體之而不遺⁽³⁾，故无不知也。知之先者，蓋莫如乾。"成物"者，物既形矣，故言作，已入於形氣^①也⁽⁴⁾。初未嘗有地而乾漸形⁽⁵⁾，不謂之^②作，謂之何哉？然而乾以不求知而知，故其知也速；坤以不爲而爲，故其成也廣。

【注】

（1）一物：統一之物。

（2）大始：指天地萬物之始，即世界形成時的狀態。

（3）體：體現，展現。

（4）形氣：有形物；物體。

（5）漸：積漸，即逐漸累積。

易則易知，簡則易從；易知則有親，易從則有功；有親則可久，有功則可大；可久則賢人之德，可大則賢人之業。易簡而天下之理得矣。天下之理得，而成位乎其中矣。

65・10　此皆言人^③體天地之德然也⁽¹⁾。"可久"者，以久遠推行；"可大"者，其得體也大⁽²⁾。凡語道理之徒，道達不已⁽³⁾，竟亦何所求推行及民！故以賢人措諸事業^④，而言易簡理得而成乎天地之中。蓋盡人道，並立乎天地以成三才⁽⁴⁾，則是與天地參矣⁽⁵⁾。但盡人道^⑤，理自當耳，不必

① "氣"，章校本改作"器"。

② "之"，原作"知"，據《精義》改。

③ "人"，章校本作"聖人"。

④ "故以賢人措諸事業"，《精義》作"故以賢人德業措諸事業"。

⑤ "但盡人道"，《精義》作"但盡得人道"。

受命⁽⁶⁾。仲尼之道，豈不可以參天地！

【注】

（1）體：體悟。

（2）體：規模，本體。

（3）道達：説明，表達。

（4）三才：指天地人，見《説卦》。

（5）參：通"叄"，並列，等列。

（6）受命：指受天的任命。參見《正蒙·誠明篇》"此大德所以必受命"章。

65·11　言知者，知而已；言能者，涉於形氣^①，能成物也^②。"易則易知"，"易知則有親"。今夫虎豹之爲物，豢之雖馴，人亦不敢遂以親狎，爲其難測。惟其平易，則易知易信^③，"信則人任焉"⁽¹⁾；以其可信，人斯委任⁽²⁾，故易以有功矣。道體至廣⁽³⁾，所以有言難^④，有言易，有言小，有言大，无乎不在。

【注】

（1）信則人任焉：語出《論語·陽貨》。信，誠信。則，於是。任，信任。

（2）委任：信任，任用。

（3）道體：宇宙萬物的本源的存在狀態。

---

① "涉於形氣"，《精義》作"涉於形器"。

② "能成物也"，原作"能能成物也"，據《精義》改。

③ "信"，章校本作"從"。

④ "有言難"，原無，據《精義》補。

65·12 "坤至柔而動也剛"⁽¹⁾,乃積大勢成而然爾⁽²⁾。乾至健无體,爲感速,故易知;坤至順不煩,其施普,故簡能⁽³⁾。志大則才大、事業大,故曰"可大",又曰"富有";志久則氣久、德性久⁽⁴⁾,故曰"可久",又曰"日新"。德業不可久、不可大,不足謂之賢,況可謂之聖乎!

【注】

(1)坤至柔而動也剛:語出坤卦《文言》。

(2)大勢:大趨勢,總趨勢。

(3)簡能:坤以不爲而爲,無心於創造,所以說簡;簡而不繁就是能。

(4)氣:氣運,命數。

65·13 易簡理得則知幾⁽¹⁾,知幾然後經可正⁽²⁾。天下達道五⁽³⁾,其生民之大經乎!經正則道前定,事豫立⁽⁴⁾,不疑其所行,利用安身之要莫先焉⁽⁵⁾。

【注】

(1)幾:事物初始微危及其事態向吉的轉機。

(2)經:準則,常理。

(3)達道:公認的準則。《中庸》謂:"君臣也,父子也,夫婦也,昆弟也,朋友之交也。五者,天下之達道也。"

(4)豫:通"預",指事先有所準備。

(5)利用安身:利其施用,安處其身。利用,指事業。安身,指德性。

65·14 "成位乎其中","與天地合其德"⁽¹⁾。

【注】

（1）合：感通。

聖人設卦觀象，繫辭焉而明吉凶，剛柔相推而生變化。是故吉凶者，失得之象也；悔吝者，憂虞之象也；變化者，進退之象也；剛柔者，晝夜之象也。六爻之動，三極之道也。

65·15　吉凶者，失得之著也[1]；變化者，進退之著也。設卦繫辭，所以示其著也。吉凶，變化，悔吝[2]，剛柔，《易》之四象歟！悔吝由贏不足而生，亦兩而已。"變化，進退之象"云者，進退之動也微，必驗之於變化之著，故察進退之理爲難，察變化之象爲易。六爻盡利而動[3]，所以順陰陽、剛柔、仁義、性命之理也[4]，故曰"六爻之動，三極之道也"[5]。

【注】

（1）著：顯著。

（2）悔吝：懊悔貪心，指小過失，相對於吉凶，程度較輕。

（3）盡利：趨利。

（4）性命：德性和命運。

（5）三極：指天道、地道和人道。天道爲陰陽，地道爲剛柔，人道爲仁義。極，最高。

是故君子所居而安者，《易》之序也；

65·16　序，猶言分也[1]。《易》之中有貴有賤，有吉有凶，皆其自然之分也。所居皆安之，君子安分也。

【注】

（1）分：本分。

所樂而玩者，爻之辭也。

65·17　言君子未嘗須臾學不在《易》。玩，玩習也⁽¹⁾。每讀則每有益，所以可樂。

【注】

（1）玩習：研習，揣摩，玩味。

是故君子居則觀其象而玩其辭^①，動則觀其變而玩其占，

65·18　占，非卜筮之謂，但事在外可以占驗也⁽¹⁾。觀乎事變，斯可以占矣。蓋"居則觀其象而玩其辭"，此所以"動則觀其變而玩其占"也。

【注】

（1）占驗：預測，驗證。

是以自天祐之，吉无不利^②。
象者，言乎象者^③也；

65·19　象，謂一卦之質⁽¹⁾。

【注】

（1）質：實質，性質。

---

① 原闕，據《易》文補。
② 原闕，據《易》文補。
③ "象者"，原作"其象"，據《易》文及明清校本改。

爻者，言乎變者也。吉凶者，言乎其得失也；悔吝者，言乎其小疵也。无咎者，善補過也。是故列貴賤者存乎位^①，齊小大者存乎卦，

65·20 卦有稱名至小而與諸卦均齊者⁽¹⁾，各著其義也，蓋稱名小而取類大也⁽²⁾。

【注】

（1）均齊：均等齊一。

（2）類：同類。

辨吉凶者存乎辭，

65·21 欲見小疵者必存乎辭⁽¹⁾。

【注】

（1）小疵：小過失。

憂悔吝者存乎介，

65·22 悔吝，吉凶之萌，惟介於石者能見幾而作⁽¹⁾。

【注】

（1）介於石：語見豫卦。指立界如石，比喻不失分寸，確保節操。

65·23 "憂悔吝者存乎介"⁽¹⁾，欲觀《易》象之小疵，宜存志靜⁽²⁾，知所動之幾微也。"靜知"，一作"靜志"。幾者動之

---

① 原闕，據《易》文補。

微，虚静則知幾^{①（3）}。

【注】

（1）介：纖介。比喻吉凶起於細微處。

（2）静：專一，精一。

（3）虚静：心靈清明。

震无咎者存乎悔。

65·24　凡言“无咎”者，必求其始皆有悔，今能改之也。有咎而免者，善震而補也^{（1）}。

【注】

（1）震：震動，戒懼。

是故卦有小大，辭有險易；辭也者，各指其所之^②。
《易》與天地準，故能彌綸天地之道。

65·25　“《易》與天地準”，此言《易》之書也。易行乎其中，造化之謂也^{（1）}。言“彌綸”“範圍”^{（2）}，此語必夫子所造。彌者，彌縫補綴之義；綸者，往來經營之義^{（3）}。《易》之爲書與天地準。《易》即天道，獨入於爻位，繫之以辭者，此則歸於人事。蓋卦本天道，三陰三陽、一升一降而變成八卦，錯綜爲六十四，分而有三百八十四爻也。因爻有吉凶動静，故繫之以辭，存乎教誡^{（4）}，使人動則觀其變而玩其占。其出入以度，内外使知懼，又明於憂患與故，无有師保^{（5）}，如臨父

---

① “幾者動之微，虚静則知幾”，原無，據《粹言》《精義》補。

② 原闕，據《易》文補。

母。聖人與人撰出一法律之書，使人知所向避，《易》之義也。

【注】

（1）造化：創造化育。亦指天地、自然界。

（2）彌綸：涵蓋，包羅。○範圍：效法。

（3）經營：籌劃。

（4）教誡：教導訓誡。

（5）師保：教師。

仰以觀於天文，俯以察於地理，是故知幽明之故。原始反終，故知死生之説。

65·26　天文地理，皆因明而知之(1)，非明則皆幽也(2)，此所以“知幽明之故”。萬物相見乎離(3)，非離不相見也。見者由明，而不見者非无物也，乃是天之至處。彼異學則皆歸之空虛(4)，蓋徒知乎明而已，不察夫幽，所見一邊耳。

【注】

（1）明：顯明。指有形可見的。

（2）幽：隱晦。指隱而難見的。

（3）離：明。《説卦》“離也者，明也，萬物皆相見”。

（4）異學：指佛教的學問。

65·27　氣聚則離明得施而有形(1)，氣不聚則離明不得施而无形。方其①聚也，安得不謂之有②？方其散也，安得遽謂之无(2)？故聖人仰觀俯察，但云“知幽明之故”，不

---

① “其”，據《精義》補。

② “安得不謂之有”，《正蒙》作“安得不謂之客”。

云“知有无之故”。

【注】

（1）離明：光明。

（2）遯：遂，就。

65·28 盈天地之間者，法象而已^{（1）}。文理之察^{（2）}，非離不相覩也。方其形也，有以知幽之故；方其不形也，有以知明之故^①。

【注】

（1）法象：可取法的事物現象的總稱。

（2）文理：紋理與條理，現象與事態。即上文“天文地理”。

精氣爲物，遊魂爲變，是故知鬼神之情狀^②。與天地相似，故不違；知周乎萬物，而道濟天下，故不過；旁行而不流，

65·29 如天地无私，則於道不離；然遺物而獨化，又過乎大中之表也^{（1）}。故下文曰“範圍天地之化而不過，曲成萬物而不遺，通乎晝夜之道而知”。

【注】

（1）大中之表：大中指廣大而執中，大是廣大而無所不

---

① “盈天地之間者”條下，章校本補入兩條。一作“釋氏語實際……未始真解也”，依《精義》引《正蒙》補，全文見《正蒙·乾稱篇》（《張載集》，第56頁），脱誤均依《正蒙》訂補。一作《易》曰原始反終故知死生之説者，死生止是人之終始也”，謂原誤在“萬夫之望”（《張載集》第223頁）下，依《易》文移此，誤字依《精義》改。

② 原闕，據《易》文補。

容,中是中道。表,標誌,界限。參《經學理窟・學大原下》"人
當平物我,和內外"章。

65・30 未能周萬物,則必有過。過,失也。君子立法,
必其智周天下之利害而其道又足以濟天下,然後不過。過,
失也。知周萬物,道濟天下⁽¹⁾,然後不錯⁽²⁾。若不如此,
或得於彼^①,則或失於此也。天惟運動一氣,鼓萬物而生⁽³⁾,
无心以恤物⁽⁴⁾。聖人則有憂患,不得似天。"天地設位,聖
人成能⁽⁵⁾。"聖人主天地之物,又智周乎萬物而道濟天下,
必也爲之經營,不可以有愛付之无憂^{②(6)}。

【注】

（1）道濟:以天地之道救濟天下。

（2）錯:通"措",停止,放棄。

（3）鼓:鼓舞,激發。

（4）恤:體恤,周濟。

（5）成能:成就完美的人性。

（6）有愛:指萬物。○无憂:指天地。

65・31 "旁行不流"⁽¹⁾,圓神不倚也⁽²⁾。

【注】

（1）旁行:普遍推行,周行。

（2）圓神:運旋無窮。○倚:偏向一邊。

---

① "或得於彼",《精義》作"或得於此"。

② "不可以有愛付之无憂",《精義》作"不可以有憂付之无憂"。

樂天知命，故不憂①；安土敦乎仁，故能愛。

65·32　安土(1)，樂其所自生(2)，□□②忠厚之道也。

【注】

（1）安土：隨遇而安。

（2）樂其所自生：語見《禮記·樂記》“樂，樂其所自生”。

範圍天地之化而不過，

65·33　過則溺於空、淪於静，既不能存其神，又不能知夫化矣。大抵，過則不是着有則是着无(1)。聖人自不言有无，諸子乃以有无爲説。説有无，斯言之陋也。在《易》則惟曰神，則可以兼統③(2)。

【注】

（1）着：滯泥，沉溺，沉淪。

（2）兼統：兼顧統攝。

曲成萬物而不遺④，通乎晝夜之道而知，

65·34　不偏滯於晝夜之道(1)，故曰通知(2)。

【注】

（1）晝夜之道：即陰陽變化之道。

---

① 原闕，據《易》文補。

② “□□”，《精義》作“不得其生非”。

③ 章校本謂《精義》引“張氏曰”下無此文，惟“吕氏曰”下載首四句，以爲顯係吕大臨之説混入。今闕疑。

④ 原闕，據《易》文補。

（2）通知：徹底認知。

故神无方而易无體。

65·35《繫辭》言“易”，大概是語《易》書制作之意。其言“易无體”之類[1]，則是天易也[2]。神易雖是一事，方與體雖是一義，以其不測，故言无方；以其生生，故言无體。然則，易近於化[3]。

【注】

（1）易无體：變化没有固定的程式、體例。

（2）天易：指自然自身的變化，即陰陽二氣的變化。

（3）化：生化，化育。

一陰一陽之謂道，

65·36 一陰一陽是道也，能繼繼體此而不已者[1]，善也。善之猶言能繼此者也，其成就之者則必俟見性[2]，是之謂聖。仁者不已其仁，始謂之仁；知者不已其知，方謂之知；此是致曲[3]，曲能有誠也；誠則有變化，必仁智會合乃爲聖人也。前謂聖者①，於一節上成性也[4]。夷、惠所以亦得稱聖人[5]，然行在一節而已。“百姓日用而不知”，蓋所用莫非在道。飲食男女皆性也[6]，但己不自察，由旦至暮，凡百舉動[7]，莫非感而不之知。今夫心又不求，感又不求，所以醉而生、夢而死者衆也。

————————

① “前謂聖者”，《精義》作“所謂聖者”。

【注】

（1）繼繼：持續不斷。

（2）見性：顯現完美的德性。見，同"現"。

（3）致曲：致力於研究細微的事理。曲，一偏。

（4）節：事物的一端，泛指事項。

（5）夷：伯夷，孤竹君之子，與弟叔齊退讓王位，不食周
粟，餓死首陽山，世稱清高。○惠：魯大夫展禽，惠爲其謚號。
因其封邑在柳下，故又稱柳下惠。其人知禮，史稱和善。

（6）飲食男女：指人的日常基本需求。

（7）凡百：一切。

繼之者善也，成之者性也。

65・37　言繼繼不已者善也[1]，其成就者性也。仁智
各以成性，猶仁禮以成性。

【注】

（1）繼繼不已：相續不絕不停止。

65・38　勉勉而不息[1]，可謂善成[2]，而存存在乎性[3]。
仁知見之，所謂"曲能有誠"者也。不能見道，其仁知終非
性之有也。

【注】

（1）勉勉：勤懇不倦。

（2）善成：努力達到完美的人性。

（3）存存：長存，常存。

65・39　性未成則善惡混，故亹亹而繼善者斯爲善矣[(1)]。惡盡去則善因以亡[①]，故舍曰善[②]，而曰“成之者性”。神不可致思，存焉可也；化不可助長，順焉可也。存虛明[③(2)]，久至德；順變化，達時中[(3)]；仁之至，義之盡也。知微知彰，不舍而繼其善，然後可以成之[④]性矣。

【注】

（1）亹亹：勤勉不倦。

（2）虛明：指神的無形而又無處不在的狀況。○按：參見《正蒙·神化篇》第3章。

（3）時中：適時而執中。即適合時勢，執行中道。

仁者見之謂之仁，知者見之謂之知，

65・40　聞見不足以爲己有，“仁者見之謂之仁，知者見之謂之知”。心各有本性[⑤(1)]，始爲己有；苟未見性，須當勉勉。今學者既知趨向，殊不費力[(2)]，何謂不勉勉！

【注】

（1）本性：指天性，完美的人性。

（2）殊不費力：却不肯花費精力。

百姓日用而不知，故君子之道鮮矣[⑥]。

① “惡”，原無，據通志堂本、薈要本補。“亡”，《精義》作“成”。
② “故舍曰善”，《精義》作“故舍繼善”。
③ “明”，原作“名”，章校本依《正蒙》改，參文義，據改。
④ “之”，章校本依《宋元學案》改作“人”。
⑤ “心各有本性”，《精義》作“心各見本性”。
⑥ 原闕，據《易》文補。

65·41 百姓日用不知,溺於流也⁽¹⁾。

【注】

（1）溺於流：沉溺於放任自流。

顯諸仁,藏諸用①,

65·42 非神不能顯諸仁,不知不能藏諸用②⁽¹⁾。

【注】

（1）知：同“智”。

鼓萬物而不與聖人同憂,

65·43 老子言“天地不仁,以萬物爲芻狗”,此是也；“聖人不仁,以百姓爲芻狗”,此則異矣⁽¹⁾。聖人豈有不仁？所患者不仁也。天地則何意於仁？鼓萬物而已。聖人則仁耳,此其爲能弘道也⁽²⁾。天不能皆生善人,正以天无意也⁽³⁾。“鼓萬物而不與聖人同憂”,聖人之於天下,法則无不善也。然古者治世多而後世不治,何也？人徒見文字所記,自唐虞以上幾治幾亂③,須歸之運數⁽⁴⁾。有大運⁽⁵⁾,有小運④⁽⁶⁾,故孟子曰：“天之生民久矣⑤,一治一亂⁽⁷⁾。”

---

① 原闕,據《易》文補。

② 原無,據《精義》補。

③ “自唐虞以上幾治幾亂”,《精義》作“自唐虞以來論其治亂,殊不知唐虞以上幾治幾亂”。

④ “有大運,有小運”,《精義》作“有大數,有小數”。

⑤ “天之生民久矣”,《精義》作“天下之生久矣”。

【注】

（1）天地不仁，以萬物爲芻狗；聖人不仁，以百姓爲芻狗：語見《道德經》第五章。芻狗，祭祀時用草紮成的狗，喻指微賤無用之物。

（2）弘道：弘揚天地之道。

（3）正：僅，只。原作“政”，按文意據章校本改。

（4）運數：命運氣數。

（5）大運：即大局的運數。

（6）小運：即個體的運數。

（7）天之生民久矣，一治一亂：語見《孟子·滕文公下》。

65·44《繫》之爲言，或説《易》書，或説天，或説人，卒歸一道，蓋不異術，故其參錯而理則同也[1]。“鼓萬物而不與聖人同憂”，則於是分出人之道①，不可混天②。鼓萬物而不③與聖人同憂，此言天德之至也。與天同憂樂，垂法於後世，雖是聖人之事，亦猶聖人之末流耳[2]。

【注】

（1）參錯：雜亂不齊。

（2）聖人之末流：指聖人次要的功業。

65·45 神則不屈，无復回易[1]，“鼓萬物而不與聖人同憂”者，此直謂天也[2]。天則无心，神故可以不詘[3]，聖

---

① “則於是分出人之道”，《精義》作“則於是分出天人之道”。

② “不可混天”，《精義》作“人不可以混天”。

③ “不”，據《精義》補。

人則豈忘思慮憂患？雖聖亦人耳，焉得遂欲如天之神，庸不害於其事⁽⁴⁾？聖人苟不用思慮憂患以經世⁽⁵⁾，則何用聖人？天治自足矣。

【注】

（1）回易：改換。

（2）直：特，只。

（3）詘：通“屈”，彎曲。

（4）庸：豈，難道。

（5）經：治理。

65·46 聖人所以有憂者，聖人之仁也；不可以憂言者，天也。蓋聖人成能，所以異於天地。

盛德大業至矣哉^①！富有之謂大業，日新之謂盛德。

65·47 富有，廣大不禦之盛歟⁽¹⁾！日新，悠久无疆之道歟！富有者，大无外也⁽²⁾；日新者，久无窮也。顯，其聚也；隱，其散也。顯且隱，幽明所以存乎象；聚且散，推盪所以妙乎神⁽³⁾。“日新之謂盛德”，過而不有，不凝滯於心，知之細也，非盛德日新⁽⁴⁾。惟日新，是謂盛德。義理一貫，然後日新。

【注】

（1）禦：止。

（2）大无外：指包容一切。

（3）推盪：推移變化。

（4）過而不有，不凝滯於心，知之細也，非盛德日新：指對於過往的事情不必過度留戀，不必留滯在心中；知識的不斷精緻，不等於崇高品德的持續養成。

生生之謂易，

65・48　生生，猶言進進也[1]。

【注】

（1）進進：持續進步、變化。

**成象之謂乾，效法之謂坤①，
極數知來之謂占，**

65・49　"極數知來"[1]，前知也。前知其變，有道術以通之[2]。君子所以措於民者[3]，遠矣[4]。

【注】

（1）極數：窮盡蓍策之數的變化。

（2）道術：指治道的方法。

（3）措：安置。

（4）遠：深遠。

通變之謂事，

65・50　能通其變而措於民[1]，聖人之事業也。

---

①原闕，據《易》文補。

【注】

（1）措：施行，用。

陰陽不測之謂神。夫《易》，廣矣，大矣，以言乎遠則不禦，以言乎邇則静而正，以言乎天地之間則備矣。夫乾，其静也專，其動也直，是以大生焉。夫坤，其静也翕，其動也闢，是以廣生焉。廣大配天地，變通配四時，陰陽之義配日月①，易簡之善配至德。

65·51　循天下之理之謂道⁽¹⁾，得天下之理之謂德⁽²⁾，故曰“易簡之善配至德”。

【注】

（1）循：遵守，沿襲。

（2）得：接受。

子曰：“《易》其至矣乎！夫《易》，聖人所以崇德而廣業也②。
知崇禮卑，崇效天，卑法地。天地設位而易行乎其中矣。成性存存，道義之門。”

65·52　非知⁽¹⁾，德不崇；非禮，業不廣。

【注】

（1）知：通“智”。

---

① 原闕，據《易》文補。
② 原闕，據《易》文補。

65·53　崇^①，天也，形而上也。通晝夜之道而知⁽¹⁾，其知崇矣。知及之而不以禮性之⁽²⁾，非己有也，故知禮成性而道出^{②(3)}，如天地位而易行。天地位定而易行其中，知禮成性^③而道義出。夫《易》，聖人所以崇德廣業，以知爲德，以禮爲業也，蓋知崇則德崇矣。此論《易》書之道，而聖人亦以教人。"天地設位而易行乎其中"，比下文"成性存存，道義之門"而言也。天地設位，故易行乎其中；知禮成性，則道義自此而出也。道義之門者，由仁義行也⁽⁴⁾。聖人亦必知禮成性，然後道義從此出。譬之天地設位，則造化行於其中。知則務崇⁽⁵⁾，禮則惟欲乎卑；成性須是知禮，存存則是長存。知禮，亦如天地設位。

【注】

（1）晝夜之道：指表現時間的陰陽變化之道。

（2）性之：成爲它的性。

（3）知禮成性：智慧和禮成就人性。

（4）由仁義行：隨順仁義而行。語見《孟子·離婁下》："孟子曰：'人之所以異於禽獸者幾希，庶民去之，君子存之。舜明於庶物，察於人倫，由仁義行，非行仁義也。'"

（5）務：勉力從事。

65·54　何以致不息？成性則不息。誠，成也。誠爲能

____

① "崇"，《精義》作"知崇"。

② "故知禮成性而道出"，《精義》作"故知禮成性而道義出"。

③ "性"，原無，據下文"知禮成性，則道義自此而出也"補。

成性也,仁人孝子所以成身①(1)。柳下惠,不息其和也;伯夷,不息其清也:於清、和以成其性,故亦得爲聖人也。然清、和猶是一端②,不得完正(2),不若知禮以成性,即道義從此出。

【注】

(1)成身:即修身。《禮記·哀公問》:"公曰:敢問何謂成身?孔子對曰:不過乎物。"《孔子家語·致思》:"孔子謂弟子曰:二三子識之,水且猶可以忠信成身親之,而況於人乎!"

(2)完正:完美。

65·55　智極其高,故效天;禮着實處,故法地。人必禮以立(1),失禮則孰爲道?"天地設位而易行乎其中,成性存存,道義之門",得知禮以成性,性乃存,然後道義從此出。

【注】

(1)人必禮以立:人務必以禮成身。《論語·爲政》謂"三十而立",張載解釋爲"三十器於禮"(《正蒙·三十篇》)。

65·56　學不能自信而明者,患在不勉耳③!當守道不回,如川之流,"源泉混混,不舍晝夜"(1),无復回却(2),則

---

① "仁人孝子所以成身",《精義》作"如仁人孝子所以成其身"。
② "然清、和猶是一端",《精義》作"然清、和猶是性之一端"。
③ "患在不勉耳",《精義》作"患在不自勉耳"。

自明^①,自得之也。《易》曰"繼之者善也",惟其能相繼而不已者,道之善也;至於成性,則"不勉而中,不思而得,從容中道"矣⁽³⁾。《易》曰"成性存存,道義之門"^②。

【注】

(1)源泉混混,不舍晝夜:語見《孟子·離婁下》。混混,亦作"衮衮""滾滾",波浪翻湧的樣子。

(2)回却:退却,返回。

(3)不勉而中,不思而得,從容中道:語見《禮記·中庸》,謂:"誠者,天之道也;誠之者,人之道也。誠者,不勉而中,不思而得,從容中道,聖人也。誠之者,擇善而固執之者也。"

聖人有以見天下之賾,而擬諸其形容,象其物宜,是故謂之象。聖人有以見天下之動,而觀其會通,以行其典禮^③,繫辭焉以斷其吉凶,是故謂之爻。言天下之至賾而不可惡也,

65·57《易》語天地陰陽,情偽至隱賾而不可惡也⁽¹⁾。諸子馳騁説辭,窮高極幽,而知德者厭其言。故言爲非艱,使君子樂取之爲貴。

---

① "則自明",《精義》作"則自信自明"。

② 此條後,章校本依《精義》補《易》文"聖人有以見天下之動,而觀其會通,以行其典禮"及張載注文,見《張載集》第192—193頁。

③ 原闕,據《易》文補。

【注】

（1）情偽：真假。〇隱賾：精微而幽深玄妙。

65·58《易》之為書，有君子、小人之雜⁽¹⁾，道有陰陽，爻有吉凶之戒，使人先事決疑，避凶就吉。

【注】

（1）雜：混合。

言天下之至動而不可亂也①，

擬之而後言，議之而後動，擬議以成其變化。

65·59 凡一言動，是非可不可隨之而生，所以要慎言動⁽¹⁾。"擬之而後言⁽²⁾，議之而後動"，不越求是而已。

【注】

（1）言動：言行。

（2）擬：事先考慮估量，猜測。

65·60 自此以下皆著爻、象之詞，所以成變化之道，擬議以教人也⁽¹⁾。凡有一迹出，則便有无限人議論處。至如天之生物亦甚有不齊處，然天則无心不恤，此所以要慎。《易》曰"擬之而後言，議之而後動"，只是要求是也。

【注】

（1）擬議：行動之前的謀劃和議論。

"鳴鶴在陰，其子和之。我有好爵，吾與爾靡之。"子曰："君

---

① 原闕，據《易》文補。

子居其室，出其言善，則千里之外應之，況其邇者乎？居其
室，出其言不善，則千里之外違之，況其邇者乎？言出乎身，
加乎民；行發乎邇，見乎遠。言行，君子之樞機。樞機之發，
榮辱之主也。言行，君子之所以動天地，可不慎乎[①]！"
"同人先號咷而後笑[②]。"子曰："君子之道，或出或處，或默
或語。二人同心，其利斷金。同心之言，其臭如蘭。"

65·61　君子自知自信[(1)]，了然不惑[(2)]。又於出處語
默之際獲與人同[(3)]，則其志決然，利可斷金。惟仁者能聽
盡言，己不欲爲善則已，苟欲爲善，惟恐人之不言。"二人
同心，其利斷金。"夫一人固自明矣，又有一人言而同心，其
爲利也，如[③]金鐵之可斷。

【注】

（1）自知自信：認識自己，相信自己。

（2）了然不惑：清楚明白，遇事能明辨不疑慮。

（3）出處語默：出仕和隱退，發言和沉默。

65·62　義理必至于出處語默之不可易，如此其同也。
己固自信[(1)]，又得一人與之同，故利可斷金。

【注】

（1）固：本來。

"初六，藉用白茅，无咎。"子曰："苟錯諸地而可矣，藉之用

----

① 原闕，據《易》文補。

② 原闕，據《易》文補。

③ "如"，原作"知"，據通志堂本、薈要本改。

茅，何咎之有？慎之至也。夫茅之爲物薄，而用可重也。慎
斯術也以往，其无所失矣①。”

“勞謙君子，有終，吉。”子曰：“勞而不伐，有功而不德，厚
之至也。語以其功下人者也。德言盛，禮言恭；謙也者，致
恭以存其位者也②。”

“亢龍有悔。”子曰：“貴而无位，高而无民，賢人在下位而
无輔，是以動而有悔也③。”

“不出户庭，无咎。”子曰：“亂之所生也，則言語以爲階。
君不密則失臣，臣不密則失身，幾事不密則害成。是以君子
慎密而不出也。”子曰：“作《易》者，其知盗乎？《易》曰：
‘負且乘，致寇至。’負也者，小人之事也。乘也者，君子之
器也。小人而乘君子之器，盗思奪之矣。上慢下暴，盗思
伐之矣。慢藏誨盗，冶容誨淫。《易》曰‘負且乘，致寇至’，
盗之招也④。”

大衍之數五十，其用四十有九。

　　65·63 “大衍之數五十，其用四十有九”，天地之數也，
一固不爲用。“天一，地二，天三，地四，天五，地六，天七，
地八，天九，地十。”夫混然一物⑤，无有終始首尾，其中何數
之有？然言者特示有漸耳，理須先數天，又須先言一，次乃

至於十也。且天下之數止於十，窮則自十而反一^①。又數當止於九，其言十者，九之耦也。楊雄亦曰"五復守於五行"者^{②（1）}，蓋地數无過天數之理，孰有地大於天乎？故知數止於九，九是陽極也^{（2）}。十也者，姑爲五之耦焉耳。

【注】

（1）楊雄：前53—18年，字子雲，一作揚雄，西漢蜀郡成都人，著有《法言》《太玄》等。○五復守於五行：即《太玄·玄圖》"五與五相守"。

（2）陽極：陽數的最高，指天數的最高。

分而爲二以象兩，掛一以象三，揲之以四以象四時，歸奇於扐以象閏；五歲再閏，故再扐而後掛。天數五，地數五。五位相得而各有合，天數二十有五，地數三十，凡天地之數五十有五，此所以成變化而行鬼神也。乾之策二百一十有六，坤之策百四十有四，凡三百有六十，當期之日。二篇之策，萬有一千五百二十，當萬物之數也。

65·64　極^{兩兩（1）}是謂"天參"。數雖三，其實一也，象成而未形也。

【注】

（1）極：終極。○兩兩：指陰陽奇偶數兩兩相配。○參龐樸《一分爲三論》，"極兩兩"當作爲圖看待。（龐樸：《一分

---

① "十而反一"，《精義》作"十以反一"。

② "楊雄亦曰五復守於五行者"，章校本"楊"作"揚"，依《太玄·玄圖》改"五復守於五行"作"五與五相守"。

爲三論》,上海古籍出版社 2003 年版,第 131 頁。)

65 · 65
| 兩 | 地兩,效剛 | 七離九 ①(1) |
| 兩 | 柔之法也。 | 六坎八 |

【注】

（1）七、九:陽數,亦是天數。○離:指離卦,代表陽。
○六、八:陰數,亦是地數。○坎:指坎卦,代表陰。

65 · 66 參天兩地,此但天地之質也,通其數爲五[1]。
乾坤正合爲坎離之數,當六七[2]。精爲日月,粗爲水火[3],
坎離合而後萬物生。得天地最靈爲人,故人亦參爲性,兩爲
體,推其次序,數當八九[4]。八九而下,土其終也,故土之
爲數,終於地十。過此以往,萬億无窮,不越十終反一而已。
陽極於九,陰終於十,數乃成,五行奇耦乃備。過此周而反
始[5],滋至无筭,不越於是。陽用其極,陰不用極而用六者。
十者,數之終,九之配也。地无踰天之理,終於其終而已焉。
參天兩地,五也。

【注】

（1）參天兩地,此但天地之質也,通其數爲五:這是指
《説卦》"參天兩地"之數爲五,這五個數即五行之生數,一、
二、三、四、五。其中,天數有三,即一、三、五;地數有二,即
二、四。參天兩地之數,是天地之數,陰陽二氣之數,先於五

---

① 此條,章校本作:"〔地〕(兩兩),(地)〔剛〕亦效也,柔亦效也。(七離九,六坎
八)。"謂此本《繫辭》"立地之道曰柔與剛"而言,"地"字誤在"兩兩"之下,
脱"剛"字。《精義》誤同。"剛亦效也"兩句原作小字。《精義》"七離九,六
坎八"誤與下連接。按:參下文"乾坤正合爲坎離之數,當六七"與"兩爲體,
推其次序,數當八九",此條亦當以圖視之。

行之成數,表示天地和陰陽二氣先於萬物存在。就卦象而言,亦是乾坤兩卦之數,先於其他卦象而存在。

(2)乾坤正合為坎離之數,當六七:指乾卦二、五爻居坤卦二、五之爻位,則生成坎卦;坤卦二、五爻居乾卦二、五之爻位,則生成離卦。正合,指二、五爻位互易。當六七,六七是五行之成數,坎離兩卦僅次於乾坤,故為六七之數。

(3)精為日月,粗為水火:坎、離兩卦蘊含的天地之氣,其中的精華生成日(離)月(坎),其粗糙的成分生成水(坎)火(離)。

(4)得天地最靈為人,故人亦參為性,兩為體,推其次序,數當八九:人獲得天地之氣的精華,是萬物中最精靈的,人以天參為性,以地兩為形體。就萬物形成的次序說,人類當五行成數中的八九。

(5)周而反始:即"十終反一",數一至十循環往復。

65·67 一地兩,二也。三地兩,六也,坤用。五地兩,十也。一天三,三也。三天三,九也,乾用。五天三,十五也。凡三、五,乘天地之數[1],總四十有五,并參天兩地者,數之五[1],共五十。虛太極之一,故其用四十有九。

【注】

(1)乘:相乘。

65·68 "掛一象三",象天地之三也。揲象四時[2]。四時

揲之①，數不過十（1）。十時乃三②歲半，舉三揲多之餘也（2）。直云“五歲再閏”者，盡遇多之極③也（3）。揲餘九④，則揲者四十而已（4）。四十乃時之數也⑤（5）。

【注】

（1）四時揲之，數不過十：指每一變揲餘之數、三變過揲之數都不會達到十。按“過揲法”，第一變揲餘（即掛扐之和）爲五或九，第二、三變爲四或八。三變後，過揲之數三十六、三十二、二十八、二十四，以四揲之，則得數九、八、七、六。

（2）舉三揲多之餘也：指通過三次揲法之後剩餘的部分。

（3）盡遇多之極也：指涵蓋了所有多出來的餘數。

（4）揲餘九，則揲者四十而已：指第一變揲餘（即掛扐之和）爲九，過揲之數（即一變的過揲之和）爲四十。

（5）四十乃時之數：指四十策是十個“四時”之數。

65·69　六　七八九十／五四三二　一。此相間循環之數也（1）。

【注】

（1）相間：指奇數與偶數相間，亦指天數與地數相間。

65·70　“五位相得而各有合”，一二相間（1），是相得也；各有合，以對相合也。如：一、六，二、七，三、八，四、九。

---

① “四時揲之”，《精義》作“揲象四時”。
② “三”，章校本作“二”，謂：四時即四季，十季爲二年半。原誤“二”爲“三”。
③ “極”，《精義》作“數”。
④ “揲餘九”，《精義》作“揲常九”。
⑤ “乃時之數也”，《精義》作“乃十‘四時’之數也”。

各有合，神也；位相得，化也。

【注】

（１）一二相間：即奇數與偶數相間。

65·71　奇，所掛之一也；扐，左右手四揲之餘也[1]。“再扐後掛”者，每成一爻而後掛也，謂第二、第三揲不掛也[2]。閏常不及三歲而再至，故曰“五歲再閏”[3]。此歸奇必俟於再扐者，象閏之中間再歲也[4]。

【注】

（１）奇，所掛之一也；扐，左右手四揲之餘也：郭雍（１１０３—１１８７）《蓍卦辨疑》認爲“自唐初以來，以奇爲扐，故揲法多誤，至橫渠先生而後奇、扐復分，揲法於是明矣”。○又謂：“《正義》……其説自相抵牾，莫知所從。惟當從橫渠先生之説曰‘奇，所掛之一也；扐，左右兩揲之餘也’，以此爲正。”○又謂“橫渠先生出而後明正奇扐”。（《蓍卦辨疑》輯自《大易粹言》）

（２）“再扐後掛”者，每成一爻而後掛也，謂第二、第三揲不掛也：指在每一爻的三變之中，前一變要掛一，後兩變則不掛。○按：朱熹在《蓍卦考誤》中批評這種占筮之法爲“近世新法”、“過揲法”，不符合“四營而成易”與“五歲再閏”的規則。他自己的占法爲“舊法”、“掛扐法”。（參見本條注釋４）

（３）閏常不及三歲而再至，故曰“五歲再閏”：韓康伯注：“凡閏，十九年七閏爲一章，五歲再閏者二，故略舉其凡也。”孔穎達疏：“凡前閏、後閏，相去大略三十二月，在五歲之中，故五歲再閏。”○根據“五歲再閏”的規則，在五年中會出現兩次置閏，每次置閏間隔不超過三年。○根據"十九年七閏"的算法，在十九年中會出現七次置閏，每次置閏間隔不超過三年。○郭雍《蓍卦辨疑》認爲"横渠先生之言簡而正，昔人之誤無疑矣"。

（4）朱熹《蓍卦考誤》記載：横渠先生曰："奇，所掛之一也；扐，左右手之餘也。（郭氏曰：自唐初以來，以奇爲扐，故揲法多誤，至横渠而始分云。）再扐而後掛者，每成一爻而後掛也，謂第二、第三揲不掛也。（郭氏曰："凡一掛再扐，爲三變而成一爻。横渠之言，正所以明《正義》之失也。"）閏常不及三歲而至，故曰"五歲再閏"，此歸奇必俟再扐者，象閏之中間再歲也。"○朱熹《蓍卦考誤》"今按"指出：此説大誤，恐非横渠之言。掛也，奇也，扐也。《大傳》之文固各有所主矣。奇者，殘零之謂。方蓍象兩之時，特掛其一，不得便謂之奇。此則自畢、董、劉氏而失之矣。扐固左右兩揲之餘，然扐之爲義，乃指間勒物之處，故曰"歸奇於扐"，言歸此餘數於指間也。今直謂扐爲餘，則其曰"歸奇於扐"者，乃爲歸餘於餘，而不成文理矣。不察此誤，而更以歸奇爲掛一以避之，則又生一誤，而失愈遠矣。郭氏承此爲説，而詆唐人不當以奇爲扐。夫以奇爲扐，亦猶以其扐爲餘爾，名雖失之，而實猶未爽也。若如其説，以歸爲掛，以奇爲一，則爲名實俱亂。而《大傳》之文，揲四之後不見餘蓍之所在，歸奇之前不見有扐之所由，亦不復成文理。再扐者，一變之中，左右再揲而再扐也。一變之中，一掛、再揲、再扐而當五歲。蓋一掛、再揲當其不閏之年，而再扐當其再歲之閏也。而後掛者，一變既成，又合見存之蓍，分二而掛一，以起後變之端也。今曰第一變掛，而第二、第三變不掛，遂以當卦之變爲掛而象閏，以不掛之變爲扐而象不閏之歲，則與《大傳》之云掛一象三、再扐象閏者，全不相應矣。且不數第一變之再扐，而謂第二、第三變爲再扐，又使第二、第三變中止有三營，而不足乎成易之數。且於陰陽奇偶老少之數，亦多有不合者。今未暇悉論，後當隨事發之爾。○李光地《周易折中》案：郭雍本其先人郭忠孝之説以爲蓍説，引張子之言爲據，朱子與之往復辨論，今附録於後以備參考。大約孔疏、《本義》則以左右揲餘爲奇，而即以再扐象再閏，張子、郭氏則以先掛一者爲奇，而歸之於扐以象閏，其説謂唯初變掛一而後二變不掛，故初歲有閏，又須更越二歲，如初變有掛，又須更越二變以應再扐後掛之文也。如郭氏説，則再閏再扐兩再字各異義而不相應，故須以朱子之論爲確。然以歸奇爲歸掛一之奇，則自虞翻已爲此説，且玩經文語氣，“歸奇於扐”，“奇”與“扐”自是兩物而併歸一處爾，此義則郭氏之説可從。蓋疏義之意，是以掛象閏也。張、郭之意，是以扐象閏也。今折其中，則掛扐皆當併以象閏，以天道論之，氣盈朔虛，必併爲一法，以筮儀論之，掛與扐必併在一處，以經文考之，曰“歸奇於扐”，又曰“再扐後掛”，則“象閏”者，當併掛與扐明矣。（［清］李光地著，劉大鈞整理：《周易折中》卷第十四《繫辭上傳·下》，成都：巴蜀書社，2013 年 10 月，第 512 頁。）

　　65·72 “成變化，行鬼神。”成、行[1]，陰陽之氣而已矣[2]。

【注】

（1）成：形成，產生。○行：顯現。

（2）陰陽之氣：指陰陽之氣的變化過程。

是故四營而成易，十有八變而成卦，八卦而小成。引而伸之，觸類而長之，天下之能事畢矣。顯道神德行，是故可與酬酢，可與祐神矣。

65·73 示人吉凶，其道顯；陰陽不測，其德神。顯故可與酬酢[1]，神故可與祐神[2]；受命如響故可與酬酢[3]，知來藏往故可與祐神[4]。示人吉凶，其道顯矣；知來藏往，其德行神矣。語蓍龜之用也。

【注】

（1）酬酢：筵席中主客互相敬酒。後泛指交際應酬。

（2）祐神：協助神的功能。

（3）受命如響：即下文“其受命也如響”。

（4）知來藏往：即下文“神以知來，知以藏往”，指用蓍草卜卦，德同神知，能夠對未來有所預見，對已往心中瞭然。

65·74 顯道者，危使平，易使傾，懼以終始，其要无咎之道也。神德行者，寂然不動[1]，冥會於萬化之感而莫知爲之者也[2]。受命如響，故“可與酬酢”；曲盡鬼謀[3]，故“可與祐神”。“顯道神德行”，此言蓍龜之行也[1]。

---

① “此言蓍龜之行也”，《精義》作“此言蓍龜之德也”。

【注】

（1）寂然不動：心神安寧而無雜念，一點動靜都没有。語見《繫辭上》：“《易》无思也，无爲也，寂然不動，感而遂通天下之故。”

（2）冥會：默悟。

（3）曲盡鬼謀：窮盡鬼神的謀劃。

子曰：“知變化之道者，其知神之所爲乎！”

65·75　化之於己，須臾之化，則知須臾之頃必顯[1]；一日之化，則知一日之化有殊[2]。《易》知變化之道則知神之所爲，又曰“知幾其神乎”。

【注】

（1）頃：短時間。

（2）殊：不同。

65·76　惟神爲能變化，以其一天下之動也；人能知變化之道，其必知神之爲也。聖人之進，豈不自見[1]！今在學者區別是非[2]，有化於神者①，猶能知之，况聖人乎！《易》言“窮神知化”，又言“知變化之道”，安得不知！

【注】

（1）自見：自己顯露。

（2）區別是非：辨別是非。

《易》有聖人之道四焉：以言者尚其辭，以動者尚其變，以

---

① “有化於神者”，《精義》作“有化於善者”。

制器者尚其象，以卜筮者尚其占。

65·77　辭、變、象、占，皆聖人之所務也，《易》道具焉[1]。

一本无“易道具焉”四字，有“故曰神而明之，存乎其人”十字。

【注】

（1）具：完備。

65·78　尚辭則言无所苟[1]，尚變則動必精義[2]，尚象則法必致用[3]，尚占則謀必知來，四者非知神之所爲，孰能與於此！知德之難言，知之至也。孟子謂“我於辭命則不能”[4]，又謂“浩然之氣難言”[5]，《易》謂“不言而信，存乎德行”，又以尚辭爲聖人之道，非知德，達乎是哉？學未至於知德，語皆有病。形而上者，得辭斯得象矣，故變化之理須存乎辭，言所以顯變化也。“《易》有聖人之道”而曰“以言者尚其辭”。辭者，聖人之所以聖。

【注】

（1）尚：崇尚，重視。○苟：隨意。

（2）精義：精求義理。

（3）致用：達到實用。

（4）我於辭命則不能：語出《孟子·公孫丑上》。辭命，使節相應對的言辭。

（5）浩然之氣難言：語出《孟子·公孫丑上》。浩然之氣，正大剛直之氣。

65·79　人言命字極難[1]，辭之盡理而无害者，須出於精義。“《易》有聖人之道四”，曰“以言者尚其辭”，必至於聖人，然後其言乃能无敝⁽²⁾。蓋由精義所自出也，故辭不可以不修。

【注】

（1）命字：用字。

（2）敝：遮蔽。

是以君子將有爲也，將有行也，問焉而以言，其受命也如響。无有遠近幽深，遂知來物。非天下之至精，其孰能與於此？參伍以變，錯綜其數。通其變，遂成天地之文；極其數，遂定天下之象。非天下之至變，其孰能與於此？《易》无思也，无爲也，寂然不動，感而遂通天下之故。非天下之至神，其孰能與於此？夫《易》，聖人之所以極深而研幾也。唯深也，故能通天下之志；唯幾也，故能成天下之務；唯神也，故不疾而速，不行而至。子曰"《易》有聖人之道四焉"者，此之謂也。

　　65·80　有不知則有知，无不知則无知，是以鄙夫有問，仲尼竭兩端而空⁽¹⁾。《易》受命乃如響。"无有遠近幽深，遂知來物。非天下之至精，孰能與於此"，言《易》之爲書也。"至精"者，謂聖人窮理極盡精微處，《中庸》所謂"至"矣。天下之理斯盡，因《易》之三百八十四爻變動以寓之人事，告人以當如何時、如何事，如何則吉、如何則凶，宜動、宜靜，丁寧以爲告戒，所以"因貳以濟民行"也^{①(2)}。

----

① "天下之理斯盡"至"以濟民行也"，章校本依《精義》删，謂爲《張載集》第226頁錯簡。

【注】

（1）是以鄙夫有問，仲尼竭兩端而空：事見《論語·子罕》。

（2）因貳以濟民行：語見《繫辭下》，謂"因貳以濟民行，以明失得之報"。

65·81　既言參伍矣⁽¹⁾，參伍而上，復如何分別？

【注】

（1）參伍：交互錯雜，指變化。

65·82　氣之聚散於太虛，猶冰凝釋於水⁽¹⁾。知太虛即氣^①，神變易而已⁽²⁾。諸子淺妄，有有无之分，非窮理之學也。

【注】

（1）凝釋：凝結和融化。

（2）神變易：神秘莫測的變化。

65·83　《易》，非天下之至精，則辭不足待天下之問；非深，不足通天下之志；非通變極數⁽¹⁾，則文不足以成物，象不足以制器，幾不足以成務⁽²⁾；非周知兼體⁽³⁾，則其神不能通天下之故；故"不疾而速，不行而至"也。

【注】

（1）通變極數：貫通一切變化，極盡著策數的變化。

（2）務：事務。

（3）周知：完全盡知。○兼體：兼具各體，亦即無體。

---

① "知太虛即氣"，《精義》作"知太虛即氣，則無有有無。故聖人語性及天道之極，盡於參伍之"。

65・84 非至精、至變、至神不能與，故曰“神而明之，存乎其人”。无知者，以其无不知也；若言有知，則有所不知也。惟其无知，故能竭兩端，《易》所謂“寂然不動，感而遂通”也。无知則神矣，苟能知此，則於神爲近。无知者，亦以其術素備也⁽¹⁾，“道前定則不窮”⁽²⁾。—故神，譬之人身，四體皆一物⁽³⁾，故觸之而无不覺，不待心使至此而後覺也，此所謂“感而遂通，不行而至，不疾而速”也。物形乃有小大精粗，神則无精粗。神即神而已，不必言作用。譬之三十輻共一轂則爲車⁽⁴⁾，若无轂與輻，亦何以見車之用！感皆出於性，性之流也⁽⁵⁾，惟是君子上達、小人下達之爲別。

【注】

（1）術：方法。

（2）道前定則不窮：語見《禮記・中庸》，謂“言前定則不跲，事前定則不困，行前定則不疚，道前定則不窮”。

（3）四體：四肢，泛指全身。

（4）三十輻共一轂：語見《道德經》第十一章，謂“三十輻共一轂，當其無，有車之用”。

（5）流：運轉不停。

65・85《易》言“感而遂通”者，蓋語神也。雖指暴者謂之神^{①(1)}，然暴亦固有漸，是亦化也。

---

① “雖指暴者謂之神”，《精義》作“非指暴者爲神”。

【注】

（1）暴：急驟，猛烈。

65·86　聖人通天下之志[1]，雖愚人與禽獸猶能識其意。有所感則化。感亦有□[①]，難專以化言；感而遂通者神，又難專謂之化也。

【注】

（1）通：懂得，會通。○天下之志：天下人的心志、意志。

天一，地二，天三，地四，天五，地六，天七，地八，天九，地十。

65·87　此語恐在"天數五、地數五"處。然聖人之於書，亦有不欲併一説盡。慮易知後則不復研究[1]，故有易有難，或在此説，或在彼説，然要終必見，但俾學者潛心。

【注】

（1）慮：擔憂。

子曰："夫《易》，何爲者也？夫《易》，開物成務，冒天下之道，如斯而已者也。"

65·88　"開物成務"：物，凡物也；務，事也；開，明之也；成，處之也。事无大小，不能明，何由能處！雖至粗至小之事，亦莫非"開物成務"。譬如不深耕易耨[1]，則稼穡烏得而立[2]！"惟深也，故能通天下之志；惟幾也，故能

---

① "感亦有□"，《精義》作"感亦不速"。

成天下之務。"是則"開物成務"者,必也有濟時之才。

【注】

（1）易耨:勤除雜草。易,修治,整治。耨,鋤草。

（2）稼穡:指播種與收穀,爲農事的總稱。《孟子·滕文公上》謂"后稷教民稼穡、樹藝五穀,五穀熟而民人育"。

是故聖人以通天下之志,以定天下之業,以斷天下之疑。是故蓍之德圓而神,卦之德方以知,六爻之義易以貢。聖人以此洗心,退藏於密①,

65·89　圓神[1],故能通天下之志;方知[2],故能定天下之業;爻貢[3],所以斷天下之疑。《易》書成,三者備,民患明,聖人得以洗濯其心而退藏於密矣[4]。

【注】

（1）圓神:圓通神奇。

（2）方知:方正有智慧。

（3）爻貢:指六爻以它的意義變化而告知。貢,告。

（4）密:寂靜。

65·90　能通天下之志者,爲能感人心[1]。

【注】

（1）感:感知,感通。

吉凶與民同患。

---

① "六爻之義"以下,原闕,據《易》文補。

65・91　吉凶可以正勝⁽¹⁾，非聖人之患也。

【注】

（1）以正勝：憑正道取勝。

神以知來，知以藏往，

65・92　非神不能顯諸仁⁽¹⁾，非知不知藏諸用^{①(2)}。

【注】

（1）顯諸仁：顯現道的仁德。

（2）知：通"智"。○藏諸用：隱藏道的功用。

65・93　開物於幾先⁽¹⁾，故曰"知來"；明憂患而弭其故⁽²⁾，故曰"藏往"。

【注】

（1）開物：通曉萬物的道理。○幾先：先兆。

（2）弭其故：消除憂患的根源。

其孰能與此哉^②！
古之聰明睿知，神武而不殺者夫。

65・94　神武不殺⁽¹⁾，神知之大者。使知懼而不犯，神武者也。

【注】

（1）神武不殺：聰明神武，不用威能便使萬民服從。

---

① 章校本謂：此二句《精義》與下接，但與前（《張載集》第188頁）復出，故删。
② 原闕，據《易》文補。

是以明於天之道，而察於民之故，是興神物，以前民用。

65·95　言天之變遷、禍福之道，由民之逆順、取捨之故，故作《易》以先之⁽¹⁾。

【注】

（1）先之：預先顯示。

聖人以此齊戒，以神明其德夫。

65·96　民患除，憂疑亡，用利身安，故可退藏於密⁽¹⁾，窮神知化以崇高其德也⁽²⁾。自此而下，又歷言其德之出而異名也⁽³⁾。

【注】

（1）退藏於密：後退隱藏於秘密之處，不露行迹。

（2）崇高其德：在精神或道德上表彰其行為的高尚。

（3）其德之出而異名：其道德的種種表現和不同稱謂。

是故闔户謂之坤，闢户謂之乾，一闔一闢謂之變，

65·97　闔户，静密也⁽¹⁾；闢户，動達也⁽²⁾。形開而目覩耳聞，受於陽也。一動一静，是道之常^①，專於動静則偏也。“一闔一闢謂之變”，人之有息，蓋剛柔相摩、乾坤闔闢之象也。

【注】

（1）静密：寂静。

―――――――

① “是道之常”，《精義》作“是户之常”。

（2）動達：活動通達。

往來不窮謂之通，見乃謂之象，形乃謂之器^①，
制而用之謂之法，

65·98　因其變而裁制之⁽¹⁾，以教天下，聖人之法也。
【注】

（1）裁制：節制。

利用出入，民咸用之謂之神。

65·99　用之不窮，莫知其鄉⁽¹⁾，故名之曰“神”。
【注】

（1）鄉：同“向”，方向。

是故《易》有大極，是生兩儀，兩儀生四象，四象生八卦，八
卦定吉凶，吉凶生大業。

65·100　四象，即乾之四德⁽¹⁾，四時之象⁽²⁾，故下文
云“變通莫大乎四時”。盡吉凶之理，則能盡天人之助而成
位乎其中矣⁽³⁾，故下云“崇高莫大乎富貴”。有吉凶、利害，
然後人謀作，大業生；若无施不宜⁽⁴⁾，則何業之有！
【注】

（1）乾之四德：指元亨利貞，是乾卦的四個特性。

（2）四時之象：指四季的景象。此處將乾的四種德性與
萬物在四季中由生到終的生長過程相配合。

---

① 原闕，據《易》文補。

（3）天人之助：天道與人道的互助。

（4）无施不宜：指不採取任何順勢應時措施。

是故法象莫大乎天地，變通莫大乎四時，縣象著明莫大乎日月，崇高莫大乎富貴。備物致用，立成器以爲天下利，莫大乎聖人。探賾索隱，鉤深致遠，以定天下之吉凶，成天下之亹亹者，莫大乎蓍龜。是故[①]天生神物，聖人則之；

65·101　天生蓍龜，聖人則之以占兆。一云"占之以兆。"

天地變化，聖人效之；

65·102　天地變化，聖人作《易》，以著效之[②]（1），故曰"聖人效之"。

【注】

（1）著：指占卜工具。○效：效法。

天垂象，見吉凶，聖人象之；

65·103　作《易》以示人，猶天垂象（1），見吉凶。

【注】

（1）天垂象：天顯示現象。

河出《圖》，洛出《書》，聖人則之。

65·104　作書契效法（1），猶地出《圖》《書》。一云"猶河洛。"

---

① "是故法象"至"是故"，原闕，據《易》文補。

② "以著效之"，《精義》作"以著龜效之"。

【注】

（1）書契：文字。契，刻，指用刀刻寫文字。

《易》有四象，所以示也；繫辭焉，所以告也；定之以吉凶，所以斷也^①。

《易》曰："自天祐之，吉无不利。"子曰："祐者助也。天之所助者順也，

　　65·105　自"《易》曰'自天祐之'"，此篇宜在"立心勿恒，凶"下。蓋上言"莫益之"，故此言多助也。

"人之所助者信也。履信思乎順，又以尚賢也，是以'自天祐之，吉无不利'也。"子曰："書不盡言，言不盡意。然則聖人之意，其不可見乎？"子曰："聖人立象以盡意，設卦以盡情偽，繫辭焉以盡其言^②，

"變而通之以盡利，

　　65·106　理勢既變^{（1）}，不能與時順通^{（2）}，非盡利之道^{（3）}。

【注】

（1）理勢：道理趨勢。

（2）順通：順應溝通。

（3）盡利：窮盡利益。

"鼓之舞之以盡神。"

---

① 原闕，據《易》文補。

② 原闕，據《易》文補。

65·107 鼓天下之動者[1]，存乎神。"神"，一作"詞"①。

【注】

（1）鼓：鼓動，鼓舞，激勵。○動：源動力。

65·108 天下之動，神鼓之也。神則主於動，故天下之動皆神爲之也。詞不鼓舞，則不足以盡神。詞，謂《易》之詞也。於象固有此意矣，又繫之以詞，因而駕説[1]，使人向之，極盡動之義也。歌舞爲巫風[2]，言鼓舞之盡神者，與巫之爲人无心若風狂然，主於動而已。故以好歌舞爲巫風，猶之如巫也。巫主於動，以至於鼓舞之極也，故曰"盡神"。因説鼓舞之義，故取巫以爲言，語其動而已。

【注】

（1）駕説：傳布學説。

（2）歌舞爲巫風：巫以歌舞事神，所以歌舞爲巫風。

乾坤，其易之緼邪？乾坤成列，而易立乎其中矣。乾坤毀，則无以見易。易不可見，則乾坤或幾乎息矣。

65·109 陰陽、剛柔、仁義之本立[1]，而後知趨時應變，故"乾坤毀則无以見易"。感而後有通，不有兩則无一[2]，故聖人以剛柔立本，"乾坤毀則无以見易"。

【注】

（1）陰陽、剛柔、仁義：指天道、地道、人道。

（2）不有兩則无一：没有相對立相互統一的兩部分也就

---

① 按：章校本以明沈本清初翻刻本爲底本，"詞"作"辭"；陳俊民《張載全集》以明徐本爲底本，"詞"亦作"辭"。

没有統一物。

65·110　乾坤既列,則其間六十四卦爻位錯綜以爲變易[1]。苟乾坤不列,則何以見易? 易不見[①],則是无乾坤。乾坤,天地也;易,造化也。聖人之意,莫先乎要識造化;既識造化,然後其理可窮。彼惟不識造化[2],以爲幻妄也。不見易,則何以知天道? 不知道[②][3],則何以語性?

【注】

（1）則其間六十四卦爻位錯綜以爲變易:指六十四卦的變化以乾坤爲基礎。

（2）彼:指佛教。

（3）道:指天地間陰陽變化之道。

是故形而上者謂之道,形而下者謂之器。化而裁之謂之變,推而行之謂之通,舉而錯之天下之民謂之事業。

65·111　一陰一陽不可以形器拘[1],故謂之道。乾坤成列而下,皆易之器。乾坤交變,因約裁其變而別之[2],故謂之變。推而行其變,盡利而不遺,可謂通矣。舉盡利之道而錯諸天下之民[3],以行其典禮[4],易之事業也。"遺",一作"匱"。

【注】

（1）一陰一陽:指道。○形器:有形迹的器物或事物。

（2）約裁:約略裁節。

（3）錯:通"措",施行。

---

① "易不見",《精義》作"易不可見"。

② "不知道",《精義》作"不知天道"。

（4）典禮：制度和禮儀。

65·112　約裁其化而指別之，則名體各殊⁽¹⁾，故謂之變。

【注】

（1）名體各殊：名稱和形體各自不同。

65·113　運於无形之謂道，形而下者不足以言之。“鼓萬物而不與聖人同憂”，天道也，聖不可知也。无心之妙⁽¹⁾，非有心所及也^{①(2)}。

【注】

（1）无心之妙：指天地萬物自然變化的神妙。

（2）有心：指人的智謀。

65·114　“形而上”是无形體者也，故形以上者謂之道也；“形而下”是有形體者，故形以下者謂之器。无形迹者，即道也，如“大德敦化”是也；有形迹者，即器也，見於事實⁽¹⁾，如禮義是也。

【注】

（1）事實：事務的真實情況，或客觀存在的社會現象。

65·115　聖人因天地之化⁽¹⁾，裁節而立法⁽²⁾，使民知寒暑之變，故謂之春、夏、秋、冬，亦化而裁之一端耳^{②(3)}。

---

① “鼓萬物”至“非有心所及也”，章校本删。謂：此係錯簡，移“鼓萬物而不與聖人同憂”（《張載集》第189頁）下。

② “聖人因天地之化”條，章校本謂：此係錯簡，移下頁（《張載集》第208頁）“化而裁之存乎變”句下。

【注】

（1）因天地之化：根據天地的變化過程。

（2）裁節而立法：歸納提煉並制定曆法。

（3）化而裁：根據變化來整理裁定。

65·116　凡不形以上者⁽¹⁾，皆謂之道，惟是有无相接與形不形處，知之爲難。須知氣從此首⁽²⁾，蓋爲氣能一有无⁽³⁾。无則氣自然生⁽⁴⁾，是道也，是易也。

【注】

（1）不形：不顯露形象。

（2）首：開始。

（3）氣能一有无：氣能統一事物的顯著和隱微兩種狀態。

（4）无則氣自然生：從隱微處觀察探究的氣生成變化過程。

是故夫象，聖人有以見天下之賾，而擬諸其形容，象其物宜，是故謂之象。聖人有以見天下之動，而觀其會通，以行其典禮，繫辭焉以斷其吉凶，是故謂之爻。極天下之賾者存乎卦，鼓天下之動者存乎辭^①。

化而裁之存乎變；推而行之存乎通；

65·117　“變則化”，由粗入精也；“化而裁之謂之變”，以著顯微也。“化而裁之存乎變”：存四時之變，則周歲之

化可裁；存晝夜之變，則百刻之化可裁⁽¹⁾。推四時而行，則
能存周歲之通⁽²⁾；推晝夜而行，則能存百刻之通。

【注】

（1）百刻：古代計時之法，以一百刻爲一晝夜。

（2）通：暢通。

神而明之，存乎其人；默而成之，不言而信，存乎德行。

65·118　上天之載⁽¹⁾，无聲臭可象⁽²⁾，惟儀刑文王⁽³⁾，
當冥契天德而萬邦信説⁽⁴⁾，故《易》曰“神而明之，存乎
其人”。不知上天之載，當存文王。默成存德性^{①(5)}，則自
然默成而信矣。

【注】

（1）載：事。

（2）无聲臭可象：沒有聲音氣味可以追尋迹象。

（3）儀刑：效法。

（4）冥契天德：以至誠之心契合天德。○萬邦信悦：天
下各國（所有諸侯封國）相信並感到高興。

（5）默成：躬行不言，默而成事。認真去做事情自然會
成功。

65·119　“神而明之，存乎其人”，道至有難明處而能明
之⁽¹⁾，此則在人也。凡言神，亦必待形然後著⁽²⁾；不得形，
神何以見？“神而明之，存乎其人”，然則亦須待人而後能明

---

① “默成存德性”，章校本謂“性”字疑當承上文作“行”。

乎神。

【注】

（1）難明處：難以明白的地方。

（2）形然後著：顯現形體然後才能被發現。

繫　辭　下

八卦成列，象在其中矣；因而重之，爻在其中矣；剛柔相推，變在其中矣；繫辭焉而命之，動在其中矣。吉凶悔吝者，生乎動者也；剛柔者，立本者也；變通者，趨時者也。吉凶者，貞勝者也；

66·1　變，其勢也；動，其情也⁽¹⁾。情有邪正，故吉凶生。變能通之則盡利，能貞夫一則吉凶可勝⁽²⁾，而天地不能藏其迹，日月不能眩其明⁽³⁾。辭各指其所之，聖人之情也；指之使趨時盡利，順性命之理⁽⁴⁾，臻三極之道也⁽⁵⁾。能從之，則不陷於凶悔矣，所謂“變動以利言”者也。然爻有攻取、愛惡⁽⁶⁾，本情素動，因生吉凶、悔吝而不可變者，乃所謂“吉凶以情遷”者也。能深存繫辭所命⁽⁷⁾，則二者之動見矣⁽⁸⁾。又有義命當吉當凶、當否當亨者⁽⁹⁾，聖人不使避凶趨吉，一以貞勝而不顧⁽¹⁰⁾。如“大人否，亨”、“有隕自天”、“過涉滅頂，凶，无咎”、損益“龜不克違”及“其命亂也”之類⁽¹¹⁾，三者異情⁽¹²⁾，不可不察。

【注】

（1）情：情狀，狀態。

（2）貞夫一：堅持正確觀點和立場。一，統一，指同一個基本原則，即天道。

（3）眩：迷亂，迷惑。

（4）性命之理：指性和命的原則。性是氣變化的本能，命是性變化的必然趨勢。《正蒙·誠明篇》：“性其總，合兩也；命其受，有則也。不極總之要，則不至受之分，盡性窮理而不可變，乃吾則也。”

（5）臻：至，達到。○三極之道：即天地人三道。

（6）攻取：即感應。

（7）存：思。

（8）二者：指“變動以利言者”和“吉凶以情遷者”。

（9）義命：義理和命運。

（10）一以貞勝而不顧：指專注於堅守正道，則可以應對任何情況並獲得勝利，不用顧慮其他因素。

（11）大人否，亨：指大人坦然承受命塞，纔能亨通。語出否卦。○有隕自天：有隕石從天降落，指人應遵循自然規律。語出姤卦。○過涉滅頂，凶，无咎：像過河遭受滅頂，雖然凶險，但是沒有災禍。語出大過卦。○損益“龜不克違”：損卦六五爻辭、益卦六二爻辭均有“十朋之龜不克違”句，指使用價值十朋的大龜占卜，結果也是這樣。○其命亂也：指國家政令已經陷於混亂。語出泰卦，喻指物極必反。

（12）三者：“大人否，亨”與“有隕自天”為一，指應遵循自然規律；“過涉滅頂，凶，无咎”與“損益‘龜不克違’”為二，指敢於面對現實；“其命亂也”為三。

天地之道，貞觀者也；日月之道，貞明者也；天下之動，貞夫一者也。

66·2　著天地日月，以剛柔立其本也[(1)]。其變雖大，蓋不能遷夫正者也[(2)]。一本下有“剛柔立本，故又著見之”。貞明不爲日月所眩，貞觀不爲天地所遷[(3)]。貞，正也，本也。不眩、不惑、不倚之謂也。天地之道，至廣至大，貞乃能觀也；日月之明，貞乃能明也；天下之動，貞乃能一也。蓋言天地之道，不眩惑者始能觀之；日月之明，不眩惑者始能明之；天下之動，不眩惑者始能見夫一者也。所以不眩惑者何？正以是本也。本立則不爲聞見所轉，其見其聞，須透徹所從來，乃不眩惑。此蓋謂人以貞而觀天地，明日月，一天下之動也。

【注】

（1）剛柔：指陰陽。

（2）遷：離開，改移。○正：正道，即天地之道。

（3）貞明：指己以正認明日月。○貞觀：指己以正觀察天地。

66·3　貞明不爲日月之所眩，貞觀不爲天地之所遷。貞觀、貞明，是己以正而明日月、觀天地也。爲日月之明與天地變化所眩惑，故必己以正道觀之。能如是，不越乎窮理，豈惟耳目所聞見！必從一德見其大源[(1)]，至於盡處，則可以不惑也。存嘿識[①]，實有信有此。苟不自信，則終爲物役。

---

① “存嘿識”，《精義》作“心存默識”。

【注】

（1）一德：統一的德性所知。參見《正蒙·大心篇》"天大無外"章。

66·4　事千變萬化，其究如此而已（1），"天下之動，貞夫一者也"。

【注】

（1）究：終極。

夫乾，確然示人易矣；夫坤，隤然示人簡矣。爻也者，效此者也；象也者，像此者也①。

爻象動乎內，吉凶見乎外。

66·5　因爻象之既動（1），明吉凶於未形（2），故曰"爻象動乎內，吉凶見乎外"。

【注】

（1）因爻象之既動：根據爻象已經產生的變化。

（2）明吉凶於未形：看清吉凶尚未形成時的徵兆。

功業見乎變，

66·6　隨爻象之變以通其利，故功業見也。

聖人之情見乎辭。

66·7　聖人之情（1），存乎教人而已。

---

① 原闕，據《易》文補。

【注】

（1）情：思想，精神。

天地之大德曰生，

66·8　將陳理財養物於下⁽¹⁾，故先叙天地生物。

【注】

（1）理財養物：料理財務，養育物産。

聖人之大寶曰位，何以守位曰仁，

66·9　失位則无以參天地而措諸民也⁽¹⁾。

【注】

（1）位：此指聖人修德養性達到與天地合德的境界。〇措
諸民：治理民衆。

何以聚之曰財，理財正辭、禁民爲非曰義①。
昔古者包犧氏之王天下也，仰則觀象於天，俯則觀法於地，
觀鳥獸之文與地之宜，

66·10　此皆是聖人取之於糟粕也⁽¹⁾。

【注】

（1）糟粕：酒糟、米糟或豆糟等渣滓，比喻粗劣無用的東
西，此指天地生成的世間萬物。參考《正蒙·太和篇》“凡天
地法象”章。

---

① 原闕，據《易》文補。

66·11　"地之宜",如爲黑⁽¹⁾,爲剛鹵⁽²⁾,爲大塗⁽³⁾。

【注】

（1）爲黑：語見《説卦傳》,稱坤卦"其於地也爲黑"。

（2）爲剛鹵：語見《説卦傳》,稱兑卦"其於地也爲剛鹵",指鹹土地。

（3）爲大塗：語見《説卦傳》,稱震卦"爲大塗",指大路。

近取諸身,遠取諸物,於是始作八卦[1],
以通神明之德,以類萬物之情。

66·12　"神明之德",通於萬殊⁽¹⁾；"萬物之情",類於形器。

【注】

（1）萬殊：萬千差別,指萬物。

作結繩而爲罔罟,以佃以漁,蓋取諸離。

66·13　柔附於物⁽¹⁾,飲血茹毛之教,古所先有[2]。

【注】

（1）柔附：依附。

包犧氏没,神農氏作,斲木爲耜,揉木爲耒,耒耨之利,以教天下,蓋取諸益。

66·14　天施地生⁽¹⁾,損上益下,播種次之。

---

① 原闕,據《易》文補。

② "先有",《精義》原注：一作"无有"。

【注】

（1）施：創造。○生：養育。

日中爲市，致天下之民，聚天下之貨，交易而退，各得其所，蓋取諸噬嗑。

66·15　聚而通^①，交相、有无次之⁽¹⁾。

【注】

（1）交相：相互交易。

神農氏没，黄帝、堯、舜氏作，通其變，使民不倦，神而化之，使民宜之。

66·16　鴻荒之世⁽¹⁾，食足而用未備；堯、舜而下，通其變而教之也⁽²⁾。“神而化之”，使不知所以然。運之无形以通其變，不頓^②革之⁽³⁾，使民宜之也。

【注】

（1）鴻荒：同“洪荒”，指遠古。

（2）通：疏通，暢通。

（3）頓革：激進改革。參李鼎祚《周易集解》卷十釋革卦九三《象辭》引崔憬語。

66·17　立法須是過人者乃能之，若常人安能立法！凡

---

① “聚而通”，《精義》作“聚而通貨”。

② “頓”，原作“類”，據《精義》改。又王太岳《四庫全書考證·横渠易説》卷三：《繫辭下》“神農氏没”，説“不顯革之，使民宜之也”，刊本“顯”訛“類”，今改。按：頓、顯，在此意思相近，均可指激進革命。

變法，須是通。"通其變，使民不倦"，豈有聖人變法而不通也？

《易》窮則變，變則通，通則久。是以"自天祐之，吉无不利"[①]。黃帝、堯、舜垂衣裳而天下治，蓋取諸乾坤。

66·18　君逸臣勞。

66·19　上古无君臣、尊卑、勞逸之別，故制以禮。"垂衣裳而天下治"，必是前世未得如此，其文章禮樂簡易朴略[（1）]，至堯則焕乎其有文章[（2）]。然傳上世者，止是伏犧、神農。此仲尼道古也，猶據聞見而言，以上則不可得而知。所傳上世者，未必有自[（3）]，從來如此而已。安知其間固嘗有禮文[（4）]，一時磨滅耳？又安知上世无不如三代之文章者乎！然而如周禮則不過矣，可謂周盡[（5）]。今言治世，且指堯、舜而言，可得傳者也。歷代文章，自夫子而損益之，見其禮而知其政，聞其樂而知其德，不可加損矣。

【注】

（1）文章禮樂：指禮樂法度。〇朴略：質樸疏略。

（2）焕乎：光明顯赫的樣子。

（3）未必有自：未必有來歷。

（4）禮文：指禮樂制度文獻。

（5）周盡：完備而詳盡，完美。

刳木爲舟，剡木爲楫，舟楫之利，以濟不通，致遠以利天下，蓋取諸渙。

---

① 原闕，據《易》文補。

66·20　舟車之作，舟易車難，故舟先於車。

服牛乘馬，引重致遠，以利天下，蓋取諸隨。

66·21　不勞而得其欲⁽¹⁾，故動而悦。

【注】

（1）得：實現。

重門擊柝，以待暴客，蓋取諸豫。

66·23　有備則无患，故豫⁽¹⁾。

【注】

（1）豫：指豫卦，喜悦安樂。

斷木爲杵，掘地爲臼，臼杵之利，萬民以濟，蓋取諸小過。

66·24　備物致用⁽¹⁾，過以養物⁽²⁾。

【注】

（1）備：具備。○致用：可以使用。

（2）過：指小過卦，務實亨通。

弦木爲弧，剡木爲矢，弧矢之利，以威天下，蓋取諸睽。

66·25　養道雖至⁽¹⁾，禁網尚疏⁽²⁾，但懲其乖亂而已。

【注】

（1）養道：養育萬物的方法。○至：完備。

（2）禁網：法令、禁令。

上古穴居而野處，後世聖人易之以宫室，上棟下宇，以待風雨,蓋取諸大壯。

66·26　剛以承上,柔以覆下,上其棟下其宇之象⁽¹⁾。

【注】

（1）棟:房屋的正梁。○宇:屋檐。

66·27　棟,屋脊檁也⁽¹⁾;宇,椽也⁽²⁾。若指第二檁爲棟,則其間已有宇,不得上棟也。若指栿爲棟⁽³⁾,又益遠矣。宇,□垂而下^①,故言“下宇”。

【注】

（1）屋脊檁:房屋的正梁。檁,架在屋架或山牆上面用來支承椽子或屋面板的長條形構件。

（2）椽:椽子,放在檁上架着屋面板和瓦的木條。

（3）栿:指小木附於大木上。

古之葬者,厚衣之以薪,葬之中野,不封不樹,喪期无數,後世聖人易之以棺槨,蓋取諸大過^②。
上古結繩而治,後世聖人易之以書契,百官以治,萬民以察,蓋取諸夬。

66·28　禮成教備⁽¹⁾,養道足⁽²⁾,而後刑可行,政可明,明而不疑。《易》説制作之意,蓋取諸某卦,止是取義與象契⁽³⁾,非必見卦而後始有爲也,然則是言夫子之言耳。“備”,

---

① “□垂而下”,《精義》作“兩垂而下”。
② 原闕,據《易》文補。

一作"修"①。

【注】

（1）禮成教備：指禮教完備。

（2）足：周詳。

（3）契：契合。

是故《易》者，象也；象也者，像也。彖者，材也；爻也者，效天下之動者也。是故吉凶生而悔吝著也。陽卦多陰，陰卦多陽，何其故也？陽卦奇，陰卦耦。其德行何也②？陽一君而二民，君子之道也。陰二君而一民，小人之道也。

66・29　一其歸者(1)，君子之道；多以御者(2)，小人之理。"御"，一作"禦"。陽遍體衆陰，衆陰共事一陽，理也。是故二君共一民(3)，一民事二君(4)，上與下皆小人之道也；一君而體二民(5)，二民而宗一君，上與下皆君子之道也。

【注】

（1）歸：歸屬。

（2）御：駕御，統治。

（3）二君共一民：是從陽卦的卦象一陽爻二陰爻引申出來的。

---

① 章校本移小字注文於"《易》説制作之意"上，謂：《精義》無注文。"《易》説制作之意"至"然則是言夫子之言耳"，章校本依《精義》另提行。此條下通志堂本空一行，薈要本謂："此行原闕"；章校本依《精義》補入《易》文"陽卦多陰，陰卦多陽"及張載注文"陽卦多陰，則陽爲之主；陰卦多陽，則陰爲之主；雖小大不齊，而剛柔得位，爲一卦之主則均矣"。

② 原闕，據《易》文補。

（4）一民事二君：是從陰卦的卦象二陽爻一陰爻引申出來的。

（5）體：體恤，體察。

《易》曰："憧憧往來，朋從爾思。"子曰："天下何思何慮？天下同歸而殊塗，一致而百慮。天下何思何慮？日往則月來，月往則日來，日月相推而明生焉。寒往則暑來，暑往則寒來，寒暑相推而歲成焉。往者屈也，來者信也，屈信相感而利生焉。尺蠖之屈，以求信也；龍蛇之蟄，以存身也；精義入神，以致用也；利用安身，以崇德也。

66·30　正惟存神爾，不能利用。使不思、不勉，執多以御，故憧憧之心勞而德喪矣(1)；將陳恬智交養(2)，故序日月、寒暑、屈申相感之義也(3)。

【注】

（1）憧憧：往來不定的樣子。

（2）恬智交養：德性與智力交互提高，即將修養自身與處理世務相互促進來提高德性。恬，安靜。

（3）序：叙説。○屈申：同"屈伸"。申，通"伸"。

66·31　君子行義以達其道(1)，精一於義(2)，使不思而得，不勉而中，如"介于石"，故能"見幾而作"。"天下何思何慮"，明屈申之變，斯盡之矣。"日月相推而明生焉"，"寒暑相推而歲成焉"，"神易无方體"，"一陰一陽不測"，皆所謂"通乎晝夜之道"也。

【注】

（1）達：實現。

（2）精一：精誠專一。

66·32　屈申相感而利生，感以誠也；情僞相感而利害生[1]，雜之僞也。"精義入神"，事豫吾内[2]，求利吾外也[1][3]；"利用安身"，素利吾外，致養吾内也。"窮神知化"，乃養成自然[2]，非思勉之能强[4]，故崇德而外，君子未或致知也。"精義入神"，養之至也[3]。

【注】

（1）情僞：真誠與虛僞。

（2）吾内：自身。

（3）吾外：身外。

（4）强：勉强。

66·33　義以反經爲本[1]，經正則精；仁以敦化爲深[2]，化行則顯。義入神，動一靜也；仁敦化，靜一動也[3]。仁敦化則无體，義入神則无方。

【注】

（1）反經：反，同"返"，回歸。經，規則。

（2）敦化：致力於教化。

（3）動一靜也：在運動變化中探尋相對穩定不變的穩定

---

① "求利吾外也"後，《精義》有"求，一作素"。

② "乃養成自然"，《精義》作"乃養盛自致"。

③ "養之至也"，《精義》作"豫之至也"。

狀態。○静一動也：在相對穩定狀態中孕育無形的變化。

66·34 "何思何慮"，行其所无事而已。下文皆是一意。行其所无事，惟務崇德，但妄意有意即非行其所无事(1)；行其所无事，則是意、必、固、我已絶(2)。今天下无窮動静、情僞，止一屈伸而已，在我先行其所无事，則復何事之有！日月、寒暑之往來，尺蠖之屈(3)，龍蛇之蟄，莫非行其所无事，是以惡其鑿也。百慮而一致，先得此一致之理，則何用百慮！慮雖百，卒歸乎理而已。此章"憧憧往來"，要其有心，至於"德之盛也"，率本此意。咸之九四，有應在初。思其朋，是咸其心也(4)。不言心而言心之事(5)，不能虛以受人(6)，乃憧憧而致其思，咸道失矣。"憧憧往來"，心之往來也。不能虛以接物而有所繫着，非行其所无事也。"精義入神"，豫而已。學者求聖人之學以備所行之事，今日先撰次來日所行必要作事(7)。如此，若事在一月前，則自一月前栽培挨排，則至是時有備。言前定，事前定，皆在於此積累，乃能有功。天下九經(8)，自是行之者也，惟豫而已。譔次豫備，乃擇義之精。若是，則何患乎物至事來！"精義入神"須從此去，豫則事无不①備，備則用利，用利則身安。凡人應物无節，則往往自失，故要在利用安身，益以養德也。若夫窮神知化，則是德之盛，故云"未之或知"。蓋大則猶可勉而至，

---

① "不"，原無，據《精義》補。薈要本校勘記："豫則事有備"，刊本"有"訛"无"，今改。按：底本作"事无備"，文意不通，改作"事无不備"、"事有備"於文意均可，於文獻則當依《精義》。

大而化則必熟。化，即達也。"精義入神以致用"，謂貫穿天下義理，有以待之，故可推用。窮神是窮盡其神也，入神是僅能入於神也。言入，如自外而入，義固有淺深。

【注】

（1）妄意：胡亂猜想。〇有意：有意圖。

（2）意：臆測。〇必：武斷。〇固：拘泥。〇我：自負。〇語見《論語·子罕》："子絕四：毋意、毋必、毋固、毋我。"另參《正蒙·中正篇》"天理一貫"章。

（3）尺蠖：一種昆蟲（尺蠖蛾）的幼蟲，行動時身體向上彎成弧狀，像用大拇指和中指量距離一樣，故名尺蠖。中國北方稱"步曲"，南方稱"造橋蟲"。

（4）感其心：有感在心。

（5）心之事：指心的感受。

（6）虛以受人：能以博大的胸懷接受別人。參《正蒙·大心篇》"大其心則能體天下之物"章。

（7）撰次：編纂，記述。

（8）天下九經：指天下公認的九種原則。《中庸》謂："凡爲天下國家有九經，曰：修身也、尊賢也、親親也、敬大臣也、體群臣也、子庶民也、來百工也、柔遠人也、懷諸侯也。"

66·35　"精義入神"，要得盡思慮[1]，臨事无疑。

【注】

（1）得：能够。〇盡：穷盡。

66·36　"精義入神"，固不待接物，然君子何嘗不接物[1]。人則見君子閑坐獨處,不知君子接物在其中。睡雖不與物接,然睡猶是成熟者[2]。

【注】

（1）接物:與客觀事物接觸。

（2）然睡猶是成熟者:指睡眠狀態如同修成德性成熟的寧静。

66·37 "知幾其神","精義入神",皆豫之至也。豫者,見事於未萌。豫,即神也。"精義入神","利用安身",此大人之事[1]。大人之事,則在思勉力行,可以擴而至之;"未之或知"以上事,是聖人德盛自致,非思勉可得,猶大而化之。大則人爲可勉也,化則待利用安身以崇德,然後德盛仁熟,自然而致也,故曰"窮神知化,德之盛也"。自是別隔爲一節[2]。義有精粗,窮理則至於精義。若精義盡性,則是入神,蓋爲一故神。通天下爲一物[3],在己惟是要"精義入神"。所存能静而不能動者,此則存。博學則利用,用利則身安,身安所以崇其德也。所應皆善應,過則所存者復神。

【注】

（1）大人之事:大人與聖人相似,大人在於盡主觀努力達到,聖人不是憑主觀努力來達到,而是自然而然地與天地同步。亦即大人是"精義入神",聖人是"窮神知化"。

（2）節:事情的一端。

（3）通天下爲一物:全天下只是同一個物罷了。

“過此以往，未知或知也①；
“窮神知化，德之盛也。”

66·38 德盛者，神化可以窮盡，故君子崇之。一作“窮理盡性”。

66·39 化，事之變也(1)。

【注】

（1）事之變：指事物的變化，時代的變遷等。

66·40 大可爲②也，大而化不可爲也，在熟而已。《易》謂“窮神知化”，乃德盛仁熟之致(1)，非智力能强也(2)。

【注】

（1）致：極致。

（2）强：强求。

66·41 形而上者，得辭幾得象矣(1)。神爲不測，故緩詞③不足以盡神(2)；化爲難知，故急詞不足以體化④(3)。

【注】

（1）辭：卦辭和爻辭。○象：卦象和爻象。

（2）緩詞：指行文用語舒緩、細緻。

---

① 原闕，據《易》文補。

② “爲”，原作“化”，據薈要本改。薈要本校勘記：“大可爲也”，刊本“爲”訛“化”，今改。

③ “詞”，原作“謂”，據通志堂本、薈要本改。章校本作“辭”，下同。《精義》此句作“故緩詞不足以盡神，緩則化矣”。

④ “故急詞不足以體化”，《精義》作“故急詞不足以體化，急則反神”。

（3）急詞：指行文用語緊湊、明快。

66·42《易》所以明道，窮神則无《易》矣[1]。

【注】

（1）窮神則无《易》：參朱熹語"此言人能窮神，則《易》之道在我矣，豈復別有《易》哉。"（《晦庵集》卷第四十一《書·答連嵩卿》）窮神，即窮盡事務之神妙。

66·43 見幾則義明，動而不括則用利[1]，屈申順理則身安而德滋。窮神知化，與天爲一。有我所能勉哉？乃能炤物①[2]。須放心寬快[3]，公平以求之，乃可見道，況德性自②廣大。《易》曰"窮神知化，德之盛也"，豈淺心可得[4]！

【注】

（1）動而不括：發動而不結滯。括，阻滯，閉塞。

（2）炤：同"昭"，顯揚。

（3）寬快：寬鬆舒暢。

（4）淺心：淺薄的思考。

《易》曰："困于石，據于蒺藜，入于其宮，不見其妻，凶。"子曰："非所困而困焉，名必辱。非所據而據焉，身必危。既辱且危，死期將至，妻其可得見邪！"

---

① "乃能炤物"，薈要本校勘記：疑有脱誤。"乃能炤物"前，章校本依《精義》補"乃德盛自致爾。大抵思慮静"。

② "自"，《精義》作"自是"。

66·44　此明不能利其用者⁽¹⁾。寡助之至，親戚畔之。

【注】

（1）利其用：發揮其作用。

《易》曰："公用射隼于高墉之上，獲之无不利。"子曰："隼
者禽也，弓矢者器也，射之者人也。君子藏器於身，待時而
動，何不利之有？動而不括，是以出而有獲，語成器而動
者也。"

66·45　此明能精義以致用者⁽¹⁾。

【注】

（1）精義以致用：精求義理從而致力於用。

子曰："小人不恥不仁，不畏不義，不見利不勸，不威不懲。
小懲而大誡，此小人之福也。

66·46　暗於事變者⁽¹⁾。

【注】

（1）暗於事變：不能認明事物變化。

"《易》曰：'履校滅趾，无咎。'此之謂也。""善不積不足以
成名，惡不積不足以滅身。小人以小善爲无益，而弗爲也，
以小惡爲无傷，而弗去也，故惡積而不可掩，罪大而不可
解。《易》曰：'何校滅耳，凶。'^①"
子曰："危者安其位者也，亡者保其存者也，亂者有其治者

———————
① 原闕，據《易》文補。

也。是故君子安而不忘危,存而不忘亡,治而不忘亂,是以身安而國家可保也。

66·47　明君子之見幾⁽¹⁾。

【注】

（1）見幾:察見先兆。

《易》曰:'其亡其亡,繫于苞桑。'^①"

子曰:"德薄而位尊,知小而謀大,力小^②而任重,鮮不及矣。

66·48　不知利用以安身者。

《易》曰:'鼎折足,覆公餗,其形渥,凶。'言不勝其任也。^③"

子曰:"知幾其神乎!君子上交不諂,下交不瀆,其知幾乎?

66·49　人道之用⁽¹⁾,盡於接人而已。諂瀆召禍⁽²⁾,理勢必然⁽³⁾。故君子俯仰之際⁽⁴⁾,直而好義⁽⁵⁾,知幾莫大焉。

【注】

（1）人道:與"天道"相對,指爲人之道,或社會規範。

（2）諂瀆:諂媚與褻瀆。

（3）理勢:事理的趨勢。

（4）俯仰:隨時俗周旋應付。

---

① 原闕,據《易》文補。

② "小",原作"少",據薈要本改。薈要本校勘記:"力小而任重",訛（按:當作"刊"字）本"小"訛"少",今改。

③ 原闕,據《易》文補。

（5）直而好義：正直而仗義。

66·50　知幾者，爲能以屈爲申[(1)]。

【注】

（1）以屈爲申：即以屈爲伸，指屈伸進退自如。

“幾者，動之微，吉之先見者也。

66·51　幾，知象見而未形也[①(1)]。形則涉乎明[(2)]，不待神而後知也。“吉之先見”云者，順性命則所先皆吉也[(3)]。

【注】

（1）象見而未形：現象顯現而尚未成形。

（2）明：明朗，顯明。

（3）順：遵循。○先：預先顯現的。

“君子見幾而作，不俟終日。《易》曰：‘介于石，不終日，貞吉。’介如石焉，寧用終日？斷可識矣。

66·52　知幾其神，由經正以貫之[(1)]，則寧用終日而斷可識矣。

【注】

（1）由經正以貫之：根據規則來端正貫通它。

66·53　君子見其幾，則隨有所處[(1)]，不可過也，豈俟終日？“幾者，動之微，吉之先見者也。”夫幾，則吉凶皆見。

---

① “幾，知象見而未形也”，《精義》作“幾者，象見而未形者也”。

特①言吉者，不作則已，作則所求乎向吉。

【注】

（1）處：處置。

66·54 "不終日，貞吉。"言速正則吉也。六二以陰居陰，獨无累於四，故其介如石。雖體柔順，以其在中而靜，何俟終日，必知幾而正矣②。常易（1），故知險；常簡（2），故知阻。君子見常不動，故能得動之微（3）。君子見幾而作，不俟終日。苟見其幾，則時處置，不欲過，何俟終日？"幾者，動之微，吉之先見。"特言吉者，事則直須求向吉也③。

【注】

（1）常易：恒常平易。

（2）常簡：恒常簡略。

（3）得：預見。

66·55 豫之六二常不動，故能得動之微④。

"君子知微知彰，知柔知剛，萬夫之望。"

66·56 未嘗不得其中⑤，故動止爲衆人之表（1）。——無

---

① "特"，原作"時"，據通志堂本、薈要本、《精義》改。

② "不終日"至"必知幾而正矣"，章校本删，謂：與彖卦下文字複出，《精義》誤同。

③ "君子見幾而作"至"事則直須求向吉也"，章校本删，謂：與前文複出，《精義》同，雖其中字句稍異，顯係衍文。

④ 此條，章校本删，謂：與前文複出，《精義》同，雖其中字句稍異，顯係衍文。

⑤ "未嘗不得其中"，《精義》作"君子知微知彰，知柔知剛，未嘗不得其中"。

"止"字。

【注】

（1）表：表率。

66・57 "知崇禮卑"，叩其兩端而竭也。崇，既效天；卑，必法地①。《易》曰："原始要終，故知死生之説。"死生，止是人之終始也②。學必知幾造微⁽¹⁾。"知微之顯，知風之自，知遠之近，可以入德。"由微則遂能知其顯，由末即至於本，皆"知微知彰，知柔知剛"之道也。

【注】

（1）知幾造微：認識先兆，探索細微。

子曰："顏氏之子，其殆庶幾乎？有不善未嘗不知，知之未嘗復行也。

66・58 知不善，未嘗復行，不貳過也⁽¹⁾。

【注】

（1）不貳過：語見《論語·雍也》，謂："有顏回者好學，不遷怒，不貳過。不幸短命死矣，今也則亡，未聞好學者也。"

66・59 盛德之士，然後知化，如顏子庶乎知化也⁽¹⁾。"有不善未嘗不知"，已得善者，辨善與不善也。《易》"有不善未嘗不知"，顏子所謂有不善者，必只是以常意有迹處便爲不善而知之⁽²⁾，此知幾也，於聖人則无之矣。

①　"知崇禮卑"至"必法地"，章校本謂：錯簡，移至《張載集》第191頁。
②　"易曰"至"終始也"，章校本謂：錯簡，移至《張載集》第183頁。

【注】

（1）庶：差不多。○知化：通曉事物變化的道理。

（2）常意：常常意識到。○有迹處：留有痕迹的地方，此指過錯。

66·60 知德爲至當而不忘至之[1]，可見吉①於微也。蓋欲善不捨，則善雖微必知之。不誠於善者，惡能爲有爲无！雖終身由之不知其道[2]，烏足與幾乎！顏子心不違仁，故"不善未嘗不知"，其致一也。

【注】

（1）至當：最爲恰當。《正蒙·至當篇》謂"至當謂之德"。

（2）終身由之不知其道：語見《孟子·盡心上》，謂："行之而不著焉，習矣而不察焉，終身由之而不知其道者，衆也。"

66·61 孔子稱顏子"不善未嘗不知，知之未嘗復行"，其知不善，非獨知己，凡天下不善皆知之，不善則固未嘗復行也。又曰"吾未見能見其過而内自訟"[1]，亦是非獨自見其過[2]，乃見人之過而自訟。"其殆庶幾乎②"，言深③於知幾。

【注】

（1）吾未見能見其過而内自訟：語出《論語·公冶長》。

---

① "吉"，《精義》作"善"。

② "乎"，原無，據通志堂本、薈要本補。

③ "言"後，底本塗黑約二字。"深"，原無，據通志堂本、薈要本補，章校本作"庶幾"，《精義》作"屢至"。

訟, 責備。

（2）自見其過：自己發現並反省自己的過錯。

《易》曰：‘不遠復，无祗悔，元吉。’[①]
“天地絪縕，萬物化醇。男女構精，萬物化生。

66·62　始陳上下交以盡接人之道，卒具男女致一之戒而人道畢矣[(1)]。氣塊然太虛[(2)]，升降飛揚，未嘗止息，《易》所謂“絪縕”[(3)]，莊生所謂“生物以息相吹”、“野馬”者歟[(4)]！此虛實、動靜之機，陰陽、剛柔之始。浮而上者陽之清，降而下者陰之濁。其感遇聚結[(5)]，爲風雨，爲霜雪，萬品之流形[(6)]，山川之融結，糟粕煨燼[(7)]，无非教也。心所以萬殊者，感外物而不一也。天大无外，其爲感者絪縕二端而已焉。物之所以相感者，“利用出入，莫知其鄉”，一萬物之妙者歟[②]！

---

① 原闕，據《易》文補。

② “心所以萬殊者”至“一萬物之妙者歟”，章校本依《正蒙》另提行。此條下，章校本依《精義》補入兩條。一作“虛則受，盈則虧，陰陽之義也。故陰得陽則爲益，以其虛也；陽得陰則爲損，以其盈也。艮三索而得男，坤道之所以成也；兌三索而得女，坤道之所以成也。故三之與上，有天地絪縕、男女構精之義者此也”。一作“陰虛而陽實，故陽施而陰受；受則益，施則損，蓋天地之義也。艮三索而得男，兌三索而得女，乾坤交索而男女成焉，故三之與上，所以有絪縕構精之義。夫天地之絪縕，男女之構精，其致一至矣。是理也，可以意考，而言之所不能喻也。以乾之三而索與坤，則是三人行而損一人也；索之而男女成焉，是得其友也。乾坤合而損益之義著，非致一其孰能與於此”。按：第一條又見（元）董真卿《周易會通》卷十三引“張子曰”、（明）葉良佩《周易義叢》卷十四“橫渠”；第二條又見（宋）曾穜《大易粹言》卷四十一“龜山楊氏曰”。

【注】

（1）具：陳述，開列。○男女致一：指男女結合。

（2）塊然：廣大的樣子。○太虛：此指氣所存在的時間與空間。

（3）絪緼：同"氤氳"，指陰陽感應發生變化。

（4）"生物以息相吹"、"野馬"：皆指氣化萬物的形態與變化，亦指萬物的氣質之性。

（5）感遇聚結：感應、融通、聚合、凝結，指事物形成、演變的過程。

（6）萬品：萬類，萬物。○流形：變化成形。

（7）糟粕煨燼：指氣變化生成的有形物，與氣的變化能力相對而言。煨燼，指燃燒後留下的殘餘。

《易》曰："三人行，則損一人，一人行，則得其友。'言致一也①。"

子曰："君子安其身而後動，易其心而後語，定其交而後求。君子修此三者，故全也。危以動，則民不與也；懼以語，則民不應也；无交而求，則民不與也。莫之與，則傷之者至矣。《易》曰：'莫益之，或擊之，立心勿恒，凶。'"

66·63　此又終以昧於致用之戒。

子曰："乾坤，其易之門邪？"乾，陽物也；坤，陰物也。陰陽合德，而剛柔有體。

---

① 原闕，據《易》文補。

66·64 推而行之，存乎通，所謂合德[1]；隤然確然[2]，所謂有體。乾於天爲陽，於地爲剛，於人爲仁；坤於天則陰，於地則柔，於人則義。先立乾坤以爲易之門户，既定剛柔之體，極其變動以盡其時，至於六十四，此《易》之所以教人也。

【注】

（1）合德：會合德性。

（2）隤然：柔順的樣子。○確然：剛强的樣子。

以體天地之撰，以通神明之德①。

其稱名也，雜而不越。

66·65 其文詞錯綜，而條理不雜②。

於稽其類，其衰世之意邪！

66·66 世衰則天人交勝[1]，其道不一，《易》之情也。

"人"，一作"理"。

【注】

（1）交勝：相互爭勝，交替勝出。

夫《易》，彰往而察來，而微顯闡幽，

66·67 如坤初六，驗履霜於已然、察堅冰於將至之類[1]。一云"數往知來"，其義一也。

---

① 原闕，據《易》文補。

② "而條理不雜"，《精義》作"而條理不雜，雜而不越"。

【注】

（1）驗履霜於已然、察堅冰於將至：釋坤初六爻辭“履霜，堅冰至”，指見微知著、察往知來。

開而當名，辨物正言，斷辭則備矣。其稱名也小，其取類也大。其旨遠，其辭文，其言曲而中^①，其事肆而隱。

66·68　顯者，則微之使求其原^{（1）}；幽者，則闡之使見其用^{（2）}：故曰“其事肆而隱”^{（3）}。

【注】

（1）微之：還原其隱微、細節。○原：根源。

（2）闡之：闡明、彰顯它。○見：同“現”。○用：效用。

（3）肆：直接，明顯。○隱：間接，隱晦。

因貳以濟民行，

66·69　“无有遠近幽深，遂知來物非天下之至精，孰能與於此？”此言《易》之爲書也。至精者，謂聖人窮理以至於極盡精微處也^②。天下之理既已思盡^{（1）}，思《易》之三百八十四爻變動以寓之人事^{（2）}，告人以當如何時，如何事，若其應也，如何則吉，如何則凶，宜動、宜静，丁寧以爲

---

① 原闕，據《易》文補。

② “无有遠近幽深”至“極盡精微處也”，章校本謂：(《張載集》）頁一九九錯簡，依《精義》删。

告戒，此^①"因貳以濟民行"也。

【注】

（1）思盡：思慮周全。

（2）寓之人事：表現在人類社會的事物中。

以明失得之報^②。

《易》之興也，其於中古乎？作《易》者，其有憂患乎？

66·70　諳識情僞、吉凶之變^{（1）}，故能體^③盡性命^④。

【注】

（1）諳識：熟知，練達。

是故履，德之基也；謙，德之柄也；復，德之本也；恒，德之固也；損，德之修也；益，德之裕也；困，德之辯也；井，德

---

① "此"，《精義》作"所以"。章校本謂：（《張載集》）頁一九九錯簡與此條複出。《精義》此下有注云："此段上面有文在'知變化之道'編，云'有不知則有知'止'《中庸》所謂至矣'，本與此相連。"

② 原闕，據《易》文補。

③ "體"，《精義》無。

④ 此條下，章校本依《精義》及佚文（《張載集》第242頁）補《易》文"是故履，德之基也"及張載注文"《繫辭》獨說九卦之德者，蓋九卦爲德，切於人事"。謂《精義》脱"者蓋九卦爲德"六字。〇又：此條下章校本有《易》文"困，德之修也"，依《精義》補張載注文"困而不知變，民斯爲下矣；不待困而喻，賢者之常也。困之進人也，爲德辨，爲感速，孟子謂'人有德慧術智，恒存乎疢疾'以此。自古困於内無如舜，困於外無如孔子。以孔子之聖而下學於困，則其蒙難正志，聖德日躋，必有人所不必知而云獨知者矣，故曰'莫我知也夫！''知我者其天乎！'"〇又按："困，德之修也"云云與《易》文不合，當爲"損，德之修也""困，德之辯也"。張載注文見朱熹《論語精義》卷七下，蓋出自張載《論語説》。

之地也^①；

巽，德之制也。

66·71　量宜接物⁽¹⁾，故曰“制也”。

【注】

（1）量宜接物：衡量合宜接待人、物。

履，和而至；

66·72　和必以禮節之⁽¹⁾，注意極佳⁽²⁾。

【注】

（1）和：祥和。

（2）注意：賦予的意義。

謙，尊而光；復，小而辯於物；恒，雜而不厭；損，先難而後易^②；

益，長裕而不設；

66·73　益必實爲有益，如天之生物，長必裕之⁽¹⁾，非虚設也⁽²⁾。

【注】

（1）裕：使充裕，使富裕。

（2）虚設：置而不用。

66·74　益物必誠，如天之生物⁽¹⁾；日息必誠⁽²⁾，如

①原闕，據《易》文補。

②原闕，據《易》文補。

川之方至[①][(3)]。施之妄，學之不勤，欲自益且不足，益人難哉！《易》曰"益，長裕而不設"，信夫！

【注】

（1）天之生物：參《禮記·中庸》："故天之生物，必因其材而篤焉。故栽者培之，傾者覆之。"

（2）日息：日日生長。

（3）川之方至：語見《詩·小雅·天保》，謂："天保定爾，以莫不興。如山如阜，如岡如陵。如川之方至，以莫不增。"

66·75　"益，長裕而不設"，益以實也。妄加以不誠之益[(1)]，非益也。

【注】

（1）不誠之益：不誠實的增益。

困，窮而通；井，居其所而遷[②]；
巽，稱而隱。

66·76　順以達志[(1)]，故事舉而意隱[(2)]。

【注】

（1）達：通達，實現。

（2）舉：完成。○隱：隱藏。

履，以和行；謙，以制禮；復，以自知；恒，以一德；損，以遠

---

① "日息必誠，如川之方至"，《精義》作"日進日息自益必誠，如川之方至日增日得"。

② 原闕，據《易》文補。

害；益，以興利；困，以寡怨^①；
井，以辯義，

66·77 稱物平施⁽¹⁾，隨所求小大與之，此辯義也⁽²⁾。
【注】
（1）平施：公平施與。
（2）辯義：明辨道義的合宜。辯，通“辨”。

巽，以行權。

66·78 不巽則失其宜也⁽¹⁾。
【注】
（1）不巽：不謙遜。

《易》之爲書也不可遠，爲道也屢遷，

66·79 心不存之^②，是遠也⁽¹⁾；不觀其書，亦是遠也。
蓋其爲道屢遷⁽²⁾。
【注】
（1）心不存之：心中不存想《周易》這本書。○遠：遠離。
（2）其爲道屢遷：指《易經》的法則屢屢變遷，不拘泥於
固定的形式。參下文“變動不居，周流六虛”諸語。

變動不居，周流六虛，上下无常，剛柔相易，不可爲典要，唯
變所適。其出入以度，内外使知懼，又明與憂患與故。无有

---

① 原闕，據《易》文補。
② “心不存之”，《精義》作“心不有之”。

師保，如臨父母。初率其辭而揆其方，既有典常，苟非其人，道不虛行①。

《易》之爲書也，原始要終，以爲質也。六爻相雜，唯其時物也。

66·80 於一卦之義，"原始要終"，究兩端以求其中(1)。六爻則各指所之(2)，非卦之質也(3)。故吉凶各類其情，指其所之。

【注】

（1）究兩端以求其中：語參《論語·子罕》"叩其兩端而竭焉"，《中庸》"執其兩端，用其中於民"，意指做事要根據實際情況，採取適宜的辦法。

（2）所之：所象徵的事物。

（3）卦之質：卦的根本特性。

其初難知，其上易知，本末也。初辭擬之，卒成之終。若夫雜物撰德，辯是與非，則非其中爻不備。噫！亦要存亡吉凶，則居可知矣。知者觀其彖辭，則思過半矣。

66·81 初上終始，三、四非貴要之用(1)，非內外之主(2)，中爻以要存亡吉凶。如困卦"貞②大人，吉，无咎"，蓋以剛中也(3)；小過"小事吉，大事凶"，以柔得中之類(4)。

---

① 原闕，據《易》文補。

② "貞"，原作"正"，據薈要本及《易》文改。薈要本校勘記：困卦"貞大人，吉，亨（按：當作"无咎"）"，刊本"貞"沿宋諱作"正"，改。

【注】

（1）貴要之用：重要的作用。

（2）内外之主：指内卦卦主和外卦卦主。

（3）剛中：指陽爻居中位。

（4）以柔得中：指陰爻居中位。

二與四同功而異位，其善不同，二多譽，四多懼，近也^①。
柔之爲道，不利遠者，

66·82　柔之用近也^{（1）}。

【注】

（1）柔：指柔位，即陰位第四爻。○用近：依附近處的第
五爻。

其要无咎，其用柔中也。三與五同功而異位，三多凶，五多
功，貴賤之等也。其柔危，其剛勝邪^②？
《易》之爲書也，廣大悉備。有天道焉，有人道焉，有地道焉，
兼三才而兩之，故六。六者非它也，三才之道也^③。
道有變動，故曰爻；爻有等，故曰物；物相雜，故曰文；

66·83　爻者，交雜之義^{（1）}。

【注】

（1）交雜：交互錯雜。

---

① 原闕，據《易》文補。

② 原闕，據《易》文補。

③ 原闕，據《易》文補。

文不當，故吉凶生焉①。

《易》之興也，其當殷之末世，周之盛德邪？當文王與紂之事邪？

66·84 剛柔錯雜，美惡渾淆，文王與紂當之矣。

是故其辭危。危者使平，易者使傾。其道甚大，百物不廢。懼以終始，其要无咎，此之謂《易》之道也。

66·85 不齋戒其心(1)，則雜而著也②(2)。

【注】

（1）齋戒其心：使心境保持潔净純一。

（2）雜而著：叢雜而且繁亂。

66·86 百物不廢(1)，巨細无不察也。

【注】

（1）百物不廢：萬事萬物均未被廢棄、搁置而不顾。

夫乾，天下之至健也，德行恒易以知險。夫坤，天下之至順也，德行恒簡以知阻。能説諸心，能研諸侯之慮，

66·87 擬議云爲(1)，非乾坤簡易以立本，則《易》不可得而見也。簡易故能悦諸心，險阻故能研諸慮③(2)。

---

① 原闕，據《易》文補。

② 章校本謂：此二句疑當接前"爻者交雜之義"下。《精義》與下連接。

③ "險阻故能研諸慮"，《精義》作"知險阻故能研諸慮"。

【注】

（1）擬議：行動之前的謀劃和議論。○云爲：言論和行動。

（2）研諸慮：精細思考。

66·88　簡易然後知險阻，簡易理得然後一以貫天下之道。《繫辭》言“能研諸慮”，止是剩“徙之”二字。説者就而解“諸侯有爲之主”，若是者即是隨文耳 (1)。

【注】

（1）隨文：依據字面臆測作出附會的解釋。

66·89　太虛之氣 (1)，陰陽一物也 (2)。然而有兩①(3)，健順而已 (4)。又不可謂天无意，陽之至② 健，不爾何以發散 (5)？

【注】

（1）太虛之氣：此指太極。

（2）一物：統一物。

（3）兩：兩個相互依存、相互對立、相互轉化的部分。

（4）健順：指陰陽。健爲陽，順爲陰。

（5）爾：如此，這樣。

66·90　陰之性常順，然而地體重濁，不能隨則不能順，則有變矣③。有變④則有象，如乾健坤順。有此氣，則有此象可得而言；若无，則直无而已 (1)，謂之何而可？是无可得

---

① “然而有兩”，《精義》作“兩體”。

② “至”，原無，據通志堂本、薈要本補，《精義》作“意”。

③ “則有變矣”，《精義》作“少則不順即有變矣”。

④ “變”，原無，據《精義》及上下文補。

名。故形而上者，得詞斯得象，但於不形中得以措詞者，已是得象，可狀也。今雷風有動之象，須謂天爲健[①]。雖未嘗見，然而成象，故以天道言；及其發[②](2)，則是效也(3)。著則是成形[③]，成形則道也。若以耳目所及求理，則安得盡！如言寂然、湛然(4)，亦須有此象。有氣方有象，雖未形，不害象在其中。

【注】

（1）直：只。

（2）發：産生，顯露。

（3）效：效用。

（4）寂然：静默的樣子。○湛然：明净的樣子。

定天下之吉凶，成天下之亹亹者。是故變化云爲，吉事有祥。象事知器，占事知來。天地設位，聖人成能。人謀鬼謀，百姓與能。

66・91　言《易》於人事終始悉備，行善事者，《易》有祥應之理(1)。萌兆之事，而《易》具著見之器(2)；疑慮而占，則《易》示將來之驗(3)。有以見天地之間，成能者聖人而已(4)。能畏信於《易》者(5)，雖百姓之愚，能盡人鬼幽明之助(6)。

【注】

（1）祥應之理：應以吉祥的事理。

---

① “須謂天爲健”，《精義》作“須得天爲健”。

② “及其發”，《精義》作“及其法也”。

③ “著則是成形”，《精義》作“效著則是成形”。

（2）著見：顯現。

（3）驗：微兆。

（4）成能：擁有效法天地的能力。

（5）畏信：敬畏信仰。

（6）人鬼幽明之助：解釋"人謀鬼謀，百姓與能"。鬼，指鬼神莫測的能力。幽明，隱晦的和明顯的。

66·92　天能爲性⁽¹⁾，人謀爲能⁽²⁾。大人盡性，不以天能爲能而以人謀爲能，故曰"天地設位，聖人成能"。

【注】

（1）天能爲性：天的能力稱爲德性。

（2）人謀爲能：人的智謀稱爲本能。

66·93　天人不須强分，《易》言天道，則與人事一衮^①論之⁽¹⁾；若分別，則是薄乎云耳⁽²⁾。自然人謀合，蓋一體也。人謀之所經畫⁽³⁾，亦莫非天理耳。

【注】

（1）一衮：混同。衮，同"滚"，混也。

（2）薄乎云耳：指思慮淺薄而已。語見《孟子·離婁下》"逢蒙學射於羿"章。

（3）經畫：經營籌劃。

八卦以象告，爻彖以情言，

66·94　八卦有體⁽¹⁾，故象在其中。錯綜爲六十四⁽²⁾，

① "衮"，薈要本、章校本作"滚"。

爻象所趨各異⁽³⁾,故曰"情言"。

【注】

（1）八卦有體：八卦蘊含世間萬物的本性。

（2）錯綜：交錯配合。

（3）爻象所趨各異：爻象所代表的發展趨勢各不相同。

剛柔雜居,而吉凶可見矣①。
變動以利言,吉凶以情遷。

66·95　能變通則盡利,累於其情則陷於吉凶矣⁽¹⁾。

【注】

（1）累於其情：被實際情況所困惑。

是故愛惡相攻而吉凶生,遠近相取而悔吝生②,
情僞相感而利害生。

66·96　凡卦之所利與爻之所利,皆變通之宜也,如
"利建侯"⁽¹⁾,"利艱貞"⁽²⁾。誠則順理而利,僞則不循
理而害③。《易》言"情僞相感而利害生",則是專以人事言,
故有情僞利害也。"屈申相感而利生",此則是理也,惟以

───────────

① 原闕,據《易》文補。

② 原闕,據《易》文補。

③ "誠則順理而利,僞則不循理而害",章校本另提行。在"利艱貞"文下出注,謂：
此條原連在下文"誠則順理而利"兩句上,中脱四句,應別爲一條。章校本依
《精義》移所謂"中脱四句"至此,作"屈信相感而利生,感以誠也；情僞相感
而利害生,雜以僞也"。且謂：此四句原誤在《精義》"入神"條上。《精義》
只前四句,並在次條之後,又於（《張載集》）頁二一六至二一九"知幾者爲
能……"條上複出,頁二一九有下二句。《正蒙·誠明篇》亦載此文。

利言。

【注】

（1）利建侯：語出屯卦卦辭。

（2）利艱貞：語出噬嗑卦卦辭。

凡《易》之情，近而不相得則凶，或害之，悔且吝。將叛者其辭慙，中心疑者其辭枝，吉人之辭寡，躁人之辭多，誣善之人其辭游，失其守者其辭屈①。

---

① 原闕，據《易》文補。

説　卦

昔者聖人之作《易》也，幽贊於神明而生蓍，

67·1 方其將有謀也，將有問也，命於蓍，此所謂“生蓍”，非謂在野而生蓍也。事在未來之前，吉凶在書策上 [①]，蓍在手中，卒歸三處，一時合，豈非“幽贊於神明”而得爾也？起其用也。

參天兩地而倚數，觀變於陰陽而立卦，

67·2 地所以兩，分剛柔、男女而效之，法也[(1)]；天所以參，一太極、兩儀而象之，性也[(2)]。

【注】

（1）法：規則。

（2）性：淵源。

67·3 一物兩體[(1)]，氣也。一故神[(2)]，兩在故不測。兩故化[(3)]，推行於一。此天之所以參也。兩不立則一不可見，一不可見則兩之用息。

【注】

（1）一物兩體：指事物的整體及其內部蘊含的對立轉化的兩個構成因素。

（2）神：神妙莫測。

（3）化：衍化、變化。

67·4 兩體者，虛實也，動静也，聚散也，清濁也，其究一而已[1]。

【注】

（1）此釋"一物兩體"。

67·5 有兩則有一[1]，是太極也。若一則有兩亦在[1]，无兩亦一在。然无兩則安用一？不以太極，空虛而已[2]，非天參也[3]。

【注】

（1）有兩則有一：强調太極的統一性、整體性與獨立性。

（2）空虛：世間萬物所處的時空。

（3）天參：指天運行的模式，即太極陰陽的神與化。

發揮於剛柔而生爻[2]，
和順於道德而理於義，

67·6 理義，即是天道也。《易》言理，於義一也。求是[1]，即爲理義。言理義，不如且言求是易曉。求是之心，俄頃不可忘。"理於義"，此理云者，猶人言語之間常所謂理者，非同窮理之理。凡觀書，不可以相類而泥其義，不爾則

---

① "若一則有兩亦在"，《精義》作 "若一則有兩，有兩亦一在"。薈要本校勘記："若一則有兩" 云云，疑有脱誤。

② 原闕，據《易》文補。

字字相梗⁽²⁾。觀其文勢,上下如充實之美⁽³⁾,與詩之言美輕重不同。

【注】

（1）求是：探求真理。

（2）不爾：不如此。○梗：阻塞,妨礙。

（3）充實之美：語參《孟子·盡心下》,謂："可欲之謂善,有諸己之謂信,充實之謂美。"

窮理盡性以至於命。

67·7　性盡其道⁽¹⁾,則命至其源也⁽²⁾。一作"至於原也"。

【注】

（1）性盡其道：指完全發揮、挖掘了其天性。

（2）命至其源：指追尋到天命的根源。

67·8　致與至爲道殊遠^{①(1)},盡性然後至於命,不可謂一⁽²⁾。不窮理盡性,即是戕賊⁽³⁾。不可至於命者,止能保全天所稟賦本分者⁽⁴⁾,且不可以有加也。既言窮理盡性,則不容有不知^②。

【注】

（1）致：《説文》謂"送詣也",此指通過人力實現。○至：

---

① "致與至爲道殊遠",章校本改"致"作"知"。謂：此語爲駁程頤"窮理則盡性,盡性則知天命矣……"説而發,謂必先知命而後乃能至於命,故下云"不容有不知","致"顯當作"知",因音近致誤。

② "既言窮理盡性,則不容有不知",《精義》作"既言窮理盡性然後至於命者,則不可容有不知"。

《説文》謂"鳥飛從高下至地也"，此指自然而然的到達。

（2）一：相同。

（3）戕賊：殘害。語出《孟子·告子上》："將戕賊杞柳，而後以爲桮棬也。"

（4）天所禀賦本分：指天賦予人的自然本性。

67·9　天道即性也，故"思知人，不可不知天"（1）；能知天，斯知人矣。知人①，與"窮理盡性以至於命"同意。

【注】

（1）思知人，不可不知天：語見《禮記·中庸》。

67·10　釋氏无天用②（1），故不取理（2）。彼以性爲无③（3），吾儒以參爲性（4），故先窮理而後盡性。

【注】

（1）无天用：指佛教認爲天地萬物皆如夢幻泡影。

（2）取理：即窮理。

（3）以性爲无：即"性空"，謂一切事物的現象，都是因緣和合而生，暫生還滅，没有實在的自體。《大智度論》卷三一："性空者，諸法性常空，假來相續，故似若不空。譬如水性自冷，假火故熱，止火停久，水則還冷。諸法性亦如是。"

（4）以參爲性：指萬物的本性以天參爲根源。

67·11　凡人剛柔緩急，趨識无有同者（1），此"乾道變

---

① "知人"，《精義》作"知天知人"。
② "釋氏无天用"，《精義》作"釋氏元無用"。
③ "彼以性爲无"，《精義》作"彼以有爲无"。

化，各正性命"也，及盡性則皆忘之⁽²⁾。

【注】

（1）趨識：趨向與認知。

（2）皆忘之：指個體之間的差別被消解掉了。

67·12 窮理亦當有漸。見物多，窮理多，從此就約⁽¹⁾，盡人之性，盡物之性。天下之理无窮，立天理乃各有區處⁽²⁾。窮理^①盡性，言性已是近人言也。既窮理，又盡性，然後能至於命，命則又就己而言之也。

【注】

（1）就約：歸納。

（2）立：顯現。○區處：不同的地方。

昔者聖人之作《易》也，將以順性命之理。是以立天之道曰陰與陽，立地之道曰柔與剛，立人之道曰仁與義。兼三才而兩之，故《易》六畫而成卦。分陰分陽，迭用柔剛，故《易》六位而成章^②。

67·13 陰陽、剛柔、仁義，所謂"性命之理"。《易》一物而三才備^{③(1)}：陰陽，氣也，而謂之天；剛柔，質也，而謂之地；仁義，德也，而謂之人。

【注】

（1）一物：《易》理，太極也。○三才：指天、地、人也，

---

① "理"，原無，據《精義》及文義補。

② "兼三才而兩之"以下，原闕，據《易》文補。

③ "《易》一物而三才備"，《精義》作"《易》一物而合三才"。

氣、質、德也，陰陽、剛柔、仁義也。

67·14　一物而兩體，其太極之謂歟！陰陽，天道，象之成也；剛柔，地道，法之效也；仁義，人道，性之立也。三才兩之[1]，莫不有乾坤之道也。《易》一物而合三才，天人一①。陰陽，其氣；剛柔，其形；仁義，其性。

【注】

（1）三才兩之：指三才各自所蘊含的兩方面。

天地定位，山澤通氣，雷風相薄，水火不相射，八卦相錯②。數往者順，知來者逆，是故《易》逆數也。

67·15　如孟子曰“苟求其故，則千歲之日至可坐而致也”[1]。

【注】

（1）語見《孟子·離婁下》。

雷以動之，風以散之，雨以潤之，日以烜之，艮以止之，兌以説之，乾以君之，坤以藏之③。
帝出乎震，齊乎巽，相見乎離，致役乎坤，説言乎兌，戰乎乾，勞乎坎，成言乎艮。萬物出乎震，震東方也。齊乎巽，巽東南也，齊也者，言萬物之潔齊也。離也者，明也，萬物皆相見，南方之卦也。聖人南面而聽天下，嚮明而治，蓋取

---

① “一”，據通志堂本、薈要本補。《精義》作“天地人一”。

② 原闕，據《易》文補。

③ 原闕，據《易》文補。

諸此也。坤也者，地也，萬物皆致養焉，故曰致役乎坤。兑，
正秋也，萬物之所説也，故曰説言乎兑。戰乎乾，乾，西北
之卦也，言陰陽相薄也。坎者，水也，正北方之卦也，勞卦
也，萬物之所歸也，故曰勞乎坎。艮，東北之卦也，萬物之
所成終而所成始也，故曰成言乎艮^①。

神也者，妙萬物而爲言者也。

67·16　全備天理，則其體孰大於此！是謂大人。以其
道變通无窮，故謂之聖。聖人心術之運⁽¹⁾，固有"不疾而速，
不行而至""默而識之"處⁽²⁾，故謂之神。

【注】

（1）心術：思考、認知事物的方法。

（2）不疾而速，不行而至：語見《繫辭上》，謂："唯神也，
故不疾而速，不行而至。"○默而識之：語見《論語·學而》。

動萬物者，莫疾乎雷；撓萬物者，莫疾乎風；燥萬物者，莫
熯乎火；説萬物者，莫説乎澤；潤萬物者，莫潤乎水；終萬
物、始萬物者，莫盛乎艮。

67·17　造化之功，發乎動，畢達乎順⁽¹⁾；形諸明，養
諸容載⁽²⁾；遂乎悦潤，勝之健⁽³⁾；不匱乎勞，始終乎止⁽⁴⁾。

【注】

（1）動：指震卦。○順：指巽卦。

（2）明：指離卦。○容載：指坤卦。

---

① 原闕，據《易》文補。

（3）悦潤：指兑卦。○健：指乾卦。

（4）勞：指坎卦。○止：指艮卦。

故水火相逮，雷風不相悖，山澤通氣，然後能變化，既成萬物也^①。

乾，健也；坤，順也；震，動也；巽，入也；坎，陷也；離，麗也；艮，止也；兑，説也。

　　67·18　健、動、陷、止，剛之象^{（1）}；順、麗、入、説，柔之體^{（2）}。

　　【注】

　　（1）剛：指陽卦。

　　（2）柔：指陰卦。

乾爲馬，坤爲牛，震爲龍^②，
巽爲雞，

　　67·19　飛遷躁動^{（1）}，不能致遠，鷄之象。

　　【注】

　　（1）飛遷：飛翔與遷徙。○躁動：因急躁而坐立不定。

坎爲豕，離爲雉，艮爲狗，兑爲羊^③。
乾爲首，坤爲腹，震爲足，巽爲股，坎爲耳，離爲目，艮爲

────────────

① 原闕，據《易》文補。

② 原闕，據《易》文補。

③ 原闕，據《易》文補。

手,兑爲口^①。

乾,天也,故稱乎父。坤,地也,故稱乎母。震,一索而得男,故謂之長男。巽,一索而得女,故謂之長女。坎,再索而男,故謂之中男。離,再索而得女,故謂之中女。艮,三索而得男,故謂之少男。兑,三索而得女,故謂之少女^②。

乾爲天,爲圜,爲君,爲父,爲玉,爲金^③,爲寒,爲冰,爲大赤,爲良馬,爲老馬,爲瘠馬,爲駁馬,爲木果^④。

67·20　"乾爲大赤",其正色也⁽¹⁾;"爲冰",健極而寒甚也⁽²⁾。

【注】

(1)正色:純正的顏色。

(2)健極:剛强至極。

67·21　自此而下,皆所以明萬物之情⁽¹⁾。"明",一作"類"。

【注】

(1)明:解釋,闡明。〇情:狀况。

坤爲地,爲母,爲布,爲釜,爲吝嗇,爲均,爲子母牛,爲大輿^⑤,爲文,爲衆,爲柄,其於地也爲黑^⑥。

---

①原闕,據《易》文補。

②原闕,據《易》文補。

③"爲天"以下,原闕,據《易》文補。

④"爲良馬"以下,原闕,據《易》文補。

⑤"爲地"以下,原闕,據《易》文補。

⑥"爲柄"以下,原闕,據《易》文補。

67·22 "坤爲文"，衆色也⁽¹⁾；"爲衆"，容載廣也⁽²⁾。

【注】

（1）衆色：各種顏色，雜色。

（2）容載：包容覆載。

震爲雷，爲龍，爲玄黄^①，爲旉，爲大塗，爲長子，爲決躁^②，爲蒼筤^③竹，爲萑葦。其於馬也，爲善鳴，爲馵足，爲作足，爲的顙。其於稼也，爲反生。其究爲健，爲蕃鮮^④。

67·23 震"爲萑葦"，"爲蒼筤竹"，"爲旉"，皆"蕃鮮"也⁽¹⁾。

【注】

（1）蕃鮮：茂盛而鮮明。

巽爲木，爲風，爲長女，爲繩直，爲工，爲白，爲長，爲高，爲進退，爲不果，爲臭。其於人也，爲寡髮，爲廣顙，爲多白眼，爲近利市三倍。其究爲躁卦。

67·24 "巽爲木"，萌於下，滋於上也⁽¹⁾；"爲繩直"，順以達也⁽²⁾；"爲工"，巧且順也；"爲白"，因所遇而從也⁽³⁾；"爲長，爲高"，木之性也；"爲臭"，風也，入也；於人"爲寡髮""廣顙"，躁人之象也⁽⁴⁾。

① "爲雷"以下，原闕，據《易》文補。

② "爲大塗"以下，原闕，據《易》文補。

③ "筤"，原作"莨"，據《易》文及薈要本改，下同。薈要本校勘記："爲蒼筤竹"，刊本"筤"訛"莨"，今改。

④ "其於馬也"以下，原闕，據《易》文補。

【注】

（1）滋：生長。

（2）達：通達。

（3）從：依順。

（4）躁：性情急躁。

坎爲水，爲溝瀆，爲隱伏，爲矯輮，爲弓輪。其於人也，爲加憂，爲心病，爲耳痛[①]，爲血卦，爲赤。其於馬也，爲美脊，爲亟心，爲下首，爲薄蹄，爲曳。其於輿也，爲多眚，爲通，爲月，爲盜。其於木也，爲堅多心[②]。

67·25　“坎爲血卦”，周流而勞[(1)]，血之象也；“爲赤”，其色也。

【注】

（1）周流而勞：循環流動而不停息。

離爲火，爲日，爲電，爲中女，爲甲胄，爲戈兵。其於人也，爲大腹[③]。爲乾卦，爲鼈，爲蟹，爲蠃，爲蚌，爲龜[④]。其於木也，爲科上槁。

67·26　“離爲乾卦”，“於木爲科上槁”，附其燥也[(1)]。一作“且躁也”。

---

① “爲水”以下，原闕，據《易》文補。

② “其於馬也”以下，原闕，據《易》文補。

③ “爲火”以下，原闕，據《易》文補。

④ “爲鼈”以下，原闕，據《易》文補。

【注】

（1）附：依附。○燥：乾燥。

艮爲山^①，爲徑路，爲小石，爲門闕，爲果蓏，爲閽寺，爲指，爲狗，爲鼠，爲黔喙之屬。其於木也，爲堅多節^②。

67·27 艮"爲小石"，堅難入也；"爲徑路"，通或寡也^{（1）}。"或"，一作"且"。

【注】

（1）通或寡：指道路暢通，但行人稀少。

兑爲澤，爲少女，爲巫，爲口舌^③，爲毀折，爲附決。其於地也，爲剛鹵。爲妾，爲羊^④。

67·28 兑"爲附決"，内實，則外附必決也^{（1）}；"爲毀折"，物成則止^{（2）}，柔者必折也。

【注】

（1）決：離開。

（2）止：此指停止生長。

---

① "爲山"，原闕，據《易》文補。

② "爲門闕"以下，原闕，據《易》文補。

③ "爲澤"以下，原闕，據《易》文補。

④ "其於地也"以下，原闕，據《易》文補。

序　卦

68·1　序卦相受^{（1）}，聖人作《易》，須有次序。

【注】

（1）相受：相繼。

68·2《序卦》无足疑。《序卦》不可謂"非聖人之緼"^{①（1）}，今欲安置一物，猶求審處^{（2）}，況聖人之於《易》！其間雖无極至精義，大概皆有意思。觀聖人之書，須布遍細密如是^{（3）}，大匠豈以一斧可知哉^{（4）}！

【注】

（1）非聖人之緼：韓康伯謂："凡《序卦》所明，非《易》之緼也，蓋因卦之次，託以明義。"《二程遺書》卷六謂："《序卦》非《易》之蘊，此不合道。"《朱子語類》卷七十七謂："問：《序卦》或以爲非聖人之書，信乎？曰：此沙隨程氏之説也。先儒以爲非聖人之蘊，某以爲謂之非聖人之精則可，謂非《易》之蘊則不可。周子分精與蘊字甚分明，《序卦》却正是《易》之蘊，事事夾雜，都有在裏面。"

（2）審處：仔細審查處理。

（3）布遍：即"遍布"，指傳布各處。

（4）大匠豈以一斧可知：此指看待事物要綜合考慮，不

---

① "《序卦》不可謂'非聖人之緼'"，章校本謂：此爲程頤語。"緼"，《精義》作"蘊"。

能以偏概全。○按：元陳致虛《周易參同契分章注》第十三章
“十翼以輔之”句謂：“獨程氏有卓然之見，其《遺書》曰：《序
卦》非《易》之蘊，此不合道。後横渠以大匠一斧辯之，更非
是，唯程氏知亡二篇也。”

有天地，然後萬物生焉。盈天地之間者惟^①萬物，故受之
以屯。

　　68·3　聚而不得出故盈，雖雷亦然。

屯者，盈也。屯者，物之始生也^②。
物生必蒙，

　　68·4　蒙冒未肆⁽¹⁾。一作“蒙稺者，蒙昧未肆。”
　　【注】
　　（1）蒙冒：愚暗冒昧。○未肆：沒有結束。

故受之以蒙。蒙者，蒙也，物之稚也。物稚不可不養也，故
受之以需^③。
需者，飲食之道也。

　　68·5　雲上於天，物皆有待之象⁽¹⁾。
　　【注】
　　（1）有待：等待時機。

_____

① “惟”，原作“爲”，據通志堂本、薈要本改。
② 原闕，據《易》文補。
③ 原闕，據《易》文補。

飲食必有訟，故受之以訟。訟必有衆起，故受之以師。師者，
衆也。衆必有所比，故受之以比。比者，比也^①。
比必有所畜，故受之以小畜。物畜然後有禮，故受之以履。

68·6　德積則行必有方⁽¹⁾，物積則散必有道⁽²⁾。

【注】

（1）行必有方：語見《論語·里仁》，此指行爲符合規範。

（2）散必有道：散發財物必定符合道義。

履而泰，然後安，故受之以泰。泰者，通也。物不可以終通，
故受之以否。物不可以終否，故受之以同人。與人同者，物
必歸焉，故受之以大有。有大者，不可以盈，故受之以謙。
有大而能謙必豫，故受之以豫。豫必有隨，故受之以隨。以
喜隨人者必有事，故受之以蠱。蠱者，事也。有事而後可大，
故受之以臨。臨者，大也。物大然後可觀，故受之以觀。可
觀而後有所合，故受之以噬嗑。嗑者，合也。物不可以苟合
而已，故受之以賁。賁者，飾也。致飾然後亨則盡矣，故受
之以剝。剝者，剝也。物不可以終盡剝，窮上反下，故受之
以復。復則不妄矣，故受之以无妄。有无妄，然後可畜，故
受之以大畜。物畜然後可養，故受之以頤。頤者，養也。不
養則不可動，故受之以大過。物不可以終過，故受之以坎^②。
坎者，陷也。陷必有所麗，故受之以離^③。離者，麗也。

①原闕，據《易》文補。

②原闕，據《易》文補。

③“陷必有所麗，故受之以離”，原闕，據《易》文補。

68·7 一陷溺而不得出爲坎[1]，一附麗而不能去爲離[2]。

【注】

（1）指坎卦卦象，九二、九五陽爻被其他四個陰爻包圍，猶入困苦的境地，不能出去。陷溺，指陷於困苦之境。

（2）指離卦卦象，六二、六五陰爻依附於四個陽爻，難以離去。附麗，依附。

有天地，然後有萬物；有萬物，然後有男女；有男女，然後有夫婦；有夫婦，然後有父子；有父子，然後有君臣；有君臣，然後有上下；有上下，然後禮義有所錯。夫婦之道，不可以不久也，故受之以恒。恒者，久也。物不可以久居其所，故受之以遯。遯者，退也。物不可以終遯，故受之以大壯。物不可以終壯，故受之以晉。晉者，進也。晉必有所傷，故受之以明夷[1]。

夷者，傷也。傷於外者必反於家，故受之以家人。

68·8 傷於外必反於家[1]，萬物之理自然[2][2]。

【注】

（1）反：通“返”。

（2）自然：非由人工製造而是渾然天成的。

家道窮必乖，故受之以睽。睽者，乖也。乖必有難，故受之

---

① 原闕，據《易》文補。

② “萬物之理自然”，《精義》作“萬物自然之理”。

以蹇。蹇者，難也。物不可以終難，故受之以解。解者，緩
也。緩必有所失，故受之以損。損而不已必益，故受之以益。
益而不已必決，故受之以夬。夬者，決也。決必有所遇，故
受之以姤。姤者，遇也。物相遇而後聚，故受之以萃。萃者，
聚也。聚而上者謂之升，故受之以升。升而不已必困，故受
之以困。困乎上者必反下，故受之以井。井道不可不革，故
受之以革。革物者莫若鼎，故受之以鼎。主器者莫若長子，
故受之以震。震者，動也。物不可以終動，止之，故受之以
艮。艮者，止也。物不可以終止，故受之以漸。漸者，進也。
進必有所歸，故受之以歸妹。得其所歸者必大，故受之以
豐。豐者，大也。窮大者必失其所居，故受之以旅。旅而无
所容，故受之以巽。巽者，入也。入而後說之，故受之以兌。
兌者，說也。說而後散之，故受之以渙。渙者，離也。物不
可以終離，故受之以節。節而信之，故受之以中孚。有其信
者必行之，故受之以小過。有過物者必濟，故受之以既濟。
物不可窮也，故受之以未濟，終焉[①]。

---

① 原闕，據《易》文補。

雜　卦

乾剛坤柔，比樂師憂；臨觀之義，或與或求[1]。

屯見而不失其居。

69·1　險在外，故不失其居；與渙、解義反，故曰“緩必有所失”。

蒙雜而著。

69·2　“蒙雜而著”，著，古着字。雜著於物，所以爲蒙。蒙，昏蒙也。

震，起也；艮，止也。損益，盛衰之始也。大畜，時也；无妄，災也。萃聚而升不來也。謙輕而豫怠也。噬嗑，食也；賁，无色也[2]。

兑見而巽伏也。

69·3　兑説在外[1]，巽入在隱[2]。

【注】

（1）兑説在外：指兑卦陰爻顯現在上位。

（2）巽入在隱：指巽卦陰爻隱匿在下位。

隨，无故也；蠱則飭也。剥，爛也；復，反也。晉，晝也；明

---

① 原闕，據《易》文補。

② 原闕，據《易》文補。

夷,誅也^①。

井通而困相遇也。

69・4　澤无水,理勢適然⁽¹⁾,故曰“相遇”。

【注】

(1)適然:偶然。

咸,速也;恒,久也。渙,離也;節,止也。解,緩也;蹇,難也。睽,外也;家人,內也。否泰,反其類也。大壯則止,遯則退也。大有,衆也;同人,親也。革,去故也;鼎,取新也^②。小過,過也;

69・5　過而未顚也⁽¹⁾。

【注】

(1)顚:傾倒,隕墜,覆亡。

中孚,信也。豐,多故也;親寡,旅也。離上而坎下也。小畜,寡也^③;

履,不處也。

69・6　危者,安其位者也,故履以不處爲吉⁽¹⁾。

【注】

(1)不處:不停留。

---

① 原闕,據《易》文補。

② 原闕,據《易》文補。

③ 原闕,據《易》文補。

需,不進也;訟,不親也^①。
大過,顛也。

69・7　過至於顛,故曰"大"。

姤,遇也,柔遇剛也。漸,女歸待男行也。頤,養正也。既濟,
定也^②。
歸妹,女之終也。

69・8　妹歸而長女之終也⁽¹⁾。一作"歸妹"。

【注】

(1)終:歸宿。

未濟,男之窮也。夬,決也,剛決柔也。君子道長,小人道
憂也^③。

---

① 原闕,據《易》文補。
② 原闕,據《易》文補。
③ 原闕,據《易》文補。

横渠易説總論

70·1《繫辭》所舉《易》義，是聖人議論到此，因舉《易》義以成之，亦是人道之大且要者也。

70·2《繫辭》反復，惟在明《易》所以爲《易》，撮聚衆意以爲解(1)，欲曉後人也。化不可言難知，可以言難見。如日景之行(2)，則可知之；其所以行，難見也。人於龜策无情之物不知其將如何，惟是自然，莫或使之然者(3)，陰陽不測之類也。己方虛心以鄉之(4)，卦成於爻以占之。其辭如何，取以爲占。聖人則又於陰陽不測處以爲占，或於夢寐、或於人事卜之，然聖人於卜筮亦鮮，蓋其爲疑少故也。

【注】

（1）撮聚：彙聚。

（2）日景之行：指太陽在一天中的變化、運行。

（3）莫或：没有。

（4）鄉：響應，回應。

70·3　不見《易》，則不識造化；不識造化，則不知性命。既不識造化，則將何謂之性命也？大《易》不言有无，言有无，諸子之陋也。人雖信此説，然不知能以何爲有，以何謂之无。如人之言曰“自然”，而鮮有識自然之爲體。觀其幾者，善之幾也，惡不可謂之幾。如曰：“幾者，動之微，吉之先見。”亦止言吉耳。“上交不謟，下交不瀆。”人事不過於上下之交，此可盡人道也。且如孝弟，仁之本(1)，亦可以言幾；造端乎夫婦⁽²⁾，亦可以言幾；親親而尊賢⁽³⁾，亦可以爲幾。就親親尊賢而求之，又有幾焉。又如言“不誠其身”，“不悦於親”⁽⁴⁾，亦是幾處。苟要入德，必始於知幾。

【注】

（1）孝弟，仁之本：語見《論語·學而》：“孝弟也者，其爲仁之本與！”

（2）造端乎夫婦：語見《禮記·中庸》：“君子之道，造端乎夫婦。”

（3）親親而尊賢：語參《禮記·中庸》：“仁者，人也，親親爲大。義者，宜也，尊賢爲大。”“尊賢，則不惑；親親，則諸父昆弟不怨。”

（4）“不誠其身”，“不悦於親”：指修身、孝悌之事。語見《禮記·中庸》：“誠身有道，不明乎善，不誠乎身矣。”《孟子·離婁上》：“悦親有道，反身不誠，不悦於親矣。誠身有道，不明乎善，不誠其身矣。”又參《禮記·中庸》：“順乎親有道，反諸身不誠，不順乎親矣。誠身有道，不明乎善，不誠乎身矣。”

70·4　欲觀《易》先當玩辭⁽¹⁾，蓋所以説《易》象也。不先盡《繫辭》，則其觀於《易》也，或遠、或近、或太艱難。不知《繫辭》而求《易》，正猶不知禮而學《春秋》也。《繫辭》所以論《易》之道，既知《易》之道，則《易》象在其中，故觀《易》必由《繫辭》。《繫辭》獨説九卦之德者⁽²⁾，蓋九卦爲德，切於人事。

【注】

（1）玩辭：玩習卦爻辭。

（2）九卦之德：指履、謙、復、恒、損、益、困、井、巽九卦所具有的德行，《繫辭》中有三次專門對其進行論述。

70·5　有謂心即是《易》[1]，造化也[2]。心又焉能盡《易》之道？

【注】

（1）心：人心，心體，指人的認識能力。

（2）造化：即天道。

70·6　《易》象繫之以辭者，於卦既已具其意象矣，又切於人事言之，以示勸戒。釋氏之言性[1]，不識《易》；識《易》，然後盡性，蓋《易》則有无、動静可以兼而不偏舉也。无則氣自然生，氣之生即是道、是《易》。

【注】

（1）釋氏之言性：指佛教“性空”之説。

70·7　乾不居正位[1]，是乾理自然[2]，惟人推之使然邪[3]。

【注】

（1）正位：指先天八卦中的北方。乾居南方。

（2）乾理：指乾卦所隱含的天道。

（3）推：推衍。

70·8　主應物不能固知，此行而流也[1]。入德處不移，則是道不進。重，滯者也。動静不失其時，是時措之宜也。集義也⁽²⁾，集義久則自有光明。静則无見，必動乃見其道光明；以其本之光明，故其發也光明。學行之，乃見至其疑處。始是實疑，於是有學。"險而止，蒙"，夫於不當止而止是險也。如告子之"不動心"⁽³⁾，必以義爲外，是險而止也。蒙，險在内，是蒙昧之義。蒙方始務求學而得之，始是得所止也。若蹇，則是險在外者也。

【注】

（1）主應物不能固知，此行而流也：指人應該順應事物的變化，不能固守已有的認知，被固定的观念所束縛，否則就會陷入僵化、片面的認識。即人們的認知和理解應該順應事物的不斷變化而不斷更新。

（2）集義：猶積善，謂行事合乎道義。語出《孟子·公孫丑上》："其爲氣也……是集義所生者，非義襲而取之也。"

（3）不動心：參《孟子·公孫丑上》："告子曰：'不得於言，勿求於心；不得於心，勿求於氣。'"

70·9 《易》乃是性與天道，其字日月爲易⁽¹⁾。《易》之義，包天道變化。

【注】

（1）日月爲易：《祕書》説"日月爲易，象陰陽也"。

70·10 《易》非止數⁽¹⁾，《春秋》大義不止在元⁽²⁾。

【注】

（1）數：象數。

（2）元：指《春秋》元年之"元"，紀年之始。

70·11　在《易》則是至理⁽¹⁾，在《孟子》則是氣^{①(2)}。

【注】

（1）理：天地之理。

（2）氣：浩然之氣。

---

① 此條又見於《河南程氏遺書》卷六《二程先生語六》，作"四端不言信，信本無在。在《易》則是至理，在《孟子》則是氣"。（《二程集》，第88頁）

附録一　張子傳記

横渠先生行状 [1]

吕大临

先生諱載，字子厚，世大梁人。曾祖某，生唐末，歷五代，不仕，以子貴，贈禮部侍郎。祖復，仕真宗朝，爲給事中、集賢院學士，贈司空。父迪，仕仁宗朝，終於殿中丞、知涪州事，贈尚書都官郎中。涪州卒於西官，諸孤皆幼，不克歸，僑寓於鳳翔郿縣橫渠鎮之南大振谷口，因徙而家焉。

先生嘉祐二年登進士第，始仕祁州司法參軍，遷丹州雲巖縣令，又遷著作佐郎、簽書渭州軍事判官公事。熙寧二年冬，被召入對，除崇文院校書。明年移疾。十年春復召還館，同知太常禮院。是年冬，謁告西歸，十有二月乙亥，行次臨潼，卒於館舍。享年五十有八。是月以其喪歸殯於家，卜以元豐元年八月癸酉葬於涪州墓南之兆。先生娶南陽郭氏，有子曰因，尚幼。

先生始就外傅，志氣不群，知虔奉父命，守不可奪，涪州器之。少孤自立，無所不學。與邠人焦寅遊，寅喜談兵，先生說其言。當康定用兵，時年十八，慨然以功名自許，上書謁范文正公。公一見知其遠器，欲成就之，乃責之曰："儒者自有名教，何事於兵！"因勸讀《中庸》。先生讀其書，雖

---

① 據（宋）朱熹編《伊洛淵源錄》（清文淵閣《四庫全書》本）卷六迻錄，以朱傑人等主編《朱子全書》本（第十二冊）、章校本校。

愛之，猶未以爲足也，於是又訪諸釋、老之書，累年盡究其説，知無所得，反而求之《六經》。

嘉祐初，見洛陽程伯淳、正叔昆弟於京師，共語道學之要，先生渙然自信曰："吾道自足，何事旁求！"乃盡棄異學，淳如也。間起從仕，日益久，學益明。

方未第時，文潞公以故相判長安，聞先生名行之美，聘以束帛，延之學宫，異其禮際，士子矜式焉。其在雲巖，政事大抵以敦本善俗爲先。每以月吉具酒食，召鄉人高年會於縣庭，親爲勸酬，使人知養老事長之義，因問民疾苦，及告所以訓戒子弟之意。有所教告，常患文檄之出不能盡達於民，每召鄉長於庭，諄諄口諭，使往告其里閭。間有民因事至庭，或行遇於道，必問："某時命某告某事，聞否？"聞即已，否則罪其受命者。故一言之出，雖愚夫孺子，無不預聞知。京兆王公樂道，嘗延致郡學。先生多教人以德，從容語學者曰："孰能少置意科舉，相從於堯舜之域否？"學者聞法語，亦多有從之者。在渭，渭帥蔡公子正特所尊禮，軍府之政，小大咨之。先生夙夜從事，所以贊助之力爲多。並塞之民，常苦乏食而貸於官帑，不能足，又屬霜旱，先生力言於府，取軍儲數十萬以救之。又言戍兵徒往來，不可爲用，不若損數以募土人爲便。

上嗣位之二年，登用大臣，思有變更。御史中丞吕晦叔薦先生於朝，曰："張載學有本原，四①方之學者皆宗之，

---

① 《朱子全書》本注曰："'四'原作'西'，據成化本改。"按：疑作"西"爲是，指關西，即函谷關以西。

可以召對訪問。"上即命召。既入見，上問治道，皆以漸復三代爲對。上悦之，曰："卿宜日見二府議事，朕且將大用卿。"先生謝曰："臣自外官赴召，未測朝廷新政所安，願徐觀旬月，繼有所獻。"上然之。

他日見執政，執政嘗語曰："新政之更，懼不能任事，求助於子，何如？"先生對曰："朝廷將大有爲，天下之士願與下風。若與人爲善，則孰敢不盡！如教玉人追琢，則人亦故有不能。"執政默然。所語多不合，寖不悦。既命校書崇文，先生辭，未得謝，復命案獄浙東。或有爲之言曰："張載以道德進，不宜使之治獄。"執政曰："淑問如皋陶，猶且獻囚，此庸何傷！"獄成，還朝。會弟天祺以言得罪，先生益不安，乃謁告西歸。居於橫渠故居，遂移疾不起。

橫渠至僻陋，有田數百畝，以供歲計，約而能足，人不堪其憂，而先生處之益安。終日危坐一室，左右簡編，俯而讀，仰而思，有得則識之；或中夜起坐，取燭以書。其志道精思，未始須臾息，亦未嘗須臾忘也。學者有問，多告以知禮成性、變化氣質之道，學必如聖人而後已，聞者莫不動心有進。又以爲教之必能養之，然後信，故雖貧不能自給，苟門人之無貲者，雖糗蔬亦共之。其自得之者，窮神化，一天人，立大本，斥異學，自孟子以來，未之有也。嘗謂門人曰："吾學既得於心，則修其辭；命辭無差，然後斷事；斷事無失，吾乃沛然精義入神者，豫而已矣。"

近世喪祭無法，喪惟致隆三年，自期以下未始有衰麻之變。祭先之禮，一用流俗，節序燕褻不嚴。先生繼遭期功之喪，始治喪服，輕重如禮。家祭始行四時之薦，曲盡誠潔。聞者始或疑笑，終乃信而從之。一變從古者甚衆，皆先生倡之。

先生氣質剛毅，德盛貌嚴，然與人居，久而日親。其治家接物，大要正己以感人，人未之信，反躬自治，不以語人，雖有未喻[①]，安行而無悔。故識與不識，聞風而畏。非其義也，不敢以一毫及之。其家童子，必使洒埽應對，給侍長者；女子之未嫁者，必使親祭祀，納酒漿，皆所以養孫弟，就成德。嘗曰：“事親奉祭，豈可使人爲之！”聞人之善，喜見顔色；答問學者，雖多不倦。有不能者，未嘗不開其端。其所至必訪人才，有可語者，必丁寧以誨之，惟恐其成就之晚。歲適[②]大歉，至人相食。家人惡米不鑿，將春之。先生亟止之，曰：“飢[③]殍滿[④]野，雖蔬食且自愧，又安忍有擇乎？”甚或咨嗟對案不食者數四。

熙寧九年秋，先生感異夢，忽以書屬門人，乃集所立言，謂之《正蒙》，出示門人曰：“此書予歷年致思之所得，其言殆於前聖合與，大要發端示人而已。其觸類廣之，則吾將有待於學者。正如老木之株，枝別固多，所少者潤澤華葉爾。”又嘗謂：“《春秋》之爲書，在古無有，乃聖人所自作。惟孟子爲能知之，非理明義精，殆未可學。先儒未及此而治

① “喻”，《朱子全書》本作“諭”。
② “適”，章校本作“值”。
③ “飢”，章校本作“餓”。
④ “滿”，《朱子全書》本作“盈”。

之，故其説多穿鑿。及《詩》《書》《禮》《樂》之言，多不能平易其心，以意逆志。"方且條舉大例，考察文理，與學者緒正其説。

先生慨然有意三代之治，望道而欲見。論治人先務，未始不以經界爲急。講求法制，粲然備具，要之可以行於今，如有用我者，舉而措之爾。嘗曰："仁政必自經界始。貧富不均，教養無法，雖欲言治，皆苟而已。世之病難行者，未始不以亟奪富人之田爲辭。然兹法之行，悦之者衆，苟處之有術，期以數年，不刑一人而可復。所病者，特上未之行爾。"乃言曰："縱不能行之天下，猶可驗之一鄉。"方與學者議古之法，共買田一方，畫爲數井，上不失公家之賦役，退以其私正經界，分宅里，立斂法，廣儲蓄，興學校，成禮俗，救菑恤患，敦本抑末，足以推先王之遺法，明當今之可行。此皆有志未就。

會秦鳳帥吕公薦之，曰："張載之學，善發①聖人之遺意，其術略可措之以復古。乞召還舊職，訪以治體。"詔從之。先生曰："吾是行也，不敢以疾辭，庶幾有遇焉。"及至都，公卿聞風慕之，然未有深知先生者，以所欲言嘗試於人，多未之信。會有言者欲講行冠婚喪祭之禮，詔下禮官。禮官安習故常，以古今異俗爲説。先生獨以爲可行，且謂："稱不可，非儒生博士所宜。"衆莫能奪，然議卒不決。郊廟之禮，禮官預焉。先生見禮不致嚴，亟欲正之，而衆莫之助，先生益不悦。會有疾，謁告以歸。知道之難行，欲與門

① "發"，章校本作 "法"。

人成其初志，不幸告終，不卒其願。

　　没之日，惟一甥在側，囊中索然。明日，門人之在長安者，繼來奔哭致賻襚，始克斂，遂奉柩歸殯以葬。又卜以三月而葬，其治喪禮一用古，以終先生之志。

　　某惟先生之學之至，備存於書，略述於諡議矣。然欲求文以表其墓，必得行事之迹，敢次以書。

宋史·道學傳·張載傳 [①]

　　張載，字子厚，長安人。少喜談兵，至欲結客取洮西之地。年二十一，以書謁范仲淹，一見知其遠器，乃警之曰："儒者自有名教可樂，何事於兵！"因勸讀《中庸》。載讀其書，猶以爲未足，又訪諸釋、老，累年究極其説，知無所得，反而求之《六經》。嘗坐虎皮講《易》京師，聽從者甚衆。一夕，二程至，與論《易》。次日語人曰："比見二程，深明《易》道，吾所弗及，汝輩可師之。"撤坐輟講。與二程語道學之要，渙然自信曰："吾道自足，何事旁求！"於是盡棄異學，淳如也。

　　舉進士，爲祁州司法參軍、雲巖令，政事以敦本善俗爲先。每月吉，具酒食，召鄉人高年會縣庭，親爲勸酬，使人知養老事長之義，因問民疾苦，及告所以訓戒子弟之意。

　　熙寧初，御史中丞吕公著言其有古學，神宗方一新百

---

① 據（元）脱脱等編《宋史》（中華書局1985年版）卷四百二十七《列傳》第
　一百八十六《道學一》逐録。

度，思得才哲士謀之，召見，問治道。對曰："爲政不法三代者，終苟道也。"帝悦，以爲崇文院校書。他日見王安石，安石問以新政，載曰："公與人爲善，則人以善歸；公如教玉人琢玉，則宜有不受命者矣。"

明州苗振獄起，往治之，末殺其罪。還朝，即移疾屏居南山下，終日危坐一室，左右簡編，俯而讀，仰而思，有得則識之；或中夜起坐，取燭以書。其志道精思，未始須臾息，亦未嘗須臾忘也。敝衣蔬食，與諸生講學，每告以知禮成性、變化氣質之道，學必如聖人而後已。以爲知人而不知天，求爲賢人而不求爲聖人，此秦漢以來學者大蔽也。故其學尊禮貴德，樂天安命，以《易》爲宗，以《中庸》爲體，以孔孟爲法，黜怪妄，辨鬼神。其家昏喪葬祭，率用先王之意而傅以今禮。又論定井田、宅里、發斂、學校之法，皆欲條理成書，使可舉而措諸事業。

吕大防薦之曰："載之始終，善發明聖人之遺旨，其論政治，略可復古，宜還其舊職以備諮訪。"乃詔知太常禮院。與有司議禮不合，復以疾歸。中道疾甚，沐浴更衣而寢，旦而卒。貧無以斂，門人共買棺奉其喪還。翰林學士許將等言其恬於進取，乞加贈卹，詔賜館職半賻。

載學古力行，爲關中士人宗師，世稱爲橫渠先生。著書號《正蒙》，又作《西銘》曰……①。

程頤嘗言："《西銘》明理一而分殊，擴前聖所未發，與孟子性善養氣之論同功，自孟子後蓋未之見。"學者至今尊

---

① 原載《西銘》文，今略。

其書。

　嘉定十三年，賜謚曰明公。淳祐元年，封郿伯，從祀孔子廟庭。

附録二　序跋

張橫渠易説序代作①

李贄

横渠先生與學者論《易》久矣，後見二程論《易》，乃謂其弟子曰：“二程深明《易》道，吾不如。”勇徹皋比，變易而從之，其勇也如此。吾謂先生即此是《易》矣。晉人論《易》，每括之以三言，曰“易簡而天下之理得”，是易簡，一易也；又曰“不易乎世”，是不易，一易也；又曰“變動不居，周流六虚，不可爲典要，惟變所適”，是變易，又一易也。至簡，故易；不易，故深；變易，故神。雖曰三言，其實一理。深則无有不神，神則无有不易矣。先生變易之速，易如反掌，何其神乎！故吾謂先生即此是《易》矣。作《易説序》。

張橫渠易説叙②

王士驌

既自神聖不作，《易》道中微，卜筮家言，其支衍也。然當春秋盛時，太史氏不失其職，婦人女子皆識其義，出入圖象之間，變化動静之會，即符微之妙；或後傳者神乎，而

---

① 據（明）李贄《焚書》（明刻本）卷三迻録。
② 據（明）王士驌《中弇山人稿》（明萬曆刻本）卷四《文部》迻録。

辭旨具在，有太古之風焉。京焦之志淫而法，頗矣；管郭之術奇而法，離矣。卜筮之用日神，而卜筮之原日亡。匪卜筮之亡也，所以用其卜筮者亡也。王輔嗣氏以玄詣之見破牽合之説，獨成一家，立千古之宗，壯哉！得孔氏一疏，翼而飛矣。而或疑象數之源、變占之用，得其一，未得其二者。

嗚呼！宣尼已矣，不夢周公，微斯人，吾誰與歸！故雖以宋儒之獷，自云追《六經》已絶之統，黜漢唐爲閏傳，罪魏晉於空言，而終不能釋王氏之注。立規陳矩，其成焉於世者，毋慮數十百家，較其所得，俱影響之間耳。周子之圖，邵子之數，門人詫其傳出自陳希夷，恐未堪以成亹亹之致與人思之謀也。居安之序，誰能默成；樂玩之辭，庶幾擬議。叔季之世，丘不與《易》乎。襃而律之，則程子之《傳》，朱子之《義》，張子之《説》，其最醇矣。始於无文，繼以憂患，韋編未絶，所不敢言，總之泛濫。宣尼氏之贊，發明輔嗣之遺，蓋魯衛之政也。

明興《易》道，大尊列於學宫，蔚爲諸經之冠。習之者取科名、拾青紫、輔世宰物，代不乏人，而僅窺朱《義》之微，甘守世説之謬，間出新旨，旋已離經。與談《程傳》，且讓未遑；佐以張《説》，更自茫然不解其謂何耳。三先生之學素云角立，而子厚之《易》獨湮没于世。余雖不敏，敢忘表章，竊仿其故本叙而行之。即不敢參漢上奪耳食，亦或可佐伊川《傳》。同志語曰：“新語百不當，陳言一學者。”尚勉旃哉！若夫繹張《説》以闖輔嗣之籓，識《十翼》之用，悟圖畫於言外，列象數於辭中，神而明之，存乎其人云爾。

刻横渠先生易説序 ①

吕柟

　　予訪横渠先生全書有年矣，往在解州，止刻其《東西銘》《正蒙》《理窟》《語録》并《文集》一二卷，其他未之見也。去年，蘇州舉人黄省曾謁予，言及之獲此《易説》。暇嘗披閲，其言簡質精實，於發經開物、修身教人甚切也，當爲先生之書無疑矣。

　　予竊謂《易》本爲人事而作，雖歷四聖，其究一揆，非專説天以道陰陽也。故孔子以“君子行此四德”解“乾，元亨利貞”，示諸卦爻，皆此例耳。今以質諸《易説》，益篤信焉。

　　太學生劉椿、程爵謁見此書，皆好愛之。椿請入梓，爵同校正焉。則先生之《易》固當與程《傳》朱《義》並行於世不泯也。

　　嘉靖十七年，歲在戊戌，夏五月戊戌，關中後學高陵吕柟謹書。

---

① 據明吕本卷首録。

附録三　提要

郡齋讀書志·橫渠易説提要 [①]

《橫渠易説》,十卷。袁本《後志》卷一《經類》第十三。

右皇朝張載子厚撰。載居橫渠,故以名其書。其解甚略,《繫辭》差詳。

文獻通考·橫渠易説提要 [②]

《橫渠易説》,十卷。

晁氏曰:"其解甚略,《繫辭》差詳。"

直齋書録解題·橫渠易説提要 [③]

《橫渠易説》三卷。

案:《文獻通考》《宋史·藝文志》俱作十卷。崇文校書長安張載子厚撰。

厚齋易學·易説提要 [④]

《易説》,三卷。

---

① 據（宋）晁公武《郡齋讀書志》（上海古籍出版社 1990 年版）卷一迻録。
② 據（元）馬端臨《文獻通考》（清浙江書局本）卷一七六《經籍考三》迻録。
③ 據（宋）陳振孫《直齋書録解題》（清《武英殿聚珍版叢書》本）卷一迻録。
④ 據（宋）馮椅《厚齋易學》（清文淵閣《四庫全書》本）附録一迻録。標題爲編者所加。

　　題橫渠先生。韓元龍刊於建康府,漕臺主管文字胡大元校勘。按:張載,字子厚,秦人,號橫渠先生。舊坐虎皮,與諸生講《易》。一日,見程伯淳兄弟,及講《易》,輒徹去虎皮。謂諸生曰:"有二程明《易》,前此所講説未是,可往見之。"不知此書子厚晚年以所得删正邪,或好學者以門人所記録與《正蒙》類,爲此書也,多所發明有二程未到處。

讀易舉要·易説提要 [①]

　　崇文校書橫渠先生長安張載子厚撰。《易説》,三卷。

　　又撰《正蒙書》二卷,凡十七篇。熙寧十年卒,年五十八。

（雍正）陝西通志·橫渠易説提要 [②]

　　《橫渠易説》,十卷。

　　崇文院校書長安張載撰。

　　晁氏曰:"其解甚略,《繫辭》差詳。"《讀書志》:"載字子厚,嘗坐虎皮講《易》京師,聽從者甚衆。一夕,二程至,與論《易》。次日,語門人曰:'比見二程,深明《易》道,吾所弗及,汝輩可師事之。'撤坐輟講,與二程語道學之要,涣然自信。……"

---

① 據（宋）俞琰《讀易舉要》（清文淵閣《四庫全書》本）卷四迻録。
② 據（清）沈青峰編《（雍正）陝西通志》（清文淵閣《四庫全書》本）卷七十四迻録。

鐵琴銅劍樓藏書目録·橫渠易説提要 [①]

《橫渠易説》二卷。明刊本。

宋張子撰，明劉椿、程爵同校刊，吕柟序。案：《文獻通考》《宋志》俱承晁氏《讀書志》作十卷，《書録解題》則作三卷，與世行本合。是本止二卷，但解六十四卦，無《繫辭》。楊氏時喬《周易古今文》謂："實未全之書。"然考《讀書志》，據袁州本載《胡先生易傳》十卷，《書録解題》載《伊川易解》六卷，並不解《繫辭》，蓋皆因王氏弼之舊。張子此書，專明義理，與《胡傳》《程傳》正同，故其體例亦同歟。其後《胡傳》增《繫辭》《説卦》二卷。《書録解題》《宋志》作三卷。董氏真卿謂："胡氏授其弟子記之者，《程傳》則以東萊吕氏所輯《精義》補之，於是二《傳》皆有全解。"此書之有三卷本，疑亦此例。但不知輯自誰手，要之此二卷，殆是原本。吕《序》所稱"當爲先生之書無疑者也"。

四庫全書總目·橫渠易説提要 [②]

《橫渠易説》三卷。内府藏本。

宋張子撰。《宋志》著録作十卷，今本惟《上經》一卷，《下經》一卷，《繫辭傳》以下至《雜卦》爲一卷，末有"總

---

① 據（清）瞿鏞《鐵琴銅劍樓藏書目録》（清光緒常熟瞿氏家塾刻本）卷一《經部一》逐録。

② 據（清）永瑢等編《四庫全書總目》（中華書局 1965 年版）卷二《經部二》逐録。

論”十一則，與《宋志》不合。然《書録解題》已稱《橫渠易説》三卷，則《宋志》誤也。楊時喬《周易古今文》稱“今本祇六十四卦，無《繫辭》，實未全之書”。則又時喬所見之本偶殘闕耳。是書較《程傳》爲簡，往往經文數十句中，一無所説，末卷更不復全載經文，載其有説者而已。董真卿謂：“《橫渠易説》發明二程所未到處。”然考《宋史》，張子卒於神宗時，程子《易傳序》則作於哲宗元符二年，其編次成書則在徽宗崇寧後，張子不及見矣。真卿謂發明所未到，非確論。其説乾《象》用“迎之不見其首，隨之不見其後”，説《文言》用“谷神”字，説“鼓萬物而不與聖人同憂”用“天地不仁，以萬物爲芻狗”語，皆借《老子》之言，而實異其義，非如魏晉人合《老》《易》爲一者也。惟其解復卦“后不省方”，以“后”爲“繼體守成之主”，以“不省方”爲“富庶優暇，不甚省事”，則於義頗屬未安。此又不必以張子，故而曲爲之辭矣。

附録四　評議

冉覯祖論横渠易説 ①

《横渠易説》思深力大，自擴所見爲一家言，或有或無，非順交爲訓也。想其坐虎皮談《易》時，未必成書，是其晚出者與。

四庫全書考證·横渠易説 ②

王太岳

《横渠易説》，宋張載撰。

卷一

終日乾乾，與時偕行。説"人能以大爲心，常以聖人之規模爲己任"，刊本"大"訛"天"。據《張子全書》改。又"其實天位也，不曰天位而曰天德。"刊本"位"並訛"地"，今改。

否九五，説"草木漸包"，刊本訛"厥草惟包"，據《書經》改。

大有初九，説"四匪其彭"，刊本"彭"訛"旁"，今改。

觀，《象》曰"大觀在上"，説"誠於此，動於彼"，刊本

---

① 據（清）冉覯祖《寄願堂文集》（清光緒間倉景愉抄本）卷三《經書·附論易書》迻録。標題爲編者所加。

② 據（清）王太岳《四庫全書考證》（清《武英殿聚珍版叢書》本）卷一迻録。

"誠"訛"戒"，據《張子全書》改。

剥上九，説"然其德備猶爲民所載"，刊本"德"訛"得"，據《張子全書》改。

"大畜，利貞"，説"必无心處一乃善也"，刊本"善"訛"養"。又"《易》大抵以艮爲止"，刊本"艮"訛"足"，並據《張子全書》改。

坎九二，説"然二居險中而未出也"，刊本"出"訛"困"，據《張子全書》改。

離六二，説"悲衰暮，故爲樂，不爲則復，嗟年景之不足也"，刊本"則"訛"别"，據《張子全書》改。

卷二

升六四，説"得臣無家，堯之志也"，刊本"臣"訛"其"，據經改。

革上六，説"大抵止乃有光明"，刊本"大"訛"文"，今改。

小過六五，説"今自西而東，趨其所應"，刊本"自"訛"日"，據《張子全書》改。

卷三

《繋辭上》"仰以觀于天文"，説"方其聚也，安得不謂之有"，刊本脱"其"字，據《正蒙》增。

"鼓萬物而不與聖人同憂"，説"雖聖亦人耳"，刊本"雖"訛"難"，今改。

“知崇禮卑”，説“指下文‘成性存存，道義之門’而言也”，刊本“指”訛“比”，今改。

《繫辭下》“神農氏没”，説“不顯革之，使民宜之也”，刊本“顯”訛“類”，今改。

“《易》曰憧憧往來”，説“豫則事有備”，刊本“有”訛“无”，今改。

“天地絪緼，萬物化醇”，説“萬物之所以相感者”，刊本“萬”訛“焉”，據《張子全書》改。

附録

《横渠先生行狀》“變化氣質之道”，刊本闕“氣質之”三字，據《張子全書》補。

四庫全書考證 · 張子全書之易説 ①

卷十一

《易説·繫辭》“是以君子將有爲也”節，“非周知兼體，則神不能通天下之故”，原本複衍“故”字，今删。

“夫乾天下之至健也”節，“知險阻故能研諸慮”，原本脱“知”字，依《正蒙》增。

---

① 據（清）王太岳《四庫全書考證》（清《武英殿聚珍版叢書》本）卷四十八迻録。標題爲編者所加。

諸儒詮解·橫渠易説①

張橫渠説《易》簡易精實，於發經開物、修身教人甚切。當程珌所謂"濂溪得其體，橫渠得其用者"也。其解乾《象》用"迎之不見其首，隨之不見其後"，解《文言》用"谷神"，解"鼓萬物而不與聖人同憂"用"天地不仁，以萬物爲芻狗"，雖皆用《老子》之語以解經，而實異其義，非如魏晉人合《老》《易》爲一者也。董氏真卿謂："《橫渠易説》多發明二程所未到處。"然考張橫渠卒於神宗時，程子《易傳》作於哲宗元符二年，成書當在徽宗崇寧間，張子已不及見，董氏之言非也。

經義考·橫渠易説②

張子載《橫渠易説》。

《宋志》十卷。存。

《東都事略》："張載，字子厚，長安人。學古力行，篤學好禮，爲關中士人所宗，世所謂橫渠先生者也。舉進士，爲祁州司法參軍。神宗召見，除崇文檢書，以疾求去。築室南山下，敝衣疏食，專精治學。召還，同知太常禮院，復以疾請歸，道病卒。"

---

① 據（清）王玉樹《退思易話》（清道光十年芳梫堂刻本）第五《策》迻録。標題爲編者所加。

② 據（清）朱彝尊《經義考》（清文淵閣《四庫全書》本）卷十九《易》迻録。標題爲編者所加。

《宋史》：“先生之學，以《易》爲宗，以《中庸》爲體。”

晁公武曰：“載居橫渠，故以名書。其解甚略，《繫辭》差詳。”

程珌曰：“宋興百年，名儒輩出。胡安定得其義，邵康節得其數，程明道、伊川得其理，周濂溪得其體，張橫渠得其用，然後《易》之道大明於天下。”

董真卿曰：“《橫渠易説》三卷，發明二程所未到處。”

呂柟曰：“《橫渠易説》簡易精實，於發經開物、修身教人甚切，當爲先生之書無疑。竊謂《易》本爲人事而作，雖歷四聖，其究一揆，非專説天以道陰陽也。故孔子以‘君子行此四德’解‘乾，元亨利貞’，示諸卦爻，皆此例爾。今以質諸《易説》，益篤信焉。”

楊時喬曰：“今本止六十四卦，無《繫辭》，實未全之書。”

經義考·張子易①

按：伊川嘗語其徒，學《易》先看王弼。蓋漢儒言《易》，或流入陰陽災異之説，弼始暢以義理。而明道、涑水諸公，皆詆其以《老》《莊》解《易》。愚考《橫渠易説》，開卷詮乾四德即引“迎之不見其首，隨之不見其後”二語，中間如“谷神”、“芻狗”、“三十輻爲一轂”、“高以下爲基”皆《老

---

① 據（清）朱彝尊《經義考》（清文淵閣《四庫全書》本）卷二百八十三《承師》逐録。

子》之言。在宋之大儒，何嘗不以《老》《莊》言《易》，然則
弼罪未至深於桀紂也。

經義考補正·横渠易説 [①]

張子載《横渠易説》。

楊時喬曰：“今本止六十四卦，無《繫辭》，實未全之
書。”案：通志堂刻本有《繫辭》，而《説卦傳》無“天地定
位”一節。

---

① 據（清）翁方綱《經義考補正》（清乾隆刻本）卷一迻録。標題爲編者所加。

附録五　參考文獻

（魏）王弼著，樓宇烈校釋：《王弼集校釋》，北京：中華書
　　局，2009。

（宋）程顥、程頤注，王孝魚點校：《二程集》，北京：中華書
　　局，2013。

朱傑人、嚴佐之、劉永翔主編：《朱子全書》，上海：上海古
　　籍出版社／合肥：安徽教育出版社，2002。

（清）李光地著，劉大鈞整理：《周易折中》，成都：巴蜀書
　　社，2013。

（清）阮元校刻：《十三經注疏》，臺北：藝文印書館，2013。

馬振彪遺著，張善文整理：《周易學説》，廣州：花城出版社，
　　2002。

高亨：《周易古經今注》，北京：清華大學出版社，2004。

高亨：《周易大傳今注》，北京：清華大學出版社，2004。

陳榮捷：《近思録詳注集評》，上海：華東師範大學出版社，
　　2007。

朱高正：《近思録通解》，上海：華東師範大學出版社，
　　2010。

張金泉：《新譯張載文選》，臺北：三民書局，2011。

喻博文：《正蒙注譯》，范鵬總主編《隴上學人文存·喻博文
　　卷》，蘭州：甘肅人民出版社，2012。

林樂昌：《正蒙合校集釋》，北京：中華書局，2012。

黨懷興編：《十三經辭典·周易卷》，西安：陝西人民出版
　　社，2012。

程水龍：《近思録集校集注集評》，上海：上海古籍出版社，

2012。

黄忠天：《周易程傳注評》，石家莊：花山文藝出版社，
　　2016。

陳俊民：《張載哲學思想及關學學派》，北京：人民出版社，
　　1986。

程宜山：《張載哲學的系統分析》，上海：學林出版社，
　　1989。

丁爲祥：《虛氣相即：張載哲學體系及其定位》，北京：人民
　　出版社，2000。

陳政揚：《明清〈正蒙〉思想詮釋研究》，臺北：學生書局，
　　2017。

陳俊民：《張載關學的歷史重構》，北京：中華書局，2020。